JN096153

建築知識
kenchikuchishiki

世界で一番くわしい

木造住宅

02 最新版

関谷真一・安水 正 著
Shinichi Sekiya＋Tadashi Yasumizu

X-Knowledge

編集協力　　　　　　　　ユーホーワークス
カバー・表紙デザイン　　　細山田デザイン事務所
印刷・製本　　　　　　　　シナノ書籍印刷

はじめに

　日本の都市の市街地部分のほとんどが住宅地である。さらに、住宅地の中の建物の大部分を木造住宅が占めている。建築物の数からしても木造住宅は圧倒的な数になる。都市空間の質を高める上でも木造住宅が重要であることは言うまでもない。木造住宅は、まちづくりの基本要素である。

　特殊な技術だけでなくとも、伝統的な技術として、木造住宅の技術を現在の家づくりに活かすとともに、次の世代に伝えて行くことが、私たちの重要な役割であろう。

　また、木材の持つぬくもりを活かしたい。木は呼吸する素材でもあり、日本の風土に適している。木材が、特に国産の木材がストレスを軽減するなど、人間に与える癒しの効果は、住居医学という専門分野で、精神医学的にも実証されつつある。

　日本では、生活の基本である、衣・食・住の中で、特に、住について国民の関心が低いと思う。住空間を安全で質の高いものにすることが、国民生活をより豊かなものにしてくれるはずである。小中学校の技術家庭科などで、住空間について学ぶ機会をもっと作るべきと考えている。さらに、工業高校、専門学校、大学などの専門教育においても、木造住宅について学ぶことが少なすぎる。実務で木造住宅に関わる機会も少なく、全く関わることの無い専門家も多いのが実情だ。

　本書は、木造住宅の基本となる知識を、より多くの方に学んでいただくことを目的に出版した「世界で一番やさしい木造住宅」、および「世界で一番やさしい木造住宅 監理編」（著：安水正）を再編集及び加筆、修正したものである。本書が、より多くの方に木造住宅の基礎知識と詳細について学んでもらうための、さらに、豊かな住空間を国民に提供するための一助となることを願っている。

令和 3 年 11 月吉日　　　関谷真一

CONTENTS

CHAPTER **3**
木造住宅の構造設計

CHAPTER 4
木造住宅を守る屋根と外壁

CHAPTER **5**
木造住宅の内装と仕上げ

CHAPTER 6
木造住宅の設備

CHAPTER 7
木造住宅の外構

木造住宅のプランと調査

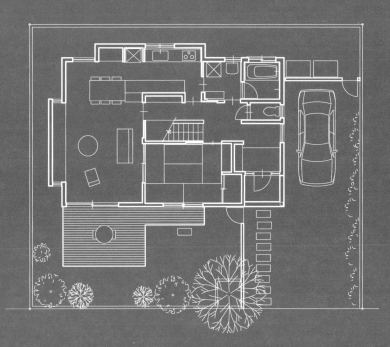

木造住宅の特徴

長寿命化と技術の伝承が今後のカギ

日本の住宅では、木造住宅が圧倒的に大きな割合を占めている。多くの人が慣れ親しんだ日本の伝統を受け継ぐ住宅であり、木造専門の大工も多くいる。しかし最近では、高度な専門技術が不要な新建材を使って、簡単に工事ができるため、優れた技術を持った職人が少なくなってきているのが現状である。

木造住宅の寿命を伸ばす

欧米の住宅の多くは、100年以上使われている。日本の古い民家の中には、300年以上使われているものもあるが、戦後に建てられた木造住宅の多くは、30年あまりで建て替えられている。需要を満たすことが高度経済成長期に優先され、広さと質の点でその後の生活に合わなかったことが大きな要因である。より長持ちする住宅の建設を進めていくために、長期優良住宅普及促進法が制定され、長期優良住宅の建設に対して補助金が交付されている。

住宅の寿命が長くなれば、建て替え時に発生する大量の建築廃材をも減らすことができる。さらに、木が成長する時間と同じか、それ以上の寿命を木造住宅が持てば、木を植えて成長してから建てるという、環境に優しい循環型の家づくりを実現できる。

薄れる地域工務店の存在感

これまでの木造住宅は、地域の工務店が中心になって建ててきたが、最近ではハウスメーカーによる住宅の供給が多くなっている。また、工務店が建てる場合でも、プレカットで軸組をつくり、建材は新建材を取り付けるような組立型の住宅工事が多く、木造の技術を伝承する機会が失われつつある。

これから先、職人の高い技術を伝承していくためには、建築主と地域工務店、設計者のそれぞれが顔の見える関係を築くことが大切である。地域の住宅の建設やメンテナンスに対応してきた良さを生かしつつ、設計者がパートナーとして、バックアップしていくことがますます必要になってくると考えられる。

● 新建材
新しい材料や製法によって作られた建築材料のことで、プリント合板・ビニール-タイルなどがある。合成樹脂を材料とするものが多く、断熱材・壁・床・家具などに用いられる

● 長期優良住宅
構造躯体の劣化対策、耐震性、維持管理・更新の容易性、可変性、バリアフリー性、省エネルギー性など、長期にわたり良好な状態で使用するための措置が講じられた優良な住宅のこと

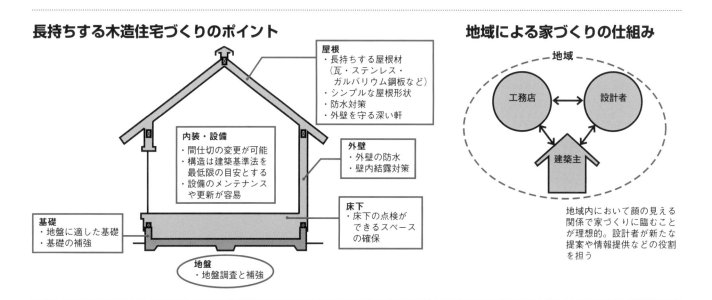

長持ちする木造住宅づくりのポイント

屋根
・長持ちする屋根材
（瓦・ステンレス・ガルバリウム鋼板など）
・シンプルな屋根形状
・防水対策
・外壁を守る深い軒

内装・設備
・間仕切の変更が可能
・構造は建築基準法を最低限の目安とする
・設備のメンテナンスや更新が容易

外壁
・外壁の防水
・壁内結露対策

床下
・床下の点検ができるスペースの確保

基礎
・地盤に適した基礎
・基礎の補強

地盤
・地盤調査と補強

地域による家づくりの仕組み

地域
工務店　設計者
建築主

地域内において顔の見える関係で家づくりに臨むことが理想的。設計者が新たな提案や情報提供などの役割を担う

建築主のニーズを満たすプランニング

建築主のニーズを整理して豊かな空間をプランニングする

木造住宅設計のポイントは建築主とのイメージ共有

木造住宅を設計するにあたり、考慮すべき点は数多くある。地盤を含めた構造の安全性の確保や、有害化学物質に対する安全性を確保し、建築主の豊かな生活を演出する空間を実現しなくてはならない。

（1）生活のイメージの共有

住宅に住む人がどのような生活をし、どのような空間をイメージしているのかを共有する。設計者としてヒアリングが大切である。このイメージが提案する手がかりとなる。

（2）必要な空間と機能の実現

建築主の必要としている空間と設備などの機能を整理し、ゾーニングすることから始める。平面だけではなく、断面での検討も重要である。

（3）構造からの発想

大地震の後も使えることを想定すると、建築基準法で定められている基準の2倍程度の強度が必要である。

プランを優先して設計を進めると、構造が複雑になってしまうことがある。当初から構造の安全性を意識してプランニングを進めることが大切である。屋根のかたちを決めてからデザインすることも構造からの発想になる。

（4）日照と通風の確保

冬は、日照を確保し、夏は日差しを遮り、通風をよくして、なるべく機械に頼らないパッシブ換気にする。パッシブ換気とは、自然換気のことで、建物の中の温度差により、新鮮な空気が建物の低いところから自然に入り、屋根の廻りのような高いところから出ていくことを利用した換気方式である。また、軒を出したり、窓の配置も考える必要がある。

（5）時間のデザイン

住宅が完成した後の生活の変化に対応した間取りの変更や、メンテナンスを考えておく必要がある。長持ちする住宅をつくることも重要である。時とともに味わいを増す木材などの自然素材も使いたい。

● 地盤
建築物など、構造物の荷重や外力を負担する地殻の表層部のこと

● ゾーニング
都市計画や建築計画において、一つの地域全体または建築空間を機能、用途、法的規制などを指標として幾つかの小部分に分ける作業

空内で暖められた空気を排出し、新鮮な空気を取り入れる棟換気

夏の日射を十分に遮ることができるように深めに出した軒

外壁は耐候性、耐久性、メンテナンス性に優れたつくりとする。また、外壁の内側に通気層を設け、下地の乾燥、水蒸気の排出などを行う。万が一雨水が外壁内に浸入した場合に、通気層から水を排出できる

窓は通風や採光を考慮して位置を確定する

内装材は、住まい手の健康に配慮した安全性の高い素材を使用する

雨水にさらされる部分は耐久性の高い材料を使用すると同時に、手軽に取り替えできるつくりとする

建築基準法を最低基準と考えた構造の安全性を確保する

ゾーニングと動線

内部だけでなく外部も含めてゾーニングする

ゾーニングのポイントは敷地内と住宅内の両面からの検討

設計の当初の段階で、必要な各室や外部空間をゾーニングし、利用する人の動線を検討する。

（1）敷地内のゾーニング

敷地内のゾーニングをする場合、敷地周囲の状況が影響する。道路や隣地の建物や植栽、遠方の景色も重要な要素である。また、敷地内に建物を配置するとき、建物がない空きの部分をどのように活用するかが設計者の腕の見せどころである。

玄関からのアプローチをあえて長く取るとゆとりのある演出ができ、バリアフリーを考えてスロープを設ける時に緩やかな勾配を確保することができる。

（2）住宅内のゾーニング

まず、住宅の中心となる居間やダイニングなどの位置を、玄関からの動線をふまえて決める。次に、関連する台所などを決め、その他の水廻りや個室を決めていく。

ゾーニングの段階でも、おおよその部屋の広さを想定しておく必要がある。

動線のポイントは交錯しないこと

動線とは、建物の中を人が自然に動くときに通る経路を線であらわしたものである。建物の平面計画では、この経路を考慮して設計を行う。

（1）動線を交錯させない

動線が交錯すると、危険で、落ち着かない空間になってしまう。逆に、動線が少ない部分は、落ち着くことができ、居間のコーナーなどにふさわしい空間になる。

廊下をなくして部屋同士を建具を開けてつなげるようにするなど、動線を短くし、居間などの空間を少しでも大きくしたい。

（2）回れる動線の活用

1方向の動線ではなく、2方向に回ることができる動線にできれば使いやすくなる。台所などでは、特に便利である。

● **アプローチ**
道路、広場などの空間から個々の建物に至る取り付け道路または空間のこと

● **平面計画**
建物を平面図を中心に計画すること。平面図で示される建物の全体の形状、各室の大きさと形、各室の位置関係、窓や扉や出入り口の配置を定めること

ゾーニング

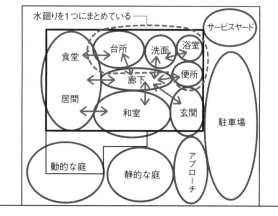

回れる動線

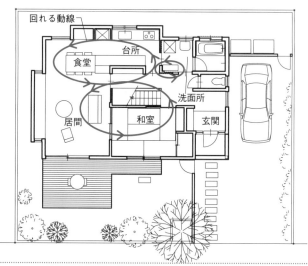

日照のコントロールと通風の確保

通風を考えて適した位置に開口部を設ける

日照を最大限に活用する

冬至の南中時における太陽高度は、東京では30度ほどになり、夏至では、約80度にもなる。

軒を出すことができれば、高い位置にある夏の太陽の日差しを遮りながら、低い位置にある冬の太陽の日照を奥まで取り込むことができる。

市街地では、建物が密集しており、十分な採光が得られない。そこで、吹抜けをつくることで日差しが1階まで入るようにしたり、2階に居間をつくる逆転プランを取り入れることで、日照を確保する。

こうすれば、2階の屋根に日が当たる程度であっても、ある程度の日照を確保することができる。天窓を設置するのも日照の面では大きな効果がある。

庭に落葉樹を植えると、夏は日影をつくり、冬は日差しを妨げず室内に取り入れる効果がある。

窓の適正配置で通風を確保

夏の通風を確保するためには、部屋の対角線方向に、2つ以上の窓を設けると効果的である。また、暖められた空気は上昇する性質があるため、高い所に窓をつくり、上方向に熱気を逃がすようにする。高所に窓を設ける場合、オペレーター式の窓や内倒し窓にしておけば、専用のポールで簡単に開閉することができる。このようにして、室内全体で、空気が流れるルートを確保する。

勝手口として、上げ下げ窓を取り付けた扉を使うと、光と風を有効に取り入れることができる。上げ下げ窓とは、2枚のガラス戸が縦の窓枠の溝に沿って、上下方向に開閉する縦長の窓のことである。上げ下げ窓には、下部のガラスだけが上下するシングルハング窓と、上下のガラスが両方とも可動するダブルハング窓がある。ただし、格子やよろい戸の雨戸などで、窓開放時の防犯対策を十分に考えておく必要がある。

● 吹抜け
2層以上の高さにまたがって設けられる室、またはスペースのこと

● オペレーター式
ハンドルを回して開閉する仕組みの窓

● 格子
木材、竹、金属などを並列に並べて直角に交差させて組んだもの

良好な日照と通風を得られる木造住宅のイメージ

夏・冬季の日照の違い

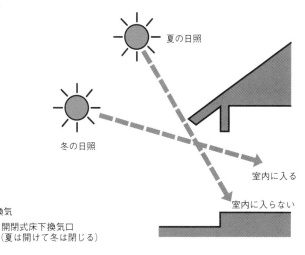

冬の日照　屋根からの排熱　上方への換気　床下の換気　開閉式床下換気口（夏は開けて冬は閉じる）

夏の日照　冬の日照　室内に入る　室内に入らない

敷地環境から決まる設計方針

敷地環境はしっかり調査する

道路や近隣との関係

設計の初期段階で、敷地の環境を把握し、設計を進めるための基本的な方向性を決める。設計者は、実際に敷地に立ち、敷地そのものと周辺の状況を把握することが大切である。そして、どのような空間がふさわしいか、敷地に立って想像する。

(1)道路との関係

敷地に接している道路の幅などにより、そこに建てられる家の大きさが決まる。また、建築基準法の接道義務により、敷地は原則として道路に2m以上接していなければならないと定められている。さらに、道路と敷地の高低差が大きいと、設計に大きく影響する。高低差がかなりある場合は、擁壁で高い位置にある地盤を支えるか、建物の基礎を深くしたり杭を打つなどして高さを揃える。また、玄関とアプローチの高低差をどうやってつなぐか、検討する必要がある。

(2)近隣敷地との関係

周囲の建物の位置とその開口部の位置も把握しておく必要がある。現在、建物が建っていなくてもできる範囲で、将来的なことを想定する。

隣地境界のポイントを確認し、境界壁が境界線のどちらかに寄っているか、あるいは中心なのかを確認する。

境界壁を新規につくる場合は、補修時のことも考え、敷地内に設置することが多くなっている。

自然条件の確認

できれば晴れの日だけでなく、雨の日にも敷地を見ておくとよい。季節ごとの状況も近所の方へのヒアリングなどで確認しておく。敷地内だけでなく、周囲の地形や土地の条件も、実際に歩いて確認する必要がある。特に、ハザードマップを確認し湿度や風、雨、日当りなどを把握することが重要である。

● 擁壁
土を留めるための壁状の構造物

● 開口部
採光、換気、通行、透視などの役目を果たすことを目的とした建物の壁や屋根、床などのくり抜かれた部分

● 境界壁
土地や住戸の境の壁

● 境界線
土地や住戸の境

敷地環境を生かした住宅のイメージ

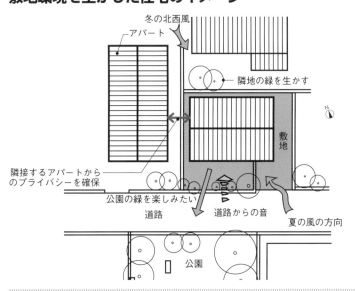

前面道路の状況をチェックする

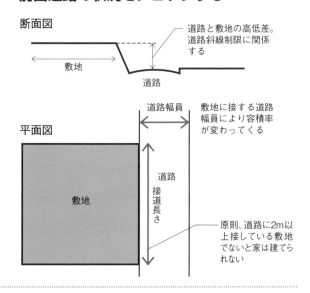

見た目だけでは分からない 地盤の強さ

地盤不良による欠陥は補修に莫大な費用がかかる

見逃せない地盤不良

　地盤に不良があると、建物が沈下して重大な欠陥につながるおそれがある。地盤の欠陥は、補修に莫大な費用がかかり、場合によっては建物を建て直すことにもなりかねない。そのため、現地調査では、敷地の環境を見るだけではなく、必ず地盤調査を行う必要がある。

　これまでは、地盤の重要性に対する認識が低く、地盤調査を行わないケースが多かった。地盤補強も十分に行われないことが多くあり、古い住宅をリフォームする際に建物を調査すると、地盤沈下によって床が部分的に下がっている状態がよく見られる。これは、地盤が部分的に沈下する不同沈下のため、建物が傾いているからである。

　少しの傾きでも、生活者の平衡感覚に悪影響を与えるおそれがあり、軽視することはできない。

地盤の調査方法

　木造住宅の地盤調査方法として一般的なのは、スクリューウエイト貫入試験（SWS試験）である。調査の結果により、地盤の補強を行う必要がある。

　調査をする前には、周辺の地盤調査のデータを参照し、敷地周辺の塀や住宅の基礎に亀裂が入っていないかどうかも参考にする。地盤が悪いと周囲の塀や基礎に欠点として表れている可能性が高いからである。

　また、敷地周辺に河川や水田などがある場合は、軟弱地盤である可能性が高いため、注意が必要である。

　埋め立てや、盛土を行った敷地かどうかの履歴も確認する。埋め立て地や盛土の土地は、地盤の転圧が不足していると不同沈下を起こす可能性がある。

● 地盤調査
地盤を構成する地層や地下水の状態を明らかにし、その敷地に計画される構築物の設計や工事計画に必要な資料を提供するために行う調査

● 地盤沈下
地盤が圧縮され、沈んでいく現象のことをいう。工業用水や農業用水などの過剰揚水や、天然ガスの汲み上げなどが主な原因となるものと、もともと軟弱地盤だった地域に建築物を建てるときに、地耐力を超えて荷重が載荷された場合に発生するものがある

地盤の安全性を確認する

自分で調べられること	地盤調査	地盤補強
土地の歴史を知ること ・開発間もない土地かどうか ・開発前の状態や利用状態 ・昔の地図を見る 現在の土地の状況を調べる ・地中の埋設物の有無 ・地下工作物の有無 ・足で踏んで感触を確かめる ・周辺に川や水田がないかどうか ・近隣の建物の基礎にひび割れなどがあるかどうか ・埋め戻しや盛土をした土地かどうか	専門業者による地盤調査を行う ・スクリューウエイト貫入試験 ・表面探査法 ・標準貫入試験（ボーリング調査） ・その他	地盤調査結果にもとづき、必要な場合は地盤補強を行う ・再転圧工法 ・柱状改良 ・表層改良 ・鋼管杭 ・その他 地盤調査の結果、地耐力が2t（20kN）以下の場合、何らかの地盤補強が必要

水道・ガス・電気の引込み

水道に必要なインフラの整備状況を設計前に確認する

水道とガスの引込み

　敷地の給水、ガス、電気などの現状を、現地調査や行政庁で確認し、必要があれば、新たに引き込む必要がある。

（1）給水

　給水管が引き込まれているときでも、バルブやメーターが設置されている場合や、それらがなく給水管だけが引き込まれている場合がある。以前は、給水メーターの管径は13mmのものが多かったが、現在では、20mm以上の管径が必要とされている。どうしても20mmにできない場合は、水圧と使用する蛇口の数にもよるが、給水タンクに貯留してから、ポンプで加圧して給水することもある。

　井戸水を利用する場合は、水道水と配管が直接つながらないようにしなくてはならない。

（2）ガス

　都市ガスは、道路から引き込み、メーターをつけ、建物内への配管につなげる。道路から敷地内に引き込むまでは、ガス会社に負担してもらえる場合もあるが、敷地内の工事については、自己負担となる。

　プロパンガスの場合は、建物完成後のガスの使用契約を結ぶ前提で、かなり低額で配管工事をしてもらえることもある。

電気の引込み

　電気は、道路の電柱から建物に直接引き込むか、引き込み用のポールを立て、一旦、ポールに引き込んでから、地中に埋設して建物に取り込む。

　直接建物に電線を引き込むこともできるが、引込み柱を立てたほうが、強風で電線があおられるようなことが防げる。

　道路から離れた建物に引き込む際、隣地を通過してしまう場合は、電力会社の負担で、敷地内に電柱を立てて引き込むこともある。

● バルブ
配管中に取り付けられ、流量の調節および停止に用いる弁

● 給水メーター
建物内への給水量を測定するためのメーター

● 給水タンク
建物内に給水するため、本管から取水後に水を蓄えるタンクのこと

水道・ガス・電気の引込み

水道・ガスの引込み

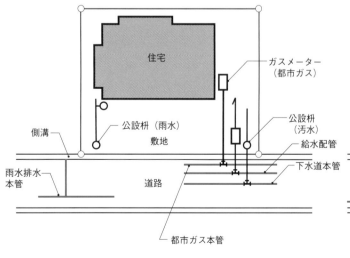

電気の引込み

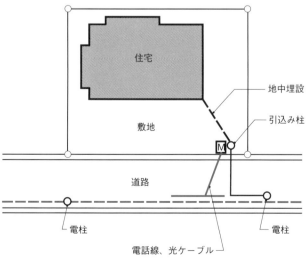

排水状況の確認

排水不良はクレームになることが多いので注意が必要

建物の完成後、排水がトラブルにつながるケースも多い。生活排水は、公共下水道に放流するか、浄化槽を設置して汚水を処理する。まず、敷地から下水がどのようにつながっているか確認する必要がある。

公共下水道への接続

下水道が完備されている場合は、道路から引き込んだところに、公設枡が設置されているので、建物からの排水管は公設枡に接続する。公設枡とは、排水をまとめて下水道本管に放流する前に通過させる枡のことである。給水と同様に、現場と行政庁で、下水管と側溝の現状を調べる必要がある。

公設枡や配管途中にはトラップがつけられ、悪臭が逆流しないようにする。

下水道は、汚水と雨水を分ける分流式と、汚水と雨水を分けない合流式がある。分流式の場合、汚水は下水道に流すが、雨水は、敷地内に浸透させるか、道路脇の側溝に流す。

雨水については、補助金の交付制度を設けて、雨水浸透枡の設置により雨水を地下へ浸透させることを推進している自治体もある。

洪水対策としては、一時的に大量に降った雨水を、花壇の中でも、庭の一部でもよいので、一時的に貯留させることが重要である。浸透枡だけでは、必ずしも洪水対策にはならない。

浄化槽の設置

公共下水道がない場合は、浄化槽を設置して、浄化した排水を側溝等に流すか、放流先がない場合、地下に浸透させる。

浄化槽は、トイレの排水である汚水とその他の雑排水をまとめて処理する合併浄化槽が多く使われるようになってきた。以前は、汚水のみを処理する単独浄化槽が多く使われていた。浄化槽は設置後のメンテナンスが重要である。

● 浸透枡
水を受けるバケツのような「枡」で、側面及び底面にある浸透孔から雨水を地中に浸透させる構造のもの

排水方式の種類

合流式下水道
生活排水と雨水を1つの管に合流させ排水する

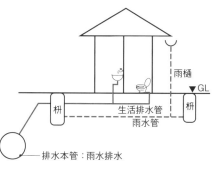

分流式下水道
生活排水と雨水を別々の管に合流させ排水する

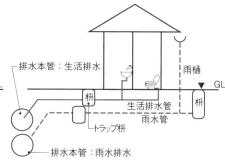

浄化槽
下水道がない場合は浄化槽で処理し都市下水路に排水する

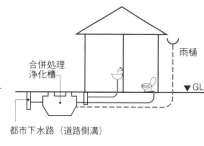

排水方式は、下水道の整備状況によって異なる。下水道が整備されていない地域では敷地内の浄化槽から都市下水路（道路側溝）へ排水するか、敷地内で処理する（浸透処理）

確認申請と建物の登記

確認申請を出さなければ建物は建てられない

確認申請の手続き

建物の建築にあたっては、まず、建物が建築基準関係規定に適合していることを確認するための申請書を提出することが必要である。これがいわゆる「確認申請」である。確認申請は、着工前に申請して審査を受け、「確認済証」の交付を受けなければならない。

確認申請は、行政庁の建築指導課のほか、民間の指定確認検査機関でも行うことができる。確認申請の手続きは、建築士が建築主の代理人として行う。

また、申請した計画通りに建物が建てられているかどうかを確認するために、中間検査や完了検査を受けることが義務付けられている。完了検査が済むと「検査済証」が交付される。建築地の条件によっては、都市計画などの申請が必要になる場合がある。敷地が市街化調整区域（原則として、新たな建物は建てられない区域）にある場合や敷地に1m以上の盛土、1.5m以上の切土などの開発行為を行う場合、行政や地区住民が定める地区計画や建築協定が定められた地域に敷地がある場合などである。

建築協定とは、用途や隣地境界から建物までの離れ距離、外構などについて地域住民が定めている約束事である。

建物登記の手続き

建物が完成すると建物を登記する。登記簿に建物の所有者や用途、面積などを記載することで、建築主がその建物を所有しているという事実が公示され、保護される。登記を行わなければ、所有権が発生しない。

この手続きは、建築主が行政書士や土地家屋調査士に依頼して法務局で手続きを行う。建物を解体した場合にも、滅失登記の手続きをとる必要がある。

● 建築基準関係規定
建築基準法施行令9条に規定された消防法等の16の法が確認申請や検査の対象となる

● 指定確認検査機関
建築確認や検査を行う機関として国土交通大臣や都道府県知事から指定された民間の機関

● 土地家屋調査士
土地や建物がどこにあって、どのような形状か、どのように利用されているかなどを調査、測量して、図面作成や不動産の表示に関する登記の申請手続などを行う専門家のこと

● 滅失登記
建物を取り壊したときに行う登記のこと。建物の所有者が建物滅失登記の申請をしなければならない

確認申請の流れ

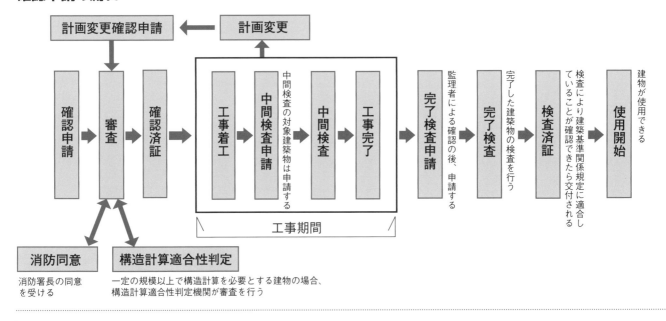

木造住宅の保証

構造上主要な部分、防水処理には、10年間の保証が義務付けられている

10年間の瑕疵保証

家電製品などを購入した場合、一般的には1年間の保証が用意されているが、それと同じように、住宅においても保証制度が用意されている。

「住宅の品質確保の促進に関する法律（品確法）」によって、構造上の問題や、雨漏りなどの防水上の問題に対して、10年間の保証が義務付けられている。

つまり、引き渡し後10年の間に、構造的な欠陥や、雨漏りが発生した場合、施工者が無償で補修しなければならない。

仮に、契約書で保証期間の記載がなかった場合や、10年以下の保証期間が記載されていたとしても、10年間の瑕疵保証が優先される。

住宅瑕疵担保履行法の施行

耐震偽装問題で、欠陥のあるマンションを購入した消費者が建物を取り壊して再建築するため、2重の住宅ローンを抱えることになったことが大きく報道された。この事件で、品確法で建物の欠陥に対して10年間の保証がされていても、住宅会社に保証能力が無ければ、何の役にも立たないことが明らかになった。このような問題に備えるため、2009年10月1日に「特定住宅瑕疵担保責任の履行の確保等に関する法律」が施行された。

住宅会社に対して、補修にかかる費用をまかなうための保険に加入するか補償金を供託することが義務付けられた。

この法律に違反した場合は、営業停止処分や建設業許可の取り消しを受ける場合がある。

● 瑕疵保証
請負契約において、完成引渡し後に契約目的物に欠陥があった場合に、請負者が注文者に対して負う保証

● 耐震偽装問題
一級建築士が地震などに対する安全性の計算を記した構造計算書を偽造した問題。建築確認・検査を実施した行政および民間の指定確認検査機関が見抜けなかったため、耐震基準を満たさないマンションやホテルが建設された

● 住宅瑕疵担保責任の履行の確保等に関する法律
新築住宅の売主等による特定住宅瑕疵担保責任の履行を確保するため、あらかじめ売主等に保証金の供託または保険への加入を義務付けたもの

保険の仕組み（瑕疵が発生したとき）

保険の対象部位

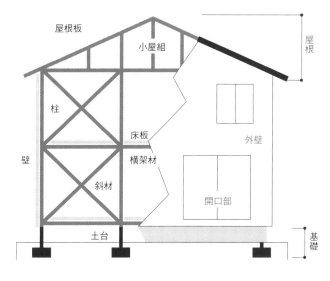

黒文字部分：構造耐力上の主要な部分を示す
色文字部分：雨水の浸入を防止する部分を示す

木造住宅の建築にかかる費用

木造住宅を建てるには、工事以外の費用や完成後の費用も必要

工事費の内訳

　木造住宅のコストは、総額の坪当たり単価で表現されることが多く、工事費の内訳はあまり知られていない。

（1）工事費の内訳

　木造住宅の本体工事費のおおよその割合は、全体の50％が木工事で、残りがその他の工事費と諸経費になる。また、木工事のうちの約半分が木材費で、半分が人件費である。その他の工事でも人件費が工事費の半分以上と、多くの割合を占めている。

　排水設備は、浄化槽か下水道かによって費用が異なる。キッチンやバスなどの設備の費用は、選定する機種によりかなり幅がある。

　建築工事の費用を考えるとき、コストを抑えるために質を下げるのではなく、コストを抑えながら質の高い空間や素材を実現する工夫が大切である。凹凸のない平面と立面でなるべく四角い、総2階に近い単純な形にすると、材料や手間がかからず、安くできる。細かくつくり込みをしないことも手間を省く上ではポイントである。構造的にも、1階の柱や壁の位置の上に、2階の柱や壁を乗せると強度も向上するうえに、コストダウンにもつながる。

（2）本体工事費以外の費用

　本体工事費に含まないことが多い工事費として、地盤補強費、給排水の道路からの引き込み費用、外構、カーテンやブラインドなどの備品、照明器具などがある。費用の予測がつきにくいものや、選択の幅がかなりあるものは、本体工事費と分けて考えることが必要である。

（3）工事以外の費用

　工事費以外に、設計料や確認申請の費用（指定確認検査機関への納付金と作業費用）、都市計画法関連その他の申請費用がかかる。地鎮祭、上棟式などの費用、引越、仮住まいの費用、登記、不動産取得税などの費用についても、設計者は、建築主に対して説明ができるようにしておかなくてはならない。

　完成後の費用も見込んでおくべきで、メンテナンスや生活の変化に応じた費用が発生する。この点についても建築主にきちんと説明しておく必要がある。

● 都市計画法
都市計画とは、周囲の環境を良好な状態に保ちながら都市を発展させていくことである。都市計画法とは、土地利用や新たな建築物の造営に際し、乱開発の防止や適正な土地利用を計画するために、都市計画を行う自治体に対してこれらを帰省する権限を示した法律のこと

● 地鎮祭
建物の着工に先立って、敷地の地主神を鎮め、工事の無を祈願するために行われる神道的な儀式

● 上棟式
工事に関わっている人達への慰労と感謝を示し、工事の安全を祈願する儀式

シンプルな形状がコストダウンにつながる

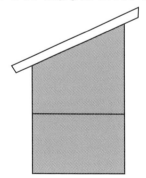

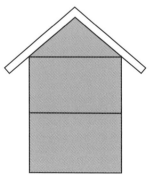

総2階の木造住宅は構造強度もあり、空間の無駄もない

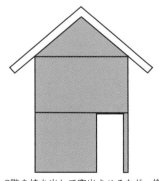

2階を持ち出して突出させるなど、複雑な形状になるとコストアップにつながる

シンプルな住宅の例

冬の日射しと夏の通風に配慮した開口部

総2階の単純な形状

住宅工事のコスト

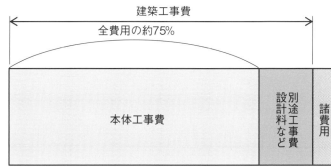

建築工事費

全費用の約75%

本体工事費

別途工事費 設計料など

諸費用

本体工事費以外にかかる費用もかなり多い。地盤補強費なども別途工事となる

工事費のコスト内訳例

名称	金額（円）	内訳
A.建築工事	17,581,900	外構工事、ガス工事別途予算
B.電気設備工事	1,425,000	
C.給排水衛生設備工事	1,735,000	
D.諸経費	207,000	
合計	22,811,900	

A.建築工事費科目別内訳		
1.仮設工事	943,300	水盛遣り方、足場、用水、電力、養生ほか
2.基礎工事	981,200	基礎、ガレージ・浴室基礎、土間コンほか
3.木工事	5,523,800	プレカット材工、造作手間、釘・金物ほか
4.屋根工事	811,200	コロニアル瓦葺き、軒樋、縦樋
5.板金工事	535,700	樋、シーリング工事
6.タイル工事	413,800	玄関廻り磁器タイル、浴室床壁タイルほか
7.左官工事	1,423,100	外壁ラスモルタルぬり刷毛引き、シックイ、和室新京壁ほか
8.鋼製建具工事	1,612,400	各種アルミサッシ、網戸ほか
9.木製建具工事	1,213,500	フラッシュドア（枠共、既製）、襖、障子ほか
10.塗装工事	683,200	外壁アクリルリシン吹付、内外塗装（建具枠別）ほか
11.内装工事	1,385,100	クッションフロアー、クロス、畳、バスリブほか
12.雑工事	1,523,600	浴槽、キッチン、ベランダほか
13.現場直接経費	532,000	運搬費、現場経費
小計	17,581,900	

木造住宅の建築の流れ

竣工が遅れると建築主の生活に影響を与えてしまう

木造住宅工事の流れ

（1）工事着工～基礎工事

工事契約が済むと、いよいよ着工となる。木造住宅工事の流れとしては、まず地盤調査を行い、地盤が悪ければ、地盤補強工事をする。地盤補強工事は数種類の方法があり、通常の木造住宅ならば、2～3日程度で完了する。

地盤補強工事が終わると基礎工事を行う。基礎工事のなかでも細かく分類すると根切り、地業工事、鉄筋工事、型枠コンクリート工事に分けられる。

鉄筋の組立てが終了すると配筋検査が行われ、問題がなければコンクリート打設となる。打設工事は通常、ベースと立上りの2回に分かれる。3～5日程度コンクリート養生をして、型枠解体、埋め戻しとなる。こうして2～3週間程度で基礎工事が終了する。

（2）建方～引き渡し

基礎工事が終わると建方の準備に入るが、その前に外部配管の埋設を行う。そして、土台と大引を敷き、束を設置する。このとき、防蟻処理を行い断熱材を敷いて床の合板張りまでやってしまう場合も多い。この工程は2～3日程度である。

建方前に合板を張っておくと建方の作業がしやすくなる。その後、外部足場を組んで建方を行なう。クレーンを使用して、屋根下地合板張りまで一気に行う。建方の後、水平、垂直などを確認したうえで筋かいや構造用合板を入れ、接合金物でそれぞれの部材を緊結し、中間検査となる。

中間検査が終わると内外装の仕上げ工事に入る。サッシを取り付けて、防水工事をし、屋根、外壁仕上げ工事を行う。それに並行して内部では、断熱工事、内装下地の施工、造作工事、建具工事が行われる。それが終わると、塗装、クロス張り、設備機器を取り付け、美装工事と進み、完了検査に合格後、引き渡しとなる。

● 型枠
コンクリートを施工できるように形づくる仮設の枠組み。コンクリートが硬化するまで形状や位置を定める

● 束
床下から大引を支える短い部材

● 建方
土台、柱、梁、小屋組を組み上げて棟上げを行う作業のこと

木造住宅工事の流れ

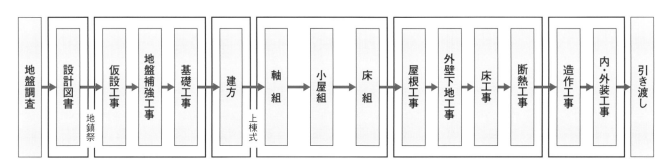

地盤調査 → 設計図書 → 仮設工事（地鎮祭） → 地盤補強工事 → 基礎工事 → 建方（上棟式） → 軸組 → 小屋組 → 床組 → 屋根工事 → 外壁下地工事 → 床工事 → 断熱工事 → 造作工事 → 内・外装工事 → 引き渡し

● **工程管理のチェックポイント**　工程管理をしていくうえでのチェックポイントは、全体の工期の長さが適正であるかどうかである。また、梅雨時の長雨や、台風時、正月やお盆などをはさんだときの長期休止を考慮してあるか、各工事期間は適切かについても確認する。全体工期は適切であっても躯体工事に時間をかけすぎて、仕上げが突貫になるような工程ではいけない。次の職方を入れるタイミングは適切か、そのための準備期間はどうか、施工図・施工計画書は、いつまでに出してもらわなければならないのかは、全体工程を把握して各工事の開始日から逆算してその期限を決める。良質な建物をつくるためには、無理な工程は絶対に禁物である。

工程表の例

○○邸 新築工事工程表

工期　令和3年4月～8月末日

工事種別	令和3年 4月	5月	6月	7月	8月
仮設工事	遣り方・墨出し	外部足場組み立て		足場解体	
地盤補強工事	地盤改良				
基礎工事	掘削・地業・鉄筋コンクリート工事				
木工事		床組・建方	軸組・外壁下地／床張り／壁天井下地	内部造作	
屋根・樋工事		下地ルーフィング張り	屋根工事／軒裏塗装	樋取り付け	
外装工事			下地防水シート張り／サイディング張り		
建具工事	サッシ発注	サッシ取付け	建具製作	建具取り込み	
防水工事			バルコニー防水／下地防水／サッシ廻りシーリング		
左官・タイル・石工事				内部タイル・塗り壁仕上げ	
内装工事	家具の打ち合わせ	施工図のチェック・承認	家具の製作	クロスの決定／塗装・クロス張り／家具取付け	
雑工事		断熱工事			
電気設備工事		内部配線	器具の打ち合わせ	器具取付け	
給排水設備工事	スリーブ入れ／外部埋設配管	内部配管	器具の打ち合わせ	器具取付け	
空調設備工事		内部配線		器具取付け	
外構工事	外構の打ち合わせ		施工図のチェック・承認		外構工事

注記（吹き出し）

- 雨が降った場合の予備日を考慮しているか、養生期間などは適切かをチェック
- 大工の人数、全体のバランスを見て木工事が長すぎないか、無理がないかをチェック
- サッシ発注：工事日から逆算し、製作日数を考慮して、いつまでに決定し、発注しないといけないのか把握する
- 各工事の始まりと終わりは、次の工程を考えて適切かどうかチェック
- 全体の工程は長すぎないか、無理がないか、契約どおりかをチェック
- 工事日から逆算し、製作日数を考慮して、いつまでに決定し、発注しないといけないのか把握する

工事監理の流れ

工事監理では、工事が設計図書のとおりに行われていることを確認する

設計図書通りの工事であることを確認するもの

阪神淡路大震災、東日本大震災、熊本地震において、多くの建物が倒壊した。その原因として、構造計画に問題がある場合のほかに、施工管理、工事監理さえしっかりしておけば、尊い命を落さずにすんだと思われるケースもたくさんあった。現在も、出来上がってすぐに雨漏りがした、外壁にひびが入った、家が傾いた、仕様書・見積書どおりにできていない、といった問題は起きており、住宅に関するトラブルは絶えることがない。

工事監理とは、建築士の資格を持った経験豊富な専門家が、その建物が設計図書、仕様書どおりにできているかをチェックし、建築主が安心して使える安全な建物をつくることを目的とするものである。

工事監理がしっかりとできていないと、予算がない、工期がない、人手不足といった理由で、見えない部分で簡略化（いわゆる手抜き）されてしまうことがある。本来、建築主は監理者を定めることになっているが、実際は正常に監理が行われていない場合がある。工事監理が適切に行われていれば、手抜きによる欠陥住宅を未然に防ぐことができる。

工事監理者の役割

①見積書の査定、施工者の選定

出来上がった設計図書にもとづき、複数の施工業者に見積を依頼し、出来上がった見積書を査定した後、最もふさわしい施工会社を決める。単独の業者に依頼することもある。

②契約の立ち会い

施工業者が決まれば、建築主と施工業者との契約書を十分に検討し、チェックしたうえで契約に立ち会う。そして、工程を確認する。

③施工計画書のチェック

各工程の工事が始まる前に施工計画書をチェックする。施工計画書とは、施工要領を書類、図面などで表した計画書のことである。

④現場のチェック

工事が始まると、その工事が設計図書どおりにできているかどうかを確認する。もし、設計図書のとおりにできていなければ是正を指示し、再度、確認する。

これが、欠陥住宅を防ぐための工事監理の最も重要な業務である。工事監理者は徹底して行う。

⑤報告書の作成

各工程が終了するごとに建築主に対して監理報告書を作成し提出する。

● 構造計画
地盤や外力の条件に対して安全であるよう、構造体の形状、骨組みの形式、構造材料、壁の配置、基礎構造の方式などを力学的立場から計画すること

● 施工管理
契約図書に定められた建築物を適切な品質、価格、工期で安全に施工するために、施工者側が行う工事の計画および管理のこと

● 建築士
建築士法によって定められた一級建築士、二級建築士、木造建築士の総称で、免許を受けて設計、工事監理等の業務を行う者

● 監理報告書
上記の監理について監理者が建築主に提出する報告書

工事監理の業務内容は法律で定められている

工事監理に関する標準業務	その他の標準業務
① 工事監理方針の説明など 　・工事監理方針の説明 　・工事監理方法変更の場合の協議	① 請負代金内訳書の検討および報告
② 設計図書の内容の把握などの業務 　・設計図書の内容の把握　・質疑書の検討	② 工程表の検討および報告
	③ 設計図書に定めのある施工計画の検討および報告
③ 施工図などを設計図書に照らして検討および報告する業務 　・施工図などの検討および報告 　・工事材料、設備機器などの検討および報告	④ 工事と工事請負契約との照合、確認、報告など 　・工事と工事請負契約との照合、確認、報告 　・工事請負契約に定められた指示、検査など 　・工事が設計図書の内容に適合しない疑いがある場合の破壊検査
④ 工事と設計図書との照合および確認	⑤ 工事請負契約の目的物の引渡しの立ち会い
⑤ 工事と設計図書との照合および確認の結果報告など	⑥ 関係機関の検査の立ち会いなど
⑥ 工事監理報告書などの提出	⑦ 工事費支払いの審査 　・工事期間中の工事費支払い請求の審査　・最終支払い請求の審査

平21 国交告15号
工事監理に関する標準業務

住まいづくりの流れ

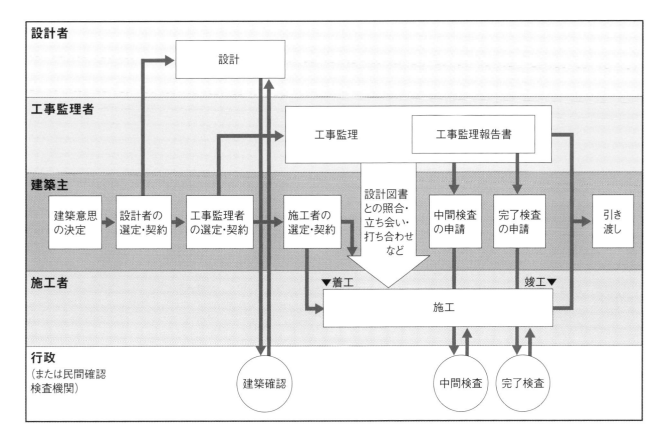

工事監理業務の流れ

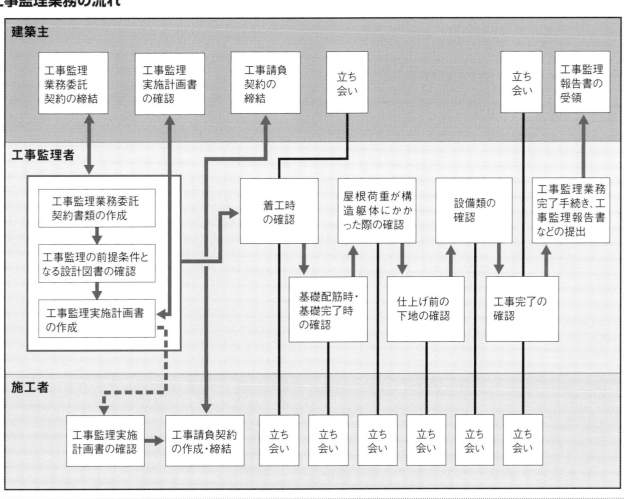

見積書の査定方法

見積書は、工事項目、数量、単価をチェックする

見積り依頼先の選定

住宅の設計内容をまとめた設計図書ができ上がると、施工業者を決めなければならない。

そのために、まず、見積りを依頼する施工業者を選定する。工事内容にふさわしい施工業者を過去の実績などから数社選定し、見積りを依頼する。複数業者とするのは、1業者だけでは見積りに提示されている数量、単価の妥当性が分かりにくいためである。また、価格を競争させるためでもある。通常、3〜4社程度に見積りを依頼をする。依頼から3〜4週間後に見積書が提出される。

見積書から読み取る施工業者の姿勢

見積りの査定方法については、提出された見積書の内訳を共通した項目ごとに一覧表にしてまとめる。これにより、単価、数量を比較する。見積書の内容から、施工業者の仕事に対する姿勢を読み取ることができる。施工業者が見積りを行うとき、まずは設計図書にじっくりと目を通し、内容を整理して項目の書き出しを行う。それに対して、数量を計算し、それぞれの単価を設定する。そうして全体の金額をつかみ、必要な経費を乗せたうえで、見積金額を算出する。

このような過程で見積りが行われるので、工事項目に重複、脱落がないか、数量に間違いがないか、単価が適切かどうかなど、監理者は細かいところまでチェックする。工事項目や数量に間違いが多い場合は、その施工業者の図面を見る能力、注意力、チェック体制がどうなっているのかを疑うべきである。また、項目はきちんと出しているのに数量は一式でしか書いていない場合は、追加変更の際にトラブルが発生しやすくなるのでできるだけ詳細な見積書を要求する。

● 設計図書
建築物その他の工作物ないし敷地の工事実施のために必要な図面および仕様書

見積書の例

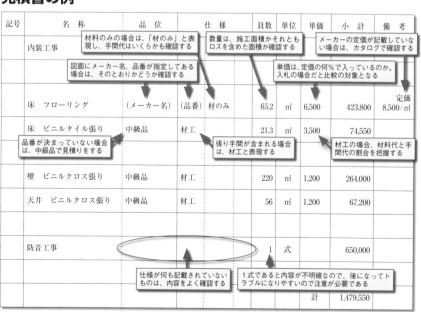

記号	名　称	品　位	仕　様	員数	単位	単価	小　計	備　考
	内装工事							
	床　フローリング	（メーカー名）	（品番）材のみ	65.2	㎡	6,500	423,800	定価 8,500/㎡
	床　ビニルタイル張り	中級品	材工	21.3	㎡	3,500	74,550	
	壁　ビニルクロス張り	中級品	材工	220	㎡	1,200	264,000	
	天井　ビニルクロス張り	中級品	材工	56	㎡	1,200	67,200	
	防音工事			1	式		650,000	
						計	1,479,550	

材料のみの場合は、「材のみ」と表現し、手間代はいくらかも確認する

数量は、施工面積かそれともロスを含めた面積か確認する

メーカーの定価が記載していない場合は、カタログで確認する

図面にメーカー名、品番が指定してある場合は、そのとおりかどうか確認する

単価は、定価の何％で入っているのか。入札の場合だと比較の対象となる

品番が決まっていない場合は、中級品で見積りをする

張り手間が含まれる場合は、材工と表現する

材工の場合、材料代と手間代の割合を把握する

仕様が何も記載されていないものは、内容をよく確認する

1式であると内容が不明確なので、後になってトラブルになりやすいので注意が必要である

施工業者の選び方

いい家を建てるためには、優秀な施工業者の見極めが大切

施工業者の特色の見極め

　施工業者は無数にあり、いろいろな特色がある。住宅を得意としているところ、住宅のなかでも建売住宅を専門にしているところ、注文住宅を得意とするところ、社員が何百人もいるところもあれば、社長1人でやっているところもある。なかには、悪徳な施工業者も存在する。

　このように、さまざまに特色のある施工業者のなかから最終的に1業者に決めるのは建築主であるが、監理者は、それを決めるための助言を行なう。良質な住宅をつくるためには、どの施工業者に依頼するのかが非常に重要である。

最適な施工業者の選定

　まず、住宅を施工したことがない施工業者に依頼してはいけない。また、見積書に詳しい明細書を付けない施工業者はトラブルになる可能性が高い。さらに、経営状態が悪い会社は、工事中に会社が倒産してしまい工事が完成しないことが心配される。工事が終了し、入居したけれど、不具合だらけで呼んでもなかなか来ない、定期点検にもまったく来ないという施工業者でもいけない。

　監理者は建築主に代わり、これまでの経験、知識を駆使してさまざまな条件のなかから最もふさわしい1業者を選定する。その選定要素は主に次のとおり。

①過去の実績
②見積書の内容
③会社の体制
④営業マン、現場監督の情熱、対応の仕方
⑤現場の状況
⑥アフターメンテナンスの体制

設計監理者は、これらを総合的に見て最適な1業者を選定する。

● 監理者
建築施工に際し、建築主に代わって工事が設計図書通りに行われるように監理する者。民間契約では設計を含めた設計監理契約が多い

施工業者のココをチェック！

① 過去の実績	これまでにどのような住宅をつくってきたのか調べてみる。またその施工業者は、何を得意としているか、技術力がどの程度あるのかを十分に調べる。経歴書や作品集を見たり、インターネットで調べたりして、依頼する物件がふさわしいかどうかを見極める
② 見積書の内容	ふさわしい施工業者を数社選んだら見積りを依頼するが、見積書の内容によりその施工業者の体制が分かる。項目に脱落、重複がないか、数量に間違いはないか、適正な単価を入れているか、経費はどれだけかかっているのか。よく一式だけで値を入れているところがあるが、追加変更工事の際にトラブルの元となる。見積書を十分に比較検討して適切な見積りをしている施工業者を選ぶようにする
③ 会社の体制	その施工業者の仕事に対する体制を調べる。どのような組織で対応するのか、下請けに丸投げなどしていないか、現場監督はどれくらいの数の現場を担当しているのか、現場のチェック体制はどうなっているのか、トラブルがあったとき会社としての対処はどうしているのか、社員の教育体制はどうなっているのか、会社の組織はどうなっているのか、経営状態はどうなのかなど、会社の内容を知ることは大事である
④ 営業マン、現場監督の情熱、対応の仕方	営業マン、現場監督の仕事に取り組む姿勢を見ることは非常に重要である。何か質問をして、どれだけ誠実に迅速に対応してくれるのか、どれだけの知識・技術をもっているのか、仕事に対してどれだけの情熱をもっているのか、現場監督のやる気・情熱により家の質は大きく変わってくる
⑤ 現場の状況	実際に施工中の現場を見せてもらう。現場は整理整頓されているか、職人がくわえタバコをしていないか、養生はきちんとされているかなど確認する。竣工した住宅に住んでいる人に感想を求めるのもよい。また、内覧会や現場見学会などがあれば参加する
⑥ アフターメンテナンス	「施工業者とは、完成してからがお付き合い」とはよくいうことである。家は実際に使ってみてからさまざまなことが起きる。建具が閉まりにくい、ひび割れが入った、雨漏りがする、などなど。一生懸命につくっても予期せぬ瑕疵はついてくるものである。そのときにどのような体制で対応してくれるのか、保証体制はどうなっているのかなどをしっかり確認する。メンテナンスが悪いような施工業者には依頼すべきではない

Column

職方の種類と役割

木造住宅は造作大工を要として専門の職方により精魂込めてつくられる。また、全体を統括するのが現場監督である。

■ 造作大工が工事の要

木造住宅工事では、さまざまな職種の職方が関わることになる。それぞれの職方が役割分担し、協力しあって1軒の住宅をつくり上げていく。その職方を統括するのが現場監督である。

木造住宅の工事において要となるのが、造作大工である。造作大工の良し悪しによって、その建物の質が決まるといっても過言ではない。

木造住宅工事に関わる職方とその役割

木造住宅における職方の種類と仕事内容をまとめた。
木造住宅では、役割を分担してそれぞれの専門職により工事が進められる。

職方	仕事内容
鳶工	内外部足場組、建前時の軸組の組立てを行う。基礎工事を行うことも多い。
土工	基礎工事における掘削、割栗石敷き、捨てコンクリート、基礎コンクリートの打設を行う
軽作業工	いろいろな作業の手元、手伝い。雑用、掃除、片付けなどを行う
鉄筋工	基礎の鉄筋の組立てを行う
型枠大工	基礎のコンクリートを流し込むための型枠を組み立てる
造作大工	木造住宅工事では中心的な職方。遣り方、墨出しからはじまり、建方、床組、小屋組、軸組、内外部の造作工事など木に関するすべての作業を行う
屋根葺き工	屋根を葺く。瓦、スレートではそれぞれ手が変わる。下地のルーフィングは専門の職方がいる
板金工	屋根において谷になっている部分に樋を入れ、壁と屋根の取合いに雨押さえを入れる。棟、軒先に水切金物を入れる。軒樋、縦樋などの樋を付ける
防水工	バルコニー、屋上などに防水を行う。防水の種類は、最近は住宅では主にFRP防水がよく使われる。その他にアスファルト防水、シート防水などがあるが、すべて手が変わる。サッシ、サイディングの取合いのシーリングも防水に含まれ、シーリング専門の職方がいる
左官工	最近では乾式が多くなり、湿式の左官工事は減る傾向にある。しかしながら、内部においては、珪藻土塗り、外部においても外壁や腰、土間のモルタル塗りなど建物にはなくてはならない職方である
石工	石を張る職方。石を加工する石彫り工、石を積む石積み工、丁場から石を切り出す石採工に大別される
タイル工	タイルを張る職方。石張りでも、タイルと同様の施工方法で規格品を扱う場合は、タイル工が行うことも多い
サイディング工	最近は、外壁においてモルタル塗りからサイディングに変わる傾向にある。工期が早くて安価、デザインが豊富で火にも強いという理由でその職方も多い
塗装工	内外部の木部、金属部に保護、装飾のために塗装をする職方
内装工	クロス張り、絨毯敷き、カーテン、シート張りなどの仕上げ工事に関わる
木製建具工	木製建具を製作した場合、専門の建具工が建具の吊込みを行う。既製品建具の場合は造作大工が取り付ける
美装工	すべての工事が終了し、竣工・引き渡し前のクリーニングをする。外部のガラス・サッシのクリーニングや、クロス、床のワックスがけ、家具など、仕上がった建物を引き渡すために工事で汚れた仕上材を美しくする
水道工	建物に水が使えるように内外部の給水、給湯、排水の配管を行う。仕上げ工事では、設備機器の取り付けを行う
電気工	建物に電気が使えるように電気の配線、配管を行う。テレビ、電話などの弱電関係も含める。仕上げ工事では、照明器具、スイッチ、コンセントプレートの取付けを行う
空調工	建物に空調機器が使えるように空調用の配管を行う。換気設備なども含める場合がある。仕上げ工事では、空調機器の取付けを行う
ブロック工	外構の塀工事などでブロックを積む職方
造園工	建物工事がすべて終了した後にエクステリアなども含め、植栽工事を行う

木造住宅を支える地盤と基礎

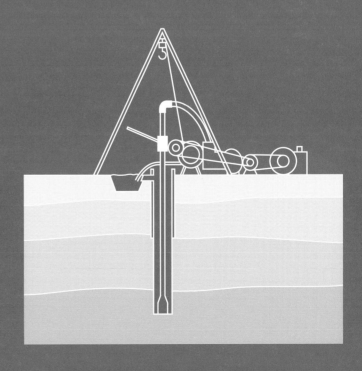

軟弱地盤の危険性

地盤の問題は、一見しただけでは分からない

危ない地盤の種類

基礎を設計するためには、その敷地がどのような地盤であるかを知る必要がある。地盤の問題は、一見しただけでは分からないため、地盤調査が必要である。

問題が起こりやすい地盤のなかでも、特に造成地と軟弱地盤に注意が必要である。造成地は、傾斜地を切土と盛土をすることで階段状に造成する。盛土というのは、土を盛っただけなので、転圧が不十分だと、軟らかい場合がある。切土と盛土にまたがって住宅を建てた場合、不同沈下を起こすおそれがある。また、周辺で大規模な建築工事や水路の工事などがあると、建物に影響が及ぶこともあるので、注意が必要である。

地震被害が大きい軟弱地盤

軟弱地盤とは、水分を多く含んだ軟らかい地盤のことである。もともとは海や川、池、水田などであった場所が軟弱地盤である可能性が高い。軟弱地盤は、建物の重さで地盤が下がるだけでなく、大地震が発生した際、地震の揺れが増幅される。そのため、建物により大きな被害をもたらす。

また、砂質地盤で、地下水位が高い場合などは、地震の振動により地盤の液状化現象が起こる危険性がある。

資料や地名の活用

敷地周辺の資料を参照し、地盤の履歴を確認すると、敷地がどのような地盤であるかが分かる。地質図や土地条件図のほか、古い地図なども参考になる。役所で敷地周辺のボーリングデータが手に入る場合や、インターネットで地盤の情報を得られる場合もあるので、それらも入手する。

また、古くからの地名から地盤の状況を想定することができる。流れ、沢、谷など水に関わる地名の場合は、要注意である。昔は、水分をたくさん含む地盤であったことが推測される。そのほか、敷地周辺のブロック塀や建物の基礎などを見て、沈下によるひび割れがないかどうかも確認する。

● 造成地
埋め立て・切り土・盛り土・地盤の改良などを行って、住宅等の建築に適する環境・機能を整えた土地のこと

● 切土
高い地盤・斜面を切り取って低くし、平坦な地表を作る、あるいは周囲より低くする工事のこと

● 液状化現象
地下水位の高い砂地盤が地震の振動で液体状になる現象

● 地質図
表土の下の岩石の分布・地層を表したもので、表土に隠された複雑な地質の構造を表現したもの

圧密沈下のメカニズム

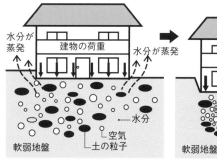

建物の荷重が軟弱地盤に加わり、地中の水分が蒸発してしまった状態

地盤の水分が放出し、体積が圧縮してしまった状態。そのため、地盤の沈下とともに建物も沈下してしまう

不同沈下のメカニズム

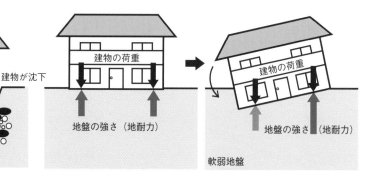

建物の荷重と、下からそれを支えようとする地耐力が均衡している状態

軟弱地盤のため地耐力が弱く、建物の荷重を支えきれずに建物が不均等に沈下してしまった状態

問題が起こりやすい地盤の種類

軟弱地盤

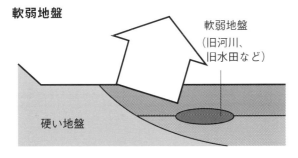

軟弱地盤
（旧河川、
旧水田など）

硬い地盤

沖積層（約2万年前の最終氷期最盛期以降に堆積した地層。地質学的に最も新しい地層）のうちでも軟らかい堆積物からなる三角州、河川沿い、湿原、湖沼跡、干拓地、埋立地などで、不同沈下が起こりやすい

盛土地盤

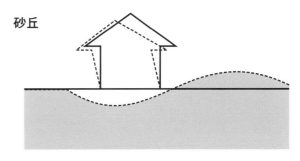

擁壁

盛土による造成地盤は地盤がまだ安定しない場合もある。建設時には、盛土からどのくらいの放置期間があるか確認したい。また、造成地の盛土は、擁壁がしっかりしていないと擁壁の崩壊によって移動してしまうケースもある。さらに、建物を盛土と切土部分にまたがって建てると不同沈下を起こしやすくなる

砂質地盤

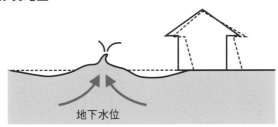

地下水位

地下水位の高い砂質地盤では地震の振動により飽和した地下水の水圧が高くなり、砂の粒子間の結合と摩擦力が低下し、砂層が液状化して流動する（液状化現象という）

砂丘

乾いた砂丘は地震の振動によって砂の移動が生じやすい

異種地盤

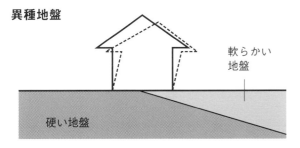

軟らかい
地盤

硬い地盤

硬い・軟らかい地盤にまたがって家を建てる場合、地震時の振動性状が異なったり、不同沈下が生じることがある

崖・急傾斜地

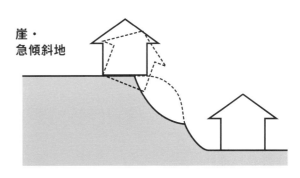

崖や急斜面に接近した場所は、集中豪雨や地震による土砂崩れ、擁壁の崩壊が起こるおそれがある

礫層

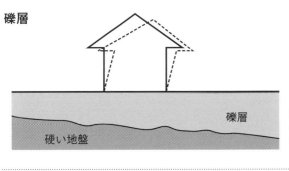

礫層

硬い地盤

締まっていない礫層では、地震が起こった場合、普通の地盤よりも振れ幅が大きくなる

地盤調査方法

木造住宅では、SWS試験を行うのが一般的

スクリューウエイト貫入試験

木造住宅ではスクリューウエイト貫入試験（SWS試験、旧スウェーデンサウンディング試験）が多く使われている。この試験は、先端にスクリューポイントのついたロッド（鉄棒）を地盤にねじ込み、その際に鉄棒の上に25kgずつ100kgまで重りを載せる。すると、軟弱な地盤は自重でめり込んでいく。重りだけでめり込まない場合はロッドを回転させて、25cmめり込むのに何回転するのかを数え、その回転数からN値を求めて地盤の強度を確認する方法である。

スクリューウエイト貫入試験は、作業スペースは1㎡程度、1カ所につき30分程度の時間で行うことができるためコストがあまりかからないことから手軽に採用される。しかしながら、土中にガラなどが入っているとロッドが侵入しなくなり、硬い地盤であると誤診することがある。また、直接土を採取することができないため、ロッドの回転する音により土質を判断することになり、調査者により精度が異なるのが現状である。

この調査は、新たに建てる住宅の4隅と中央の合計5カ所以上で行う。1カ所だけでは全体の状況が把握できないほか、支持地盤の傾斜が把握できないためである。

標準貫入試験

標準貫入試験はボーリングともいわれ、最も基本的な調査方法である。木造住宅ではあまり使われないが、鉄筋コンクリート造や鉄骨造では、よく行われる。

鉄製のボーリングロッドの先端に土を採取するための試験用サンプラーを取り付け、ロッドの上に63.5kgの重りを76cm自由落下させて、ロッド頭部に取り付けたノッキングヘッドを打撃する。ロッド先端に取り付けた標準貫入試験用サンプラーを地盤に30cmめり込ませるのに要する打撃数をN値といい、これにより地耐力を確認する。同時に試験用サンプラーで土などを採取し、砂質土か粘土かなどの地質も調べる。

● ガラ
コンクリート、石、レンガなどを壊したくずのこと

● 地耐力
地盤の沈下に対して抵抗力がどのくらいあるか、地盤がどの程度の荷重に耐えられるかを示す指標のこと

地業、基礎工事の流れと各工程の注意点

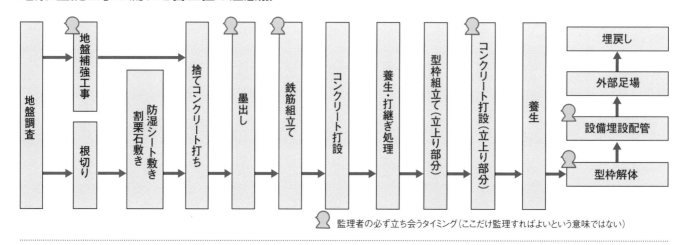

地盤調査 → 地盤補強工事 / 根切り → 防湿シート敷き 割栗石敷き → 捨てコンクリート打ち → 墨出し → 鉄筋組立て → コンクリート打設 → 養生・打継ぎ処理 → 型枠組立て（立上り部分） → コンクリート打設（立上り部分） → 養生 → 型枠解体 → 設備埋設配管 → 外部足場 → 埋戻し

👤 監理者の必ず立ち会うタイミング（ここだけ監理すればよいという意味ではない）

これだけは知っておきたい地盤調査方法

ボーリング調査 (標準貫入試験)	地盤のサンプルを採取し、地層構成を明らかにする。具体的に地層ごとのサンプルを確認できる利点があるが、費用がかかる。RC造の中規模以上の建築物を建てる場合はボーリング調査をする必要があるが、木造住宅ではやらなくてもよいだろう
スクリューウエイト貫入試験	25、50、75、100㎏の4種類の重りを載せた先端がネジ状の鉄の棒で25cm掘り下げるのに、ハンドルを何回転させたかによって地盤強度を推定する。約10mまで計測することができ、戸建住宅の地層調査として向いている
表面波探査法	探知機を2カ所、地面に挿して、発信機から出す表面波の伝わる速度で地盤の固さを計測する。地盤が固いほど地震波が早く進む性質を利用した調査方法でスクリューウエイト貫入試験よりはコストがかかる

ボーリング調査

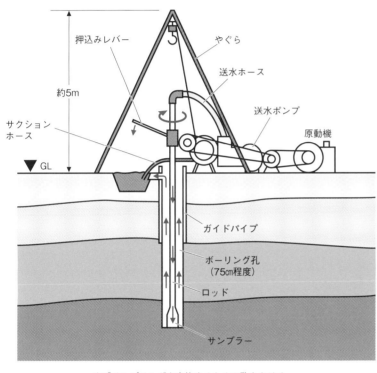

まずサンプリングを実施するための孔をあける。
そして各地層の土や岩、砂のサンプルを採取する。
作業スペースが4×5m程度と大きい

スクリューウエイト貫入試験

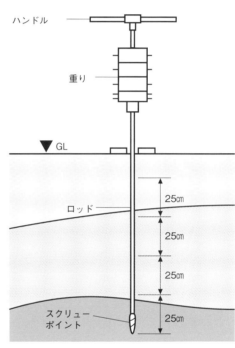

ネジ状になった先端の
スクリューポイントを
回転させながら押し込
み、ハンドルの回転数
によって地盤の硬さを
調べる

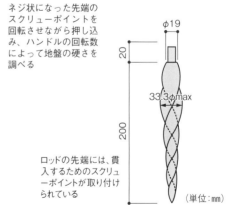

ロッドの先端には、貫
入するためのスクリュ
ーポイントが取り付け
られている

(単位:mm)

表面波探査法

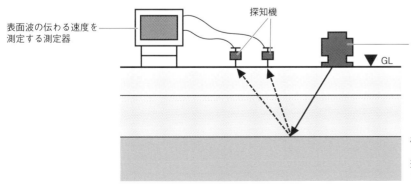

表面波の伝わる速度を
測定する測定器

探知機

地中に向けて表面波
(レリー波)を探知
機に向けて発信する
機械

硬い地盤ほど地震波が速く伝達する
という表面波の性質を活用し、その
速度をもとに地盤が硬いか軟らかい
かを調べることができる

地盤調査報告書の見方

支持地盤がどのくらいの深さにあるかを確認する

地盤調査報告書の項目

　住宅の荷重を支えるしっかりとした地盤のことを支持地盤といい、木造住宅の場合は、20kN／㎡以上の地耐力をもった地盤がそれにあたる。調査位置ごとに支持地盤の深さを確認し、その深さによって地盤補強の必要性を判断する。支持地盤が深い位置にある場合、地盤補強を行う必要がある。支持地盤が確認され、地盤補強は必要ない場合でも、表面が軟らかいときは、転圧を十分に行う必要がある。

　スクリューウエイト貫入試験における地盤調査報告書では、N値の数字だけを見るのではなく、「自沈層」がどの深さにどれだけあるかが基礎を決めるうえでのポイントである。地盤調査報告書から次の項目を確認する。

○**荷重Wsw(kN)**：ロッドを25㎝貫入させるのにどれだけの重りを載せたかを示したもの

○**貫入深さD(m)**：どの深さのデーターかを示したもの

○**半回転数Na(回)**：ロッドを25㎝貫入させるのに要したロッドの回転数を示したもの

○**貫入量L(㎝)**：前のデーターの測定深さから次の測定深さまでの貫入量を示したもの

○**1m当たり半回転数(Nsw)**：ロッドを25㎝貫入させるのに要した半回転数から、1m貫入させるには何回の回転が必要かを算出した数値

○**推定土質**：ロッドが貫入していく際の音や感触により砂質か粘土か土質を推定したもの

○**貫入状況**：ロッドが貫入していく際、どのような状況かを示したもの

○**推定柱状図**：粘性土か砂質土か示したもの

○**荷重Wsw(kN)**：ロッドの貫入に必要な荷重の数値を棒グラフで示したもの

○**貫入量1m当たり半回転数(Nsw)**：1m当たりの半回転数をグラフにして図示したもの。グラフ横棒が長いほど地盤は硬いことを表している。逆に半回転数がゼロの層は自沈層と呼ばれる軟弱地盤である。

地盤調査報告書の見方

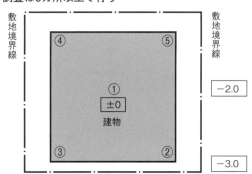

調査は5カ所以上で行う

試験は建物の中心と四隅を調査する。そのため、調査時には建物の形状と配置を決めておきたい

左図5カ所の地盤支持力度 （kN／m²）

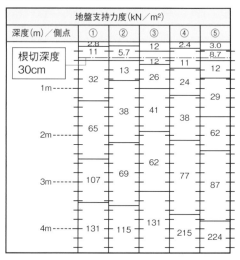

地盤支持力度(kN／m²)					
深度(m)／側点	①	②	③	④	⑤
根切深度 30cm	2.8		12	2.4	3.0
	11	5.7			8.7
			12	11	
	32	13	26	24	12
1m					29
		38	41		
	65			38	62
2m					
			62		
		69		77	87
3m	107				
			131		
4m	131	115		215	224

地盤調査報告書の例（スクリューウエイト貫入試験）

- 報告用紙は調査会社などで内容とともに異なっている
- 手動・半自動・全自動などの種別を記載する
- 荷重が1,000Nに達しても貫入しない場合は重りを載せたまま25cm貫入するまで回転させ、半回転数を記録する
- 一般にWswとNswをグラフにして表示する

JIS A 1221	スクリューウエイト貫入試験

調査件名 ○○様邸地盤調査	試験年月日 2021.1.15
地点番号 （地盤高）S-3（T.P+7.80m）	試 験 者 建築知識

| 回転装置の種類 | 手 動 | 天候 | | 晴れ | | |

荷重 Wsw (kN)	貫入深さ D	半回転数 Na (回)	貫入量 L (cm)	1m当たりの半回転数 (Nsw)	推定土質	貫入状況	N値 (回)	支持力 qa (kN/㎡)
1.00	0.25	0	25	0		掘削		
1.00	0.50	0	25	0		掘削		
1.00	0.75	32	25	128	SC	ジャリジャリ	9.4	106.8
1.00	1.00	18	25	72	SC	ジャリジャリ	6.6	73.2
1.00	1.25	72	25	288	SC	ジャリジャリ	17.4	202.8
1.00	1.50	19	25	76	SC	ジャリジャリ	6.8	75.6
1.00	1.75	27	25	108	SC	ジャリジャリ	8.4	94.8
0.75	2.00	0	25	0	SC	ユックリ	2.3	30.0
0.75	2.25	0	25	0	SC	ユックリ	2.3	30.0
1.00	2.50	10	25	40	SC	ジャリジャリ	5.0	54.0
1.00	2.75	15	25	60	SC	ジャリジャリ	6.0	66.0
1.00	3.00	7	25	28	SC		4.4	46.8
1.00	3.25	14	25	56	SC		5.8	63.6
1.00	3.50	11	25	44	SC		5.2	56.4
1.00	3.75	8	25	32	SC		4.6	49.2
1.00	4.00	0	25	0	SC	ユックリ	3.0	30.0
1.00	4.25	0	25	0	SC	ユックリ	3.0	30.0
1.00	4.50	16	25	64	C		6.2	68.4
1.00	4.75	21	25	84	C	ジャリジャリ	7.2	80.4
1.00	5.00	62	25	248	C	ガリガリ	15.4	178.8
1.00	5.25	93	25	372	C	ガリガリ	21.6	253.2
1.00	5.50	119	25	476	C	ガリガリ	26.8	315.6

凡例：土質記号　S=砂質土、C=粘性土、SC=砂と粘土の混合土、G=礫質土）

- ロッドが貫入していく際にどのような音や感触だったのかを記録する
- 自沈層あり
- 自沈層あり
- 50N、150N、250N、500N、750N、1,000Nなどの荷重段階を記入する（例ではkN）
- 貫入深度は基本的に10mだが、障害物や固く締まった層に到達した場合は10mまで測定できないことがある。また、1測点以上は固く締まった層を確認するため10m以深まで実施する場合もある
- 半回転数Naを1m当たりに換算して表示する
- 地表面から深さ5m以内までのあいだにNsw=0の自沈層が連続してあるところは、地盤補強せずに住宅を建てることはできない

調査結果から判断すること

● 半回転数がゼロの層は自沈層と呼ばれる軟弱地盤であり、地表面からこの層が連続して見られる場合には、地盤補強工事が必要となる

● スクリューウエイト貫入試験では、一般的に土のサンプルは採取しないが、スクリュー先端に付着した土やロットの感触から土質判断をして表記されているが、必ずしも実際の土質と一致していないので、注意が必要である

● 換算N値、支持力qaの算出の仕方
$N = 2W_{sw}+0.067N_{sw}$（砂質土）
$N = 3W_{sw}+0.050N_{sw}$（粘性土）
支持力 $q_a=30+0.6N_{sw}$

N：N値
Wsw：荷重の大きさ(Kn)
Nsw：貫入量1m当たりの半回転数
qa：支持力

たとえば、上記の表より貫入深さが4.50mの地点では、荷重Wswが、1.0kN、貫入量1m当たりの半回転数Nswが64であるので、N=3×1.00+0.050×64=6.2で換算N値は6.2となる。また、支持力qaは、qa=30+0.6×64＝68.4kNとなる

地盤補強工法の種類

地耐力が20kN／㎡以下の場合は、地盤補強が必要となる

支持地盤の深さで補強方法が決まる

　地盤調査の結果、地耐力が20kN/㎡以下であることが判明した場合は、地盤補強を行う必要がある。地面から支持地盤までの深さにより用いるべき補強方法が異なる。これらの工法選定は、地盤条件、地下水の状況、敷地条件、振動や騒音などの周囲環境への影響も考慮して決める。狭い敷地では、作業ができるかどうか、進入道路が狭くないかなども考慮する。また、地盤調査はなるべく早い時期に行う。地盤補強が必要な場合は、補強費用を見込んで、全体の予算を立てる必要がある。

（1）再転圧工法

　地表面だけの補強の場合は、ランマーや振動ローラーで地面を転圧するのが一般的である。ランマーや振動ローラーは最大300㎜の深さまでしか効果がないため、それより深い箇所まで転圧する場合は、掘り下げたうえで転圧し、さらに土を乗せて転圧する。これを再転圧工法という。

（2）表層改良工法

　軟弱地盤がさほど深くなく、2mくらいまでの場合に採用される工法である。表面の軟弱な地盤の土をすべて掘り起こし、セメント系固化剤を入れて混合攪拌して地盤強化を図る工法である。ほぼ全ての建築面積相当の部分を改良する。厚さ500〜800㎜ごとにローラーで繰り返し転圧し、平坦にならす。地質が変わり、植物が植えにくくなる可能性があるため、その点にも十分注意して施工する。

（3）柱状改良工法

　地表より3〜5m程度の補強である。直径600㎜ほどの穴を掘り、そこに掘り出した土と混和材と水を混ぜて柱状に土を固める方法である。基礎の通りに沿って2m間隔に施工する。この工法は、低振動、低騒音なので近隣の環境への負担が少ない工法といえる。

　30坪程度の木造住宅では、30〜40本ほどの柱状改良をすることになる。

（4）鋼管杭工法

　軟弱地盤が8mくらいの深さまで深く分布していて、その下に硬い地盤がある場合に採用する。直径約120㎜ほどの鋼管杭を回転させながら地面にねじ込むように打設する。

　支持地盤に達したことを確認して打設を終える。30坪程度の木造住宅では、30本程度の鋼管杭を打ち、柱で建物を支える。

● ランマー
土砂や栗石を突き固める機械。エンジンの爆発反力によって機械がはね上げられ、落下の際の自重と衝撃によって地盤を固める作業を繰り返す

● 混和材
セメント、水、骨材以外の材料で、コンクリートなどに特別の性質を与えるために、施工前のコンクリートに混ぜる材料

地盤に適した改良・補強工法の選び方

表層地盤改良工法は、軟弱地盤がさほど深くなく、2mくらいまでの場合に採用される。柱状地盤改良工法と小口径鋼管杭工法は、軟弱地盤が深く、8mくらいまで分布していて、その下に硬い地盤がある場合に採用し、柱状に建物を支える

柱状改良を行うため固化剤を注入し、攪拌作業をしているところ

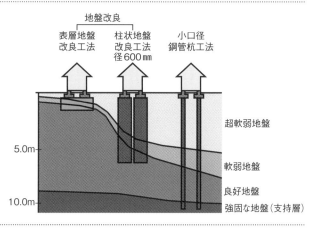

地盤改良

表層地盤改良工法　柱状地盤改良工法 径600㎜　小口径鋼管杭工法

5.0m

10.0m

超軟弱地盤
軟弱地盤
良好地盤
強固な地盤（支持層）

主な地盤補強方法

再転圧工法

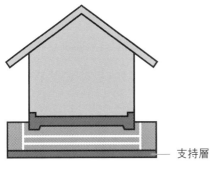

支持層

水または石灰を撒きながら、30cmごとに
ローラーで締め固める。最もシンプルで
安価な方法

表層改良

①軟弱地盤を掘る

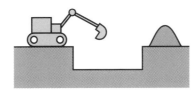

②掘ったところに
固化剤を散布する

③土と固化剤を混合、
撹拌する

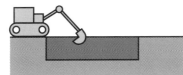

④転圧する

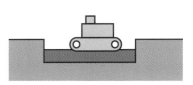

⑤埋戻す

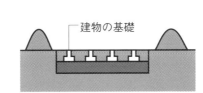

建物の基礎

⑥完了

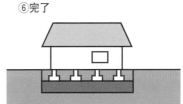

軟弱な地盤にセメント系の固化剤を散布・混合・撹拌し、
基礎の下に地耐力の大きな安定した層を設ける

柱状改良

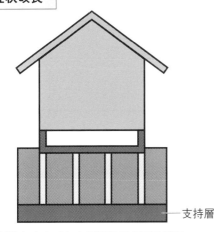

支持層

液状化したセメント系固化材を原地盤に
注入し、原地盤土を柱状に固化させ、建
物を支える

鋼管杭

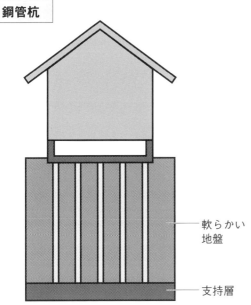

軟らかい
地盤

支持層

太さ約114.3〜264.7mm径の鋼管杭を支持層まで
打ち込み、建物を支える

特殊な改良工法

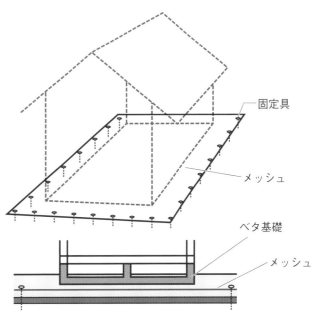

固定具

メッシュ

ベタ基礎

メッシュ

ベタ基礎の下に耐久性の高いメッシュ
や、発泡スチロールを敷き詰めて、建
物の荷重を分散させる

基礎の種類

地盤調査で確認した地耐力で基礎の種類が決まる

木造住宅の基礎は、直接基礎と杭基礎に大別され、直接基礎には、布基礎、ベタ基礎の2種類がある。最近では、ベタ基礎とする場合が多い。これ以外に独立柱を支える独立基礎がある。地盤調査で確認した地耐力によって基礎の種類が決まる。

布基礎

布基礎は、従来から多く使われている。建物の規模と地盤の支持力により、底盤（フーチング）の幅を決める。最低幅として450mmは必要である。

基礎の立上り部分と底盤の厚さは通常120mmとする。地中部分の鉄筋のかぶり厚さの確保と配筋の施工精度、コンクリート打設時の充填しやすさを考えると厚さ150mmにしたほうがよい。

かぶり厚さとは、鉄筋を覆っているコンクリートの厚みのことである。コンクリートが中性化し、ひび割れから水分が入り込むと鉄が錆びてしまうため、かぶり厚さを十分にとることが大切である。

ベタ基礎の基本

ベタ基礎は、建物の平面全体を一体化した底盤に、外壁と間仕切壁の直下に立上り壁を設置したものである。構造的に強く、不同沈下に対して効果的であり、床下の防湿にも役立つ基礎である。最近は、ベタ基礎とすることがほとんどである。

しかし、ベタ基礎の底盤が広い面積になると強度が不足する場合がある。立上り部分を梁として位置付け、床下の通気やメンテナンスの開口部を空けるときには地中梁を設ける。そして、立上り部分、または地中梁で囲われている部分の面積が大きくならないようにする。できれば底盤の厚さも200mm以上とり、ダブル配筋にする。

これらの直接基礎は、地盤が軟弱である場合は、地盤補強をしたうえで設置する。

杭基礎は、一般的に基礎の下部に固い地盤まで杭を打ち、杭を通して建物の荷重を地盤に伝えるもので、非常に軟弱な地盤に適した基礎である。

● 支持力
住宅などの建築物の荷重が、基礎や杭などを通じて直接地盤に伝えられる時、地盤や基礎が支えることができる最大荷重のこと

● 梁
柱頭の位置または柱上部の側面の取り付ける水平材で小屋組を支えるもの

● 地中梁
地盤反力や不同沈下に抵抗するために、基礎下の地中に配置される梁のこと

● ダブル配筋
鉄筋コンクリートの強度を高めるために、鉄筋を上下や左右に2段で組むこと

関連事項

● 基礎工事
基礎工事とは、地業工事、鉄筋工事、型枠工事、コンクリート工事からなる。そのうち地業工事は、根切り（掘削）を行い、割栗石入れ、捨てコンクリート打ち、墨出し、そして埋戻しまでの工事のことをいう。

● 根切り
根切りは、掘削もしくは掘り方ともいう。根切りの深さは、レベル測量器により正確に掘っていく。必要に応じて、掘削面に法面をつけるか土留めを設ける。

● 割栗石入れ
根切りが完了すると地耐力を確保するために割栗石を10〜15cm厚以上入れる。大きさが5〜10cmの石を均一に並べ、その隙間には、目潰しといわれる砂利を敷く。目潰し砂利を

入れたらランマーで3回以上突いて、十分に締め固める。ベタ基礎の場合、割栗石入れが終わると防湿シートを敷く。

● 捨てコンクリート
防湿シートを敷き終わると捨てコンクリートを打設する。捨てコンクリートは、基礎をつくる位置に印を付けて型枠を正確に設置するために行うものである。また、捨てコンクリート打設によって基礎底面を平らにならし、鉄筋の高さを揃える。捨てコンクリートの厚みは3〜5cm程度とする。

● 墨出し
墨出しとは、基礎の位置を正確に決めるためにコンクリートの上に墨壺で必要な線を表示するものである。この墨出しにより建物の基礎の位置が決まるので非常に重要なものである。

基礎の形式ごとの特徴

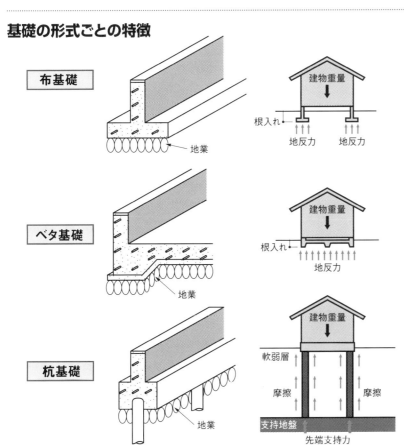

布基礎

帯状に連続して、壁面に沿って設けられる基礎。工事費を低めに抑えられる。ただし不同沈下に対して弱い

ベタ基礎

床下全面をコンクリートで覆い、基礎全体で地盤に力を伝える。構造的にも強く、不同沈下に対して効果的。ただし、超軟弱地盤では自重で沈下する可能性があるので注意が必要

杭基礎

敷地の地盤に軟弱層が続く場合、支持地盤まで杭を打ち、建物の基礎を支える。杭は小口径のRC杭、PC杭など

布基礎の仕様

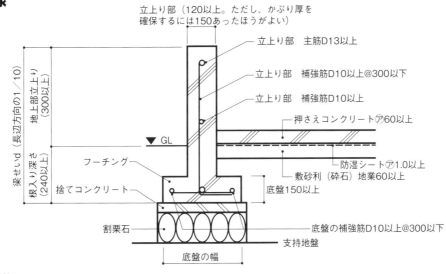

底辺（フーチング）の幅は、建物の規模とその敷地の支持力によって異なる

ベタ基礎の仕様

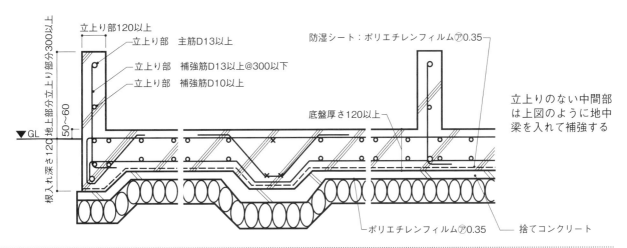

立上りのない中間部は上図のように地中梁を入れて補強する

基礎の補強と床下換気

基礎に換気口を設ける場合は、基礎の補強が必要

基礎の補強

　基礎の立上り部分には、床下換気口や人通口、配管のための貫通口などを設けることが多い。その場合、基礎を貫通した部分の周囲に補強配筋を行う必要がある。基礎立上りの上に開口部を計画する場合も同様である。また、ベタ基礎の場合は、地中梁を設けて補強する。

床下の湿気対策

　床下の湿気は、木材を腐食させるだけでなく、シロアリの発生の原因にもなり、木構造にも悪影響を及ぼす。そのため、木造住宅の床下の湿気対策が重要である。

　まず、床下の地盤を周囲の地盤より高くするのが基本である。防湿シートを敷いたり、防湿コンクリートを打ったり、ベタ基礎にしたりすることが有効である。また、基礎の立上りを地盤面から400㎜以上取り、1階の床高を地盤面から600㎜以上取るとよい。

　基礎の周囲の立上り部分に設置する床下換気口は、主に、開口部下の中央に設置する。間仕切下の立上り部分には、通気口をつくり、床下に空気がうまく流れるようにする。この通気口は人通口を兼ね、床下のメンテナンスにも役立つように人間が通れる大きさとする。

　基礎の上に樹脂製のスペーサーなどを載せて基礎の天端と土台の間に20㎜ほどの隙間をあけ、基礎天端全体で換気する方法もある。換気量を十分確保できるため、床下換気には有効である。ただし、冬場の床下の温度がかなり低くなるため、床下の断熱をしっかりと施工する必要がある。

　傾斜地など敷地の高い部分の地面が基礎の底盤より高くなる場合、地中の水圧で基礎内側に水が染みてくることがある。そのような場合は、ドライエリアをつくることもある。

● 防湿コンクリート
地中からの湿気が侵入するのを止めるために打つコンクリートのこと。地下水位が高い敷地の場合、床下の湿気対策として防湿コンクリートを打つことが有効だが、コンクリートの表面は冷えやすいため、表面結露を起こすケースもある

● 地盤面
地盤面は、建築物の高さの基点となる。地盤面は原則として、建築物の周囲の地面が建築物と接する位置の平均高さで求める

● スペーサー
部材間の隙間を確保するために挿入する小片

● ドライエリア
採光、換気、防湿、出入りなどのために、地下外壁に沿って設ける空堀

関連事項

●開口廻りの補強
　基礎コンクリートに換気口などの開口や設備関係のスリーブが設けられると、その部分が構造上の弱点となり、コンクリートがひび割れし、大きな地震時にはそこから崩壊していく。そのため、開口部廻りを補強する必要がある。開口部のほか、出隅部も力の流れの方向が変わり、地震時に大きな力が加わるところなので補強が必要である。換気口廻りは、D13の横筋およびD10の斜め筋で補強する。横筋の長さは、換気口の幅にそれぞれ500㎜を足したもとし、斜め筋に関しては800㎜とする。

●出隅部の補強
　開口部のほか、出隅部も力の流れの方向が変わり、地震時に大きな力が加わるところなので補強が必要である。隅角部の横筋を折り曲げ、直行する他方向の横筋に300㎜以上重ね合わせる。

床下換気口の補強例

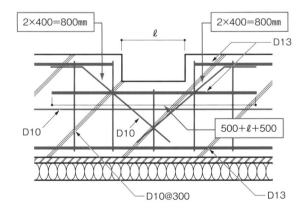

換気口の廻りはD13の横筋およびD10の斜め筋により補強する。D13横筋の長さは500㎜＋換気口の幅ℓ＋500㎜とする。D10の斜め筋の長さは、2×400㎜＝800㎜以上とする。また、コンクリート強度は24N／㎟とする

床下防湿対策

防湿コンクリートの例(布基礎の場合の例)

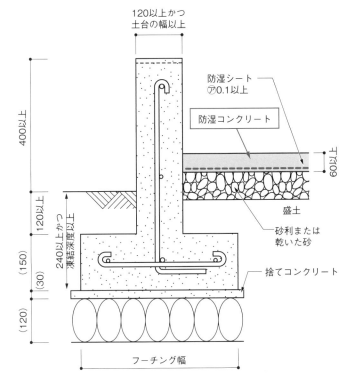

床下換気の取り方

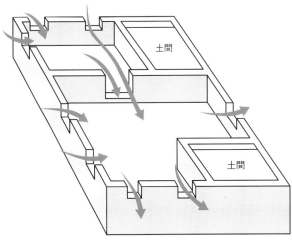

外周部の基礎には有効換気面積300cm²以上の床下換気口を、間隔4m以内ごとに設ける。内部の基礎には通風と点検に支障のない位置に換気口(人通口)を設ける

床下換気口

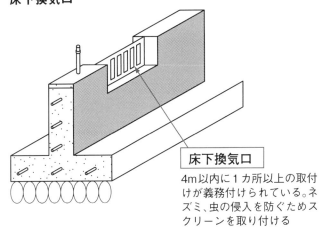

床下換気口

4m以内に1カ所以上の取付けが義務付けられている。ネズミ、虫の侵入を防ぐためスクリーンを取り付ける

ネコ土台

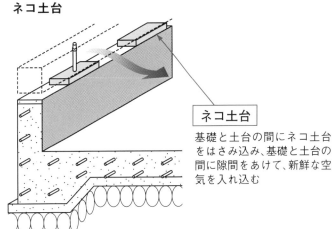

ネコ土台

基礎と土台の間にネコ土台をはさみ込み、基礎と土台の間に隙間をあけて、新鮮な空気を入れ込む

ネコ土台の施工監理ポイント

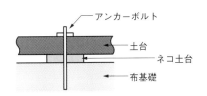

1》 柱の下やアンカーボルトのある個所にきちんと敷き込まれているか

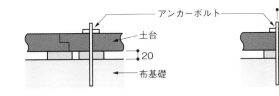

2》 土台の継手の位置にネコ土台が敷き込まれているか

3》 ネコ土台の設置間隔が最大1,000mmピッチ(おおむね半間間隔)以内で施工してあるか

ネコ土台を使用する場合は1m当たり有効面積75cm²以上の換気口を設ける

基礎コンクリートの打設

コンクリートは事前の品質管理が大切

　良質な基礎コンクリートを打設するためには、現場に搬入されたコンクリートがどのような品質であるかを事前にチェックする。

　コンクリートの主な材料は、セメント、水、骨材（砕石・砂利・砂）、混和材などである。これらの材料がどのような品質のもので、どのように配合され、また、どのようにして打設するかがコンクリートの良否を決める。

良いコンクリート

　良いコンクリートとは、作業がしやすく、所定の強度・耐久性があり、できるかぎりひび割れが起こらないコンクリートである。ひび割れが発生すると、その部分から水が浸入し、鉄筋が腐食して基礎の耐久性低下につながる。そのようなことを避けるため、監理者は事前にコンクリートの品質を十分にチェックし、打設計画を吟味したうえで打設に臨むことが大切である。

コンクリートの品質チェック

　コンクリートの品質をチェックするには、まず事前にコンクリートの配合報告書で配合をチェックする。そのほかに骨材試験成績表、セメント試験成績表、化学混和剤試験成績表、水質試験報告書なども確認する。

　また、生産工場の確認も行う。ＪＩＳ認定工場であるか、工場に公認の技術士は常駐しているのか、工場から現場までの運搬時間はどれくらいかかるのか（90分以内が望ましい）を確認する。

　コンクリート打設時には、納品書と現場試験により、計画どおりの生コンクリートが納品されていることを確認する。

打設前の確認

　木造基礎の場合、通常、ベース部分と立上り部分の2回に分けてコンクリートを打設する。打設前の配筋検査による是正指示があれば、手直しされていることを確認する。また、墨出しどおりに型枠が入っていることや、コンクリートの高さを示す型枠内側の釘の位置に間違いがないか、型枠が清掃され、しっかりと固定されているかなども確認する。

○ 配合報告
コンクリートの設計基準強度や配合、水セメント比などの性能を示したもの

○ ＪＩＳ
日本工業規格のこと。我が国の工業標準化の促進を目的とする工業標準化法（昭和24年）に基づき制定される国家規格

○ コンクリート打設
コンクリートを型枠に流し込んで施工すること

○ 配筋検査
鉄筋コンクリート工事において、コンクリートの打設に先立ち、鉄筋の量、位置、間隔、継手、定着状態など鉄筋が正しく配置されていることを検査すること

スランプ試験

3層に分けてコンクリートを入れ、突き棒の先端が前層に接する程度に各層25回突く

詰め終わったらコーンを真上に持ち上げ、スランプを測定する

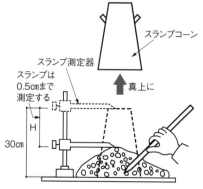

生コンクリート現場試験における許容値

現場におけるの試験として、スランプ値、空気量、塩化物量含有試験を行う

	値	許容値
空気量	4〜5%	±1.5%
スランプ値	8〜18cm	±2.5cm
	21cm	±1.5cm
塩化物	0.30kg/㎥以下	——

コンクリートの品質はどこでみる？

●水セメント比

コンクリートの強度はセメントと水の重量割合によって決まる。水とセメントの重量比を水セメント比（W／C）という。強度を高めるためにはできるだけ少ない水で練ったほうがよい。しかも、水を透しにくいコンクリートや、ひびわれの発生しにくいコンクリートにするためにも、できるだけ水の少ない硬いコンクリートを十分に締め固めるのが原則となっている。しかし、あまりにも水の量を少なくすると、今度はコンクリートの流動性が悪くなり、作業が非常にやりにくく、コンクリートが隅々まで十分に行き渡らず、かえって悪いコンクリートとなるおそれがある。通常は、水セメント比で50〜60％とする

●スランプ値

スランプ値とは、スランプコーンと呼ばれる試験用の容器に生コンクリートを入れ、突棒で攪拌したあとで垂直上にスランプコーンを抜き取り、コンクリート頂部の高さが何cm下がったかを測定した数値のこと。数値が大きいほどコンクリート頂部が下がっているので流動性が高いといえる。スランプ値15cm〜18cmがよく使われる

●空気量

コンクリート容積に対するフレッシュコンクリートに含まれる空気容積の割合のことで、％で表す。この空気量によりコンクリートが流動する際に摩擦の低減に効果がある。通常は、4〜5％が適切である

●塩化物量

コンクリート中にある程度以上の塩化物が含まれていると、コンクリート中の鉄筋が錆び、コンクリートにひび割れを起こす原因となる。生コンクリートの塩化物含有量はコンクリート中に含まれる塩化物総量で規定され、0.30kg／m²以下としている

コンクリートの現場試験

テストピース、スランプ試験、空気量試験、塩化物量を現場で実際の生コンクリートを採取して配合報告書どおりか確認する

ひび割れやすいベース部のコンクリート打設方法

ひび割れが起こる原因

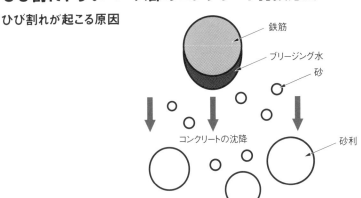

鉄筋
ブリージング水
砂
コンクリートの沈降
砂利

コンクリート打設のポイント

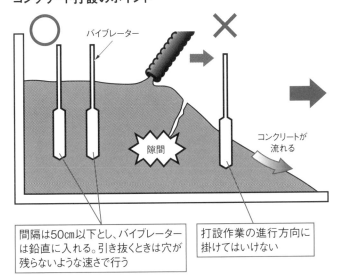

バイブレーター
隙間
コンクリートが流れる

間隔は50cm以下とし、バイブレーターは鉛直に入れる。引き抜くときは穴が残らないような速さで行う

打設作業の進行方向に掛けてはいけない

締め固め作業

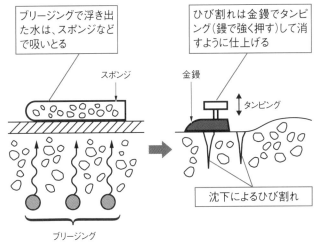

ブリージングで浮き出た水は、スポンジなどで吸いとる

スポンジ

ブリージング

ひび割れは金鏝でタンピング（鏝で強く押す）して消すように仕上げる

金鏝
タンピング

沈下によるひび割れ

コンクリートの養生と補修

コンクリートが硬化するまで温度や湿度を適切な条件に保つ

コンクリートの養生

コンクリートを打設すると、セメントは気温や湿度の影響を受けながら、水と反応して、少しずつ硬化する。硬化し始めてから強度が出るまでの間、気温や湿度の条件を整えることが養生である。養生を適切に行わないと、コンクリートの品質を確保することができない。たとえ適切に打設を行ってもひび割れが発生したり、所定の強度が出ないことがある。養生は非常に重要である。

35℃を超える高温時においては、急激な水分の蒸発により、コンクリート強化が阻止されることがあるので、散水して温度を下げることが重要である。常に露出面に水分があるように、水を散水してシートで覆うようにする。

また、寒い時期、コンクリート中の水分が凍結すると、体積が膨張することにより周囲のコンクリートを押し広げ、ひび割れを起こす原因となる。これを防止するためにコンクリート表面をシートですっぽりと覆い、バーナーなどで暖めて保温する。

養生期間中は、型枠に振動および外力を加えないことも大切である。

コンクリート表面の補修

十分な養生後、型枠を解体しコンクリートの状態を確認する。ジャンカやひび割れなどの欠陥が生じたときは、強度、耐久性が低下するのですぐに補修を行う。

表面上だけのもので特に構造上影響がないと判断した場合は、セメントペーストまたはモルタルを塗り込む。ジャンカ、空洞などの不具合の程度が小さい場合は、不良部分をはつり取り、水洗いした後に硬練りのモルタルを塗り込む。程度が大きい場合はコンクリートを打ち直す。不良部分をすべてはつり取り、鉄筋まで露出させて、鉄筋に付着しているコンクリートをきれいに清掃した後、硬めのコンクリートを打設し、十分に締め固めをする。

ひび割れの補修は、ひび割れ部分をVカットして補修材を注入したり、周辺に穴を開けて補修材を低圧注入したりする。補修材は充填性がよいセメント系のものを選ぶ。

関連事項

●**生コンが到着したら**
生コン車が到着するとコンクリートを降ろす前に、納品書で運搬時間が90分以内であることを確認する。さらにコンクリート設計強度とスランプ値を確認する。

●**ベースコンクリートの打設**
生コンクリートにバイブレーターで適切な振動を与え、流動化させながら少しずつ送り込む。そうすることで鉄筋の裏側までコンクリートが行き渡る。打設後は、表面を金鏝やとんぼで叩きならす。この作業のことをタンピングという。浮き出たブリージング水はスポンジなどで除去する。これらの作業を十分に行うことにより、ひび割れを防止することができる。

●**立上りコンクリートの打設**
立上りコンクリートを打設する前に、ベースと立上りの接合部のレイタンスを金ブラシで清掃して取り除く。レイタンスとは、コンクリート上面に浮かび上がった材料中の微粒分が、コンクリート表面の水分が蒸発した後にコンクリート表面に残留し堆積したものである。
打設は、硬めのコンクリートを少しずつ型枠に流し込んで行う。コンクリートの水分の割合が多いと、水分が蒸発する際、体積が減少して、ひび割れが発生しやすくなる。しかし、硬めのコンクリートは流動性が悪いため、コンクリート打設時に空気が巻き込まれてしまう。空気が型枠に残ったままの状態でコンクリートが硬化するとジャンカや空洞の原因となる。そのため、コンクリート打設と同時にバイブレーターなどで振動を与えて空気を追い出すようにする。コンクリートの流れが悪くても加水してはいけない。

養生の様子

湿潤養生の様子。冠水状態にしておくと、コンクリートの急激な乾燥を防ぎ、ひび割れが起きにくくなる
（写真提供：都筑建築工房）

保温養生の様子。気温が2℃以下になるようであれば、ビニールシートでコンクリートを覆いヒーターなどで保温する
（写真提供：福永洋一建築設計事務所）

型枠の最小存置期間

	存置期間中の平均気温	普通ポルトランドセメント、混合セメントのA種
コンクリートの材齢による場合	15℃以上	3日
	5℃以上	5日
	0℃以上	8日
コンクリートの圧縮強度による場合	――	圧縮強度が5N／㎡以上となるまで

JASS（日本建築学会仕様書）において、型枠のせき板（基礎、壁など）に関する最小存置期間が定められている。
これによると木造基礎の場合は、15℃以上の場合であると3日以上、もしくは、圧縮強度が5N／㎡以上となるまでの養生期間が必要となる。この養生期間は、散水して十分な湿潤状態にし、気温が低い場合は保温し、振動・外力からの力、日射・風などにも気をつける。基本的には、気温が高すぎるとき、低すぎるときのコンクリート打設はコンクリートの品質に影響するので控える

ジャンカの補修方法

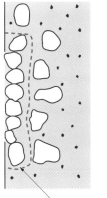

カッターなどで不良部分を除去し、水洗いをする

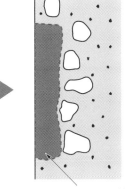

硬練りモルタルを塗り込む。また、必要に応じて打ち継ぎ用接着剤を塗る

ジャンカとは締め固め不足などにより、セメントと砂利が分離し、強度が低下している状態をいう。表面は、へこみ、ざらついて砂利が露出した状態になっている。極端な場合、大きな空隙ができ、鉄筋が露出することがある。豆板と呼ぶ場合もある

Column

木造住宅の耐震・制震・免震

■ 地震対策の技術

（1）耐震工法

　耐震工法は、土台・柱・梁・基礎などを、筋かいや合板などの耐力壁で固めて、地震の揺れに耐えるようにするための工法である。必要な量の耐力壁を建物に合わせてバランス良く配置すれば、地震から建物を守ることができるが、建物の揺れは防げないため、家具などの転倒の危険がある。耐震工法住宅では、家具を固定することが必要になる。

（2）制震工法

　制震工法は、ダンパーや積層ゴムを使用して地震のエネルギーを吸収する工法である。上部構造の耐力壁にこれらの制震装置を設置して地震の衝撃を吸収する。新築だけでなく、リフォーム時に制震装置を追加で設置することもできる。コストは100万円以下でできるものが多くあるが、非常に強い地震時には、ある程度の構造への影響は避けられない。

（3）免震工法

　免震工法は、地盤と基礎を構造的に切り離し、基礎と地盤の間に免震装置を設置し、地震の揺れが起きたときに、地震の揺れを基礎および上部構造に伝えない工法である。免震装置は積層ゴムやボールベアリング、摩擦材を使ったものがあり、一定以上揺れすぎないためにダンパーを設置する。

　揺れを伝えないため、地震による構造の損傷を大幅に抑えることができるが、免震装置や基礎工事に少なくとも300万円以上かかり、構造計算も必要となる。免震工法では、地震が起こった時に建物が40cm程度動くので、塀などの障害物からそれ以上離して建物を建てる必要がある。

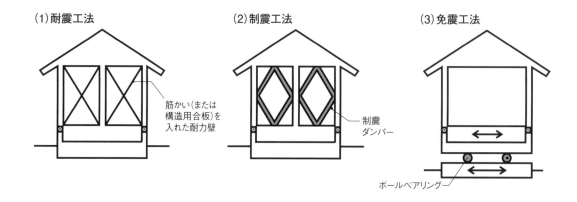

（1）耐震工法　　　　　（2）制震工法　　　　　（3）免震工法

筋かい（または構造用合板）を入れた耐力壁

制震ダンパー

ボールベアリング

CHAPTER 3

木造住宅の構造設計

木材の基礎知識

木材は適材適所で使い分ける

木材の含水率

木材は古くから建築材料として使われている。鉄筋コンクリート造、鉄骨造の建築物が多々あるなか、新築住宅の約70%を木造が占めるといわれている。木造住宅を設計するにあたっては、木材の性質を十分に掴み、その性質を生かした設計を心がけることが大切である。木は細胞内に存在する水分の量が強度特性に大きく影響する。乾燥が十分でないと、収縮、ねじれ、反り、ひび割れなどが生じやすくなる。

住宅に用いる木材の含水率は、平衡含水率である15%以下がよいといわれている。含水率とは、木材に含まれる水分の割合を示したものである。大気の湿度と釣り合うまで乾燥させたときの含水率を「平衡含水率」といい、木材を使用する場所での平衡含水率より低めの含水率となるまで乾燥させると変形が小さくなる。

以前は、乾燥させるために半年以上も自然乾燥させてから使っていた。しかし現在では、乾燥室に入れて蒸気で人工乾燥させることが多くなっている。

木材の表と裏

木材は針葉樹と広葉樹に大別できる。針葉樹は、ヒノキ、スギ、マツなどがある。材質は軟らかく、軽量で加工性がよい。長材が得やすいので構造材によく使われる。一方、広葉樹は、ケヤキ、カシ、ナラ、サクラ、ラワンなどがある。材質の硬いものが多く、長材が得にくいため造作材、建具、家具材に使われる。建材として使用する木材は、原木の丸太から無駄が出ないように木取りを行なう。木材は、部位によって性質が異なるため、木取りはそれを考慮したうえで行われる。

木材には表と裏があり、樹皮に近いほうを木表、樹心に近いほうを木裏という。木表側は木裏側よりも細胞が大きく、水分を吸収しやすい。そのため、木材は木表側に反るという現象が起こる。

木取りによって、樹心を含む心持ち材は、腐りにくく強度の高いため構造材に加工する。また、節が少なく、樹心を含まない心去り材は、造作材に加工する。板材では、丸太の中心に向かって挽く柾目取り、年輪の接線方向に挽く板目取りなどがある。

木の構造

心材は水分が少ないので硬く、乾燥による変形は少ないが、割れに対して注意が必要である。土台、柱、梁などの構造材に使用される。
辺材は、細胞が新しく、水分を多く含んでいるため柔らかく、乾燥すると収縮が大きいので変形や虫害、腐朽に注意が必要である。野地板、胴縁、貫などの下地材に使用される。
木材としては、耐久性・強さ・美しさの点で心材が優れている

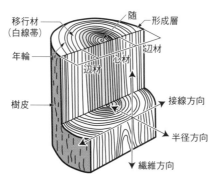

木の特性を生かした木取り

反りのある樹木の内側を腹といい、この部分は材質が素直で化粧材として使用される。反りのある外側を背という。この部分は節、あてなどの欠点が多い。梁材は背を上端にし、大引では背を下端になるようにする

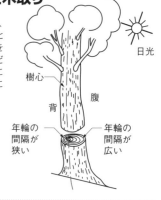

天然乾燥

葉枯らし

葉枯らしとは、樹木を伐採した後に枝葉を付けたまま、林地内に放置しておき、樹幹内の水分を減少させることをいう

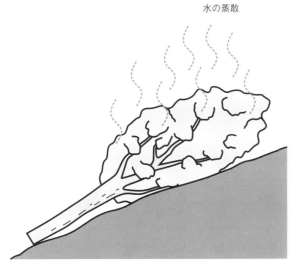

水の蒸散

葉の蒸散作用により、辺材から水分が抜ける。また、辺材中のデンプン量が減少するので、材に加工したあとでも虫害やカビなどが若干生じにくくなる。しかし、乾燥といっても含水率12%まで下がるわけではなく、さらに乾燥させる必要がある

人工乾燥

除湿式乾燥法の仕組み

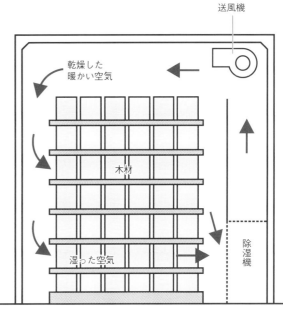

送風機

乾燥した暖かい空気

木材

湿った空気

除湿機

電力を用いる除湿機により乾燥を進める方法で、針葉樹製材乾燥の必要性が叫ばれた当初、ボイラーが不要で乾燥技術がなくても操作が簡単であることから普及した。ただし、20%以下の低い含水率まで乾燥させる場合、乾燥効率が若干悪くなる

木取り

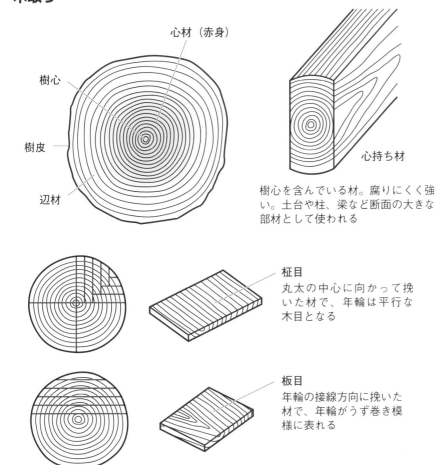

心材（赤身）

樹心

樹皮

辺材

心持ち材
樹心を含んでいる材。腐りにくく強い。土台や柱、梁など断面の大きな部材として使われる

心去り材
樹心を含んでいない部分の角材。節が少なく木目がきれい。垂木や根太など断面の小さい材や造作材に使われる

柾目
丸太の中心に向かって挽いた材で、年輪は平行な木目となる

板目
年輪の接線方向に挽いた材で、年輪がうず巻き模様に表れる

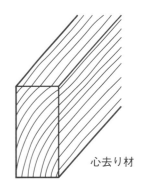

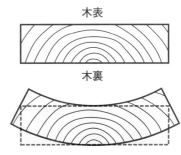

木表

木裏

樹皮に近いほうを木表といい、樹心に近いほうを木裏という。木表のほうが乾燥が早いため木表側に反る

木材の等級と乾燥

木材を乾燥させると強度が上がり、寸法安定性も向上する

JAS規格

木材の等級は、品質の基準化を図ったJAS規格と、慣用的に使われてきた等級の2種類がある。

針葉樹の構造用製材の規格は、節や丸みなどを目視で等級区分する「目視等級区分製材」と機械でヤング係数を測定した「機械等級区分製材」とがある。

ヤング係数とは、材料の変形しにくさを表す数値で、部材の応力や変形を算出するときに必要となる。ヤング係数の値が大きいほど強度が高く、小さいほど強度が低い。機械等級区分製材ではヤング係数の測定値によりE50からE150までの6段階に区分されている。

集成材や単板積層材は、JAS規格材が多く流通しているが、一般材料では、JAS規格材がほとんど流通していないのが現状である。JAS製品でない無等級の材料を使用すると、製品や樹種によって、強度にばらつき
が生じるので注意が必要である。

集成材は、木材をスライスして接着したもので、主に柱、梁、造作材、カウンターの天板などに使われている。

集成材は乾燥収縮による寸法変化が少ないという利点がある。

慣用的等級

慣用的等級は、節の大きさやその数を基準としたもので、主に化粧面で決まる。

針葉樹では、節のないものを「無節（無地）」、節の数が増すごとに、「上小節」、「小節」、「特1等」、「1等」などと呼ぶ。無節は高価であり、1等が安価な材となる。無節の材料は、無節の材面数が3面あれば「三方無地」、2面であれば「二方無地」などと呼び分ける。また、1等材は部分的に角に丸太の丸みが残っていることも特徴である。

流通している寸法についても頭に入れておく必要がある。柱・梁材では、長さ3mまたは4mが標準である。

● JAS
日本農林規格のことで、農林物資の品質の改善、取引の単純公正化、生産・消費の合理化を図って制定されたもの。製材、合板、集成材、フローリングなどに対して定められている

● 単板積層材
単板を繊維方向を揃えて積層、接着した木質軸材料であり、構造用や造作用に集成材と同様に使用されるもの。LVLとも呼ばれる

● 化粧面
住宅の完成後に剥き出しとなり、人目に触れる部のこと

集成材と合板

集成材

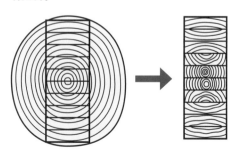

図は単一の樹種で構成した集成材。
異樹種を組み合わせることもある

合板

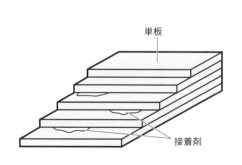

単板

接着剤

合板の種類

種　類	品質，用途
集成材	柱、梁、アーチなどの構造体に使われるもので、大断面やわん曲材もつくれる
化粧梁集成材	突き板を表面に張ったもので、強度、耐水性は構造用集成材と同様。主に柱、梁などの直線材に使われる
造作用集成材	積層面が見える独特の美しさをもつ。梁、階段の手摺、カウンターなどにも使われる
化粧梁造作用集成材	内部造作（長押、鴨居、敷居など）に使われる

JASによる木材の規格・等級

区分・用途				等級	寸法形状	含水率
針葉樹	構造用	目視等級区分	甲種	1級・2級・3級	規定寸法129種類（甲種はⅠとⅡに区分）	15%以下（D15）20%以下（D20）25%以下（D25）
			乙種			
		機械等級区分		E50、E70、E90、E110、E130、E150		
	造作用（造作類、壁板類）			無節・上小節・小節など	板類・角類	造作類：18%以下壁板類：20%以下
	下地用			1級・2級	板類・角類	25%以下
広葉樹				特等・1等・2等	板類・角類	13%以下

目視等級区分：節や丸身など材の欠点について、目視にて測定し、等級区分をつけた木材製品のこと

機械等級区分：機械により、強度の指標となる弾性係数（ヤング係数）を測定して、等級区分がつけられた製品。E50は、ヤング係数40から60未満を示す

甲種構造材：梁や母屋、根太など横方向に使われる、つまり曲げ性能を必要とする部位に使用されるもの。このなかで寸法の小さい根太、垂木などに使われるものを「構造用Ⅰ」、寸法の大きい梁、母屋などに使われるものを「構造用Ⅱ」と呼ぶ

乙種構造材：柱や小屋梁など縦方向に使われる、つまり圧縮性能を必要とする部位に使用されるもの

含水率：乾燥材については、含水率を25%、20%、15%の3水準に規定して、D25、D20、D15と表示する

無等級材：JASの目視等級材およびJASの機械等級材以外の製品。基準強度は樹種ごとに定められている

木材の慣用的規格・等級

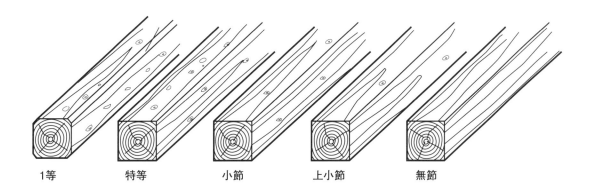

1等　特等　小節　上小節　無節

1等：構造材／大小の節がたくさんあり、若干の死に節や虫食いなどもある。床板など／大小の節があるが、死に節を節埋め加工している。虫食い穴はない。構造材、床板などともに、丸太の丸身が残っている

特等：1等材とほぼ同等品といえる。ただし、丸太の丸身はない

小節：直径25以下の節が1mごとに1個程度点在している

上小節：直径10以下の節が1mごとに1個くらい点在している

無節（無地）：節がない。木目や色合いもよい

木造住宅の主流は木造軸組工法

耐力壁と床組や小屋組の水平面を固めることで成り立つ工法

土台と柱・梁で構成される木造軸組工法

建物をかたちづくる骨組みのことを軸組と呼ぶ。軸組は基礎と同様に構造上、非常に重要な部分である。

木造軸組工法（在来工法）は、土台と柱、梁で構成される。柱は上部の構造を支え、梁は床、屋根などの水平の荷重を柱に伝え、土台は柱からの荷重を基礎に伝える。水平材は土台、梁、胴差、桁で構成され、これらを総称して横架材と呼ぶ。また、筋かいは柱、梁、土台からなる四辺形に斜めに入れる部材で、地震力による横からの力に対して抵抗し、建物の変形、倒壊を防止する部材である。最近では構造用合板を筋かいと併用することが多くなっている。構造用合板を柱、梁、土台に決められた方法で決められた釘で留めることにより建物の耐震性が向上する。

火打は、それぞれの階の横架材の隅に入れるもので、横からの力がかかったときに歪まないように水平構面を固めるものである。床全面に構造用合板を張ることにより、さらに強い構造とすることができる。

これらの柱、横架材、筋かい、構造用合板などを接合金物、釘でしっかりと留めることにより安全な軸組となる。在来軸組工法でも、時代によってつくり方が変化している。

木造軸組工法に用いる木材

柱は、スギやヒノキ、梁はベイマツを使うことが多く、丸太の梁には国産のマツを使うのが一般的である。また、柱、梁に集成材を使うことも多い。

社寺はヒノキ、数寄屋建築では印象として柔らかさを出すために、スギを使う。床柱や上り框などは、銘木と呼ばれるような、質の高い特殊な木材を使用する。

土台は、ヒノキやヒバ、さらによいとされているのが、枕木にも使われていたクリである。また、輸入のツガ材（ベイツガなど）に薬剤を注入する注入土台も使われている。

● 構造用合板
構造耐力上主要な部分に用いる目的でつくられた合板をいう。等級は強度により1級と2級に区分され、1級のほうが高い強度をもつ。接着性能は特類と1類に区分される。特類は常時湿潤状態における接着性能が確保されている

● 数寄屋建築
茶室建築の手法を採り入れた建物で、無装飾、面皮柱などの特徴がある。主として住宅、旅館、料亭などに用いられる

軸組と外装工事の流れ

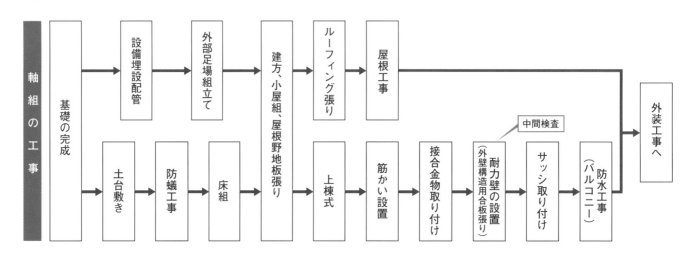

軸組の工事 → 基礎の完成 → ┬ 設備埋設配管 → 外部足場組立て → ┐
　　　　　　　　　　　　　└ 土台敷き → 防蟻工事 → 床組 → ┤
建方、小屋組、屋根野地板張り → ┬ ルーフィング張り → 屋根工事 → ┐
　　　　　　　　　　　　　　　└ 上棟式 → 筋かい設置 → 接合金物取り付け → 耐力壁の設置（外壁構造用合板張り）【中間検査】 → サッシ取り付け → 防水工事（バルコニー） → 外装工事へ

軸組工法の仕組

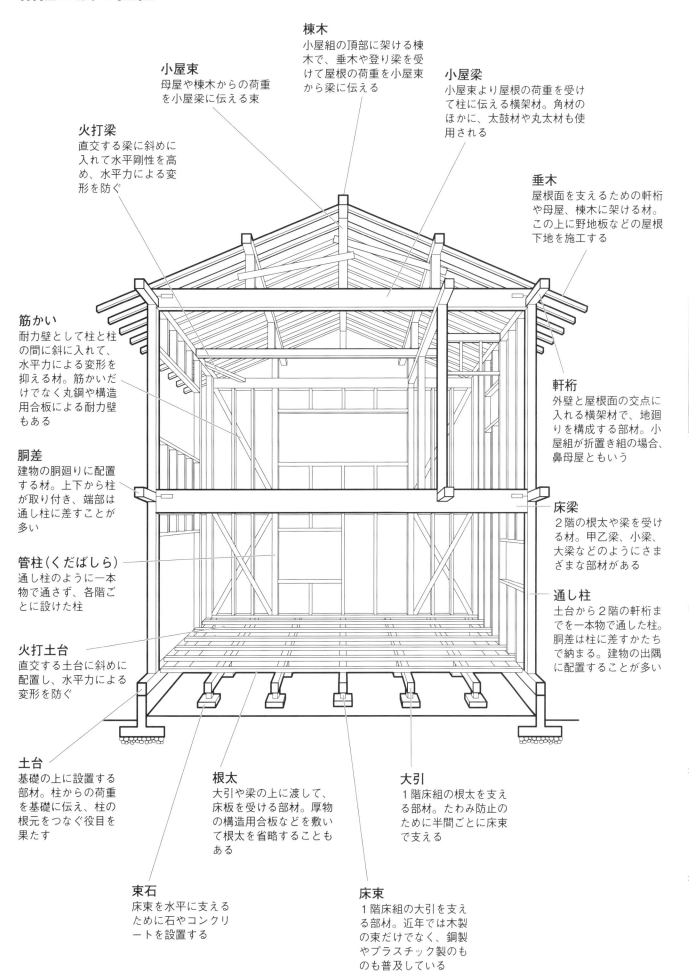

棟木
小屋組の頂部に架ける棟木で、垂木や登り梁を受けて屋根の荷重を小屋束から梁に伝える

小屋束
母屋や棟木からの荷重を小屋梁に伝える束

小屋梁
小屋束より屋根の荷重を受けて柱に伝える横架材。角材のほかに、太鼓材や丸太材も使用される

火打梁
直交する梁に斜めに入れて水平剛性を高め、水平力による変形を防ぐ

垂木
屋根面を支えるための軒桁や母屋、棟木に架ける材。この上に野地板などの屋根下地を施工する

筋かい
耐力壁として柱と柱の間に斜に入れて、水平力による変形を抑える材。筋かいだけでなく丸鋼や構造用合板による耐力壁もある

軒桁
外壁と屋根面の交点に入れる横架材で、地廻りを構成する部材。小屋組が折置き組の場合、鼻母屋ともいう

胴差
建物の胴廻りに配置する材。上下から柱が取り付き、端部は通し柱に差すことが多い

床梁
2階の根太や梁を受ける材。甲乙梁、小梁、大梁などのようにさまざまな部材がある

管柱（くだばしら）
通し柱のように一本物で通さず、各階ごとに設けた柱

通し柱
土台から2階の軒桁までを一本物で通した柱。胴差は柱に差すかたちで納まる。建物の出隅に配置することが多い

火打土台
直交する土台に斜めに配置し、水平力による変形を防ぐ

土台
基礎の上に設置する部材。柱からの荷重を基礎に伝え、柱の根元をつなぐ役目を果たす

根太
大引や梁の上に渡して、床板を受ける部材。厚物の構造用合板などを敷いて根太を省略することもある

大引
1階床組の根太を支える部材。たわみ防止のために半間ごとに床束で支える

束石
床束を水平に支えるために石やコンクリートを設置する

床束
1階床組の大引を支える部材。近年では木製の束だけでなく、鋼製やプラスチック製のものも普及している

手刻みとプレカット

プレカット工場によって加工できる仕口形状が異なるので事前に確認する

大工の伝統技術、手刻み

プレカットとは、これまで土台や柱などの構造材を大工により手作業にて墨付け、刻んでいたものを、事前に工場で機械加工することである。最近では、ほとんど手刻みからプレカットに代わっている。

プレカットのメリットは、計画的に精度の高い部材を加工することができ、品質と生産性が向上することである。

機械で加工するので工期の短縮や手間を減らし、コストダウンになる。また、現場での作業が少なくなるので、安全性が高まる。

CADと連動して加工するプレカット

プレカットで加工を進めるにあたり、意匠図と伏図、軸組図をプレカット工場に渡し、それをもとに、プレカット図を作成してもらう。

プレカット図のチェックを何度か繰り返し、内容が確定した段階で、加工に入る。

通常は、プレカット用のCADと加工の機械が連動しており、プレカット図どおりに加工ができる。30坪程度の住宅であれば、1日で加工が完了する。機械で加工するため、精度が高い。しかし、現場での組み立てをしやすくするために、ホゾを50㎜程度に短くすることが多く、ホゾの差し込みによる強度が十分期待できない場合もある。

また、プレカット工場では木材を丸太として使用する場合の加工はできないことが多い。そのような場合は、プレカット工場で手刻みで加工したり、施工する大工が別途、手刻みすることになる。

プレカットの導入により、加工日数とそれに伴う人件費が大幅に減少したが、昔ながらの人の手による墨付け、刻みができる大工が少なくなっている。

- **墨付け**
  木材などに工作や施工の基準となる線や印を付けること

- **手刻み**
  大工が手作業で構造材の木材に墨を付け、ノコギリやかんなで加工していくこと

- **意匠図**
  建物の間取り・デザイン・仕様関係を表した図面。平面図、立面図、断面図、矩計図、展開図、仕上表などが含まれる

- **CAD**
  コンピューターを利用して設計を行うシステムの総称

プレカットの流れ

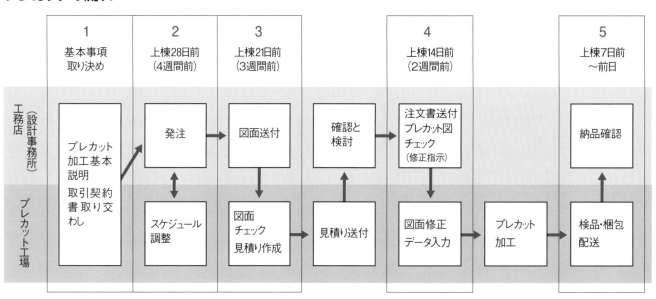

手刻みの特徴

手刻みは、大工が木の性質を見極めながら、刻んでいく。
継手や仕口を右図のように墨付けして刻む

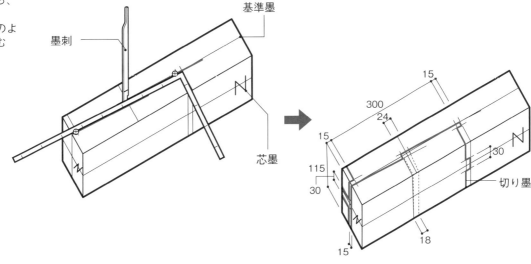

墨刺　基準墨　芯墨　切り墨

プレカット図のチェックポイント

- □ 寸法関係（通り芯、高さ、壁位置、基礎位置）は、図面どおりか
- □ 屋根勾配、形状は、図面どおりか
- □ ケラバ、軒の出寸法は、図面どおりか
- □ アンカーボルトの位置と継手は適切か
- □ 基礎の位置と高さは、図面どおりか
- □ 各構造材（土台、柱、梁、筋かい、火打ち）の寸法・材種・位置・本数は適切か

- □ 各種構造材の継手・仕口の方法、位置は適切か
- □ 根太、間柱、垂木の寸法・材種・位置・本数・間隔は適切か
- □ 窓、まぐさの寸法・材種・位置は適切か
- □ ベランダの形状は、図面どおりか
- □ ロフト、小屋裏の形状は、図面どおりか
- □ 野地板、床板の割付けは適切か

プレカットの仕口（一般的なもの）

腰掛け蟻継ぎ

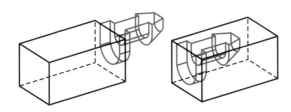

腰掛け鎌継ぎ

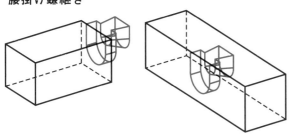

プレカット依頼時に必要な図面

図　面	縮尺	内容・目的
案内図	1／1,500	建設地の位置情報を業者に伝える。そうすることで運搬などの手配や積算などを正確に把握できる
配置図	1／100	道路の幅員や敷地との関係など、搬入の検討を行ううえで添付する
平面図 立面図	1／50〜100	計画を理解してもらう
断面図 矩計図	1／30〜50	階の高さ・使用材料・主要な断面寸法、天井高さなど、高さ関係を指示するための図面
伏図	1／50	1階床伏図・2階床伏図・小屋伏図・屋根伏図

壁と床で建物を支える枠組壁工法

壁と床が一体でつくられ剛性が高いが、間仕切の変更がしにくい

壁と床を一体化する枠組壁工法

枠組壁工法とは、一般に2×4(ツーバイフォー)工法と呼ばれているもので、枠組材(ツーバイ材)に構造用合板などのパネルを釘で留め、壁と床をつくる工法である。アメリカの開拓時代に、セルフビルドで簡単に家を建てるために考案された。

枠組壁工法は、壁と床を一体化することで、剛性の高い壁式の構造を形成するため、建物にかかる荷重を壁全体に分散して伝えることができる。そのため、耐震性を確保しやすい。

また、構造が単純であるため、比較的短期間の工事ですむこともメリットである。ただし、壁で建物を支えているため、間仕切壁の変更がしにくいことを前提として設計をしなければならない。その他の特徴として、床・壁を合板で囲うため気密性・断熱性も高い。

同様の理由で、火災時に火が回りにくく防火性能も高いため、火災保険料が通常にくらべて約半分になる場合もある。

枠組壁工法の設計のポイント

枠組壁工法を日本に導入するにあたり、建築基準法上で構造基準が設けられたので、その基準に沿って設計することになる。

構造基準では、耐力壁に囲われた最大の範囲として、耐力壁と耐力壁の間の距離を12m以下とすることが定められている。また、開口部幅も4m以下と規定されている。

パネルを留める釘は規定のものを使い、定められた間隔以下で打つことが重要なポイントである。

パネルは、構造用合板を構造用の釘で枠に留め付けてつくる。スパンが大きい床下地には、2×6(ツーバイシックス)材を使う。

● **2×4**
下枠・縦枠・上枠などの主要な部分が、2インチ×4インチサイズの構造用製材で構成される建築物

● **セルフビルド**
建築主が自分で自分の家を建てること

● **剛性**
外力が作用する構造物または構造部材の変形に対する抵抗の度合いのこと

● **間仕切壁**
建物内の空間を仕切る壁。視線を遮り、部屋の独立性を保ち、遮音・防火用にも用いられる

● **スパン**
梁やアーチなどの支点間の距離

枠組壁工法の設計ルール

枠組壁工法の枠組

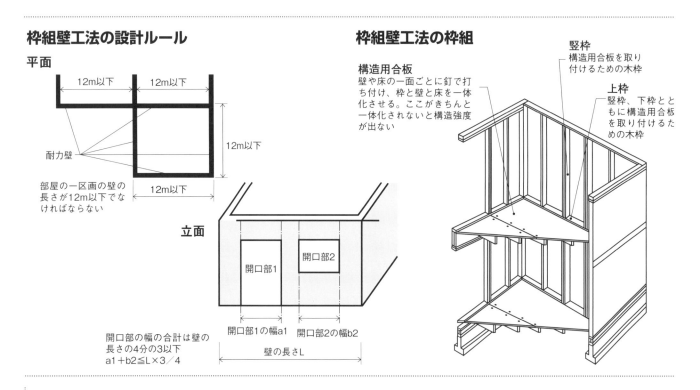

平面

12m以下 12m以下

12m以下

耐力壁

12m以下

部屋の一区画の壁の長さが12m以下でなければならない

立面

開口部1 開口部2

開口部1の幅a1 開口部2の幅b2
壁の長さL

開口部の幅の合計は壁の長さの4分の3以下
a1＋b2≦L×3／4

構造用合板
壁や床の一面ごとに釘で打ち付け、枠と壁と床を一体化させる。ここがきちんと一体化されないと構造強度が出ない

竪枠
構造用合板を取り付けるための木枠

上枠
竪枠、下枠とともに構造用合板を取り付けるための木枠

丸太組工法

木材の乾燥収縮で丸太のすき間が小さくなる

ログハウスは丸太組工法

　丸太組工法とは、一般的にはログハウスといわれる工法で、丸太を水平に積み重ねて建物の構造とする。もともとはデンマークや北欧で発達した工法で、丸太の断熱性を利用した寒冷地の住宅である。丸太ではなく、角材を使う場合もある。

　浴室などを除き、内部・外部とも積み上げた丸太を見せるつくり方をする。構造材を仕上げとして見せることを露しという。この工法は、枠組壁工法と同様にセルフビルドも可能である。

丸太組工法の設計の特徴

　丸太の材料は、スプルスなどの輸入材が多く使われている。住宅1棟に使用する木材の量は、軸組工法などと比べて、かなり多くなる。

　材料は、標準タイプであれば、加工した部材を輸入することができて、コストも低く抑えることができる。

　基礎は軸組工法と同じように、鉄筋コンクリートでつくる。

　丸太を積んだ壁が構造体となるため、開口部の幅を大きく取りにくい。また、丸太は時間が経つにつれて乾燥収縮するため、壁が沈む。さらに、丸太自体の重さで、積み重ねた丸太と丸太の隙間が小さくなってくる。そのため、窓や扉の上部に隙間を設けるなど、沈下量を考慮して設計・施工することがポイントである。

　太い丸太は、すぐには燃えにくく、仮に燃えても表面だけが燃えるだけで済むため、一定の規模までなら市街地の準防火地域でも建設が可能である。

　そのほかのポイントとして、壁や天井にボードを張って仕上げることがないため、設備は、給排水や電気配線などが露出した状態にならざるを得ない場合もあり、その処理に工夫を施す必要がある。

● 構造材
建物を構築するための骨組みになる部材で、木材、鋼材、鉄筋コンクリート、煉瓦などがある。木造の部材では柱、梁、土台、桁、筋かいなどが構造材にあたる

丸太組工法の設計ルール

耐力壁のルール

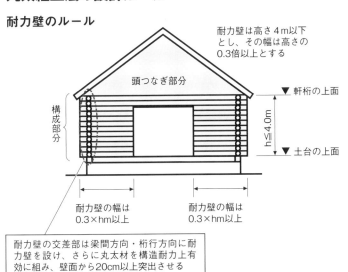

耐力壁は高さ4m以下とし、その幅は高さの0.3倍以上とする

頭つなぎ部分

構成部分

▼ 軒桁の上面
h≦4.0m
▼ 土台の上面

耐力壁の幅は
0.3×hm以上

耐力壁の幅は
0.3×hm以上

耐力壁の交差部は梁間方向・桁行方向に耐力壁を設け、さらに丸太材を構造耐力上有効に組み、壁面から20cm以上突出させる

耐力壁と耐力壁の距離のルール

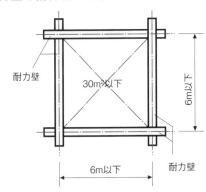

耐力壁

30m以下

6m以下

6m以下

耐力壁

耐力壁

耐力壁によって囲まれた部分の水平投影面積は30m²以下、耐力壁から耐力壁までの間隔は6m以下とする。ただし、実験や構造計算により構造耐力上の安全が確かめられた場合は、耐力壁と耐力壁の間隔を8m以下、一区画の水平投影面積を40m²以下とすることができる

構造計算が義務づけられている木造3階建て

木造3階建ては構造計算が必要。
確認申請では構造計算適合性判定を受ける必要がある

木造3階建ての構造規定

　土地価格の上昇や、住宅事情などにより、狭い敷地を有効に利用できるようにするため、昭和62年から、準防火地域内でも木造3階建てが建てられるようになった。しかし、木造3階建ては、2階建てと比べると、構造や防火規定が細かく定められている。

　木造3階建ての設計では、2階建てと異なり、構造計算が義務付けられている。2階建てよりも1階に大きな外力が加わるため、それに耐える設計が求められる。

　構造材は、構造計算によって断面寸法などが求められるが、建築基準法では、主要構造部の柱、梁の小径を12cm以上にすることが定められている。

　1階が車庫になっているプランを多く見かけるが、耐力壁が不足しやすいので、この場合は水平構面を固めることを検討する。

　なお、木造3階建ては確認申請の際には、構造計算適合性判定を受けなければならない

こともある。構造計算適合性判定とは、確認申請時に、構造における計算過程などの詳細な審査やプログラムによる再計算を行うことである。木造では、高さ13m超のもの、軒高9m超のものに構造計算適合性判定が義務付けられている。確認申請に、より時間がかかる。

木造3階建ての防火規定

　木造3階建ては内部・外部にわたって防火規定が定められている。準耐火構造には1時間準耐火と45分準耐火構造の2種類あるが、一般的には、45分準耐火で設計することが多い。45分準耐火構造とする場合、屋根は不燃材料を使い、かつ、30分の耐火性能を持つ屋根にするか、石膏ボード2重張りなどで天井を耐火被覆する必要がある。床は、不燃軸組とするか、裏または直下の天井に石膏ボードを2重張り、または、石膏ボードの上にロックウールを乗せるなどの耐火被覆の措置が求められる。

　そのほか、開口部にも制限がかかる。

● 主要構造部
建築物に耐火建築物の規定や防火上の制限に使われる用語である。損傷すると構造的に影響が大きく、建築物の変形、溶融、破壊につながると考えられる部分を指す

● 石膏ボード
ボード用の厚紙の間に石膏を流し込んで成型した板で、内装の壁や天井に用いられる

● ロックウール
玄武岩などを繊維状にしたもの。性能やコストは、施工性グラスウールとほぼ同じ

木造3階建ての構造と防火のルール

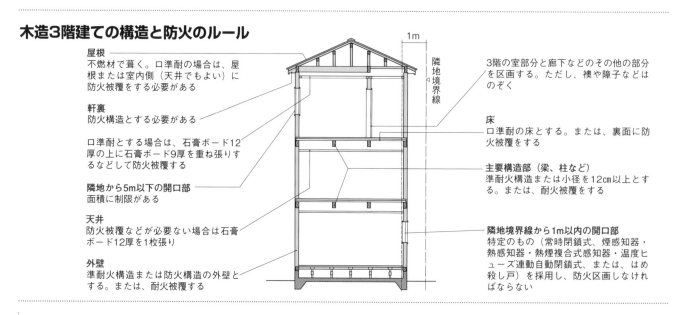

屋根
不燃材で葺く。ロ準耐の場合は、屋根または室内側（天井でもよい）に防火被覆をする必要がある

軒裏
防火構造とする必要がある

ロ準耐とする場合は、石膏ボード12厚の上に石膏ボード9厚を重ね張りするなどして防火被覆する

隣地から5m以下の開口部
面積に制限がある

天井
防火被覆などが必要ない場合は石膏ボード12厚を1枚張り

外壁
準耐火構造または防火構造の外壁とする。または、耐火被覆する

3階の室部分と廊下などのその他の部分を区画する。ただし、襖や障子などはのぞく

床
ロ準耐の床とする。または、裏面に防火被覆をする

主要構造部（梁、柱など）
準耐火構造または小径を12cm以上とする。または、耐火被覆をする

隣地境界線から1m以内の開口部
特定のもの（常時閉鎖式、煙感知器・熱感知器・熱煙複合式感知器・温度ヒューズ連動自動閉鎖式、または、はめ殺し戸）を採用し、防火区画しなければならない

1m

隣地境界線

伏図で表す木造住宅の構造

伏図で柱や梁の配置と断面寸法を検討する

在来軸組工法の構造を表す伏図

　現状では、伏図を作成する意匠設計者は少なく、プレカット工場まかせになっていることが多い。しかし、架構と間取りは一体で考えるのが木造設計の基本であるため、伏図の描き方を理解しておくべきである。また、確認申請時に伏図の提出は求められていないが、今後は構造を表す重要な図面である伏図が必要図書となる可能性もある。

伏図の描き方

　2階建て戸建住宅をモデルにして、伏図の作成手順を解説する。

　2階建ての場合、まず、1、2階平面図をもとに2階の床伏図から検討していく。次に、2階平面図と屋根伏図をもとに小屋伏図を、1階平面図をもとに1階床伏図を検討する。ただし、2階の床伏図を作成するときは、1階と2階の構造が関係するため、1階と2階の間取りを同時に検討しなくてはならない。

　2階の床伏図で、始めに描き入れるのは間仕切上の梁である。次に、1階の柱を×で示し、その位置を考慮したうえで2階の柱を記入する。そして、柱と柱が離れている部分に梁を架け、最後に床の張り方向をもとにして根太を描き込む。

　小屋伏図は、2階の間仕切上の梁と柱が離れている間の梁を記入する。次に屋根の下地となる垂木を入れるために、母屋や隅木の位置を決めていく。1階床伏図は、間仕切壁に土台を描き入れ、大引と根太を記入する。

　原則として間仕切壁の上には梁が必要である。限られた木材の寸法と構造的な理由から、2間（3.6m）程度を最大スパンとするのが標準的な設計である。スパンは使用する構造材やその断面寸法によって変わるが、（財）日本住宅・木材技術センターが発行しているスパン表などを参考にする。

　スパン表とは、構造用製材・集成材を横架材や屋根組に使用する場合の必要な断面寸法やスパンを表にまとめたもの。木材の産地や（財）日本住宅・木材技術センターなどで発行している。

● 確認申請
建築物の新築、増築等を行う場合に、建築主が建築基準法の規定に基づいて建築主事または指定確認検査機関に対して行う申請

● 床伏図
床板などの表層材を除き、床の構造を示した平面図のこと

● 構造用製材
構造材となる柱や梁などの用途向けに丸太や原木を鋸挽きした木材製品のこと。規格により等級が分けられている

木造住宅のプランと調査｜木造住宅を支える地盤と基礎｜木造住宅の構造設計｜木造住宅を守る屋根と外壁｜木造住宅の内装と仕上げ｜木造住宅の設備｜木造住宅の外構

伏図の描き方（2階床伏図の場合）

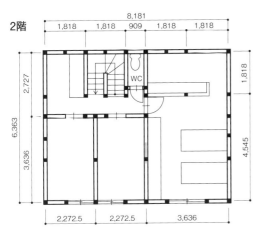

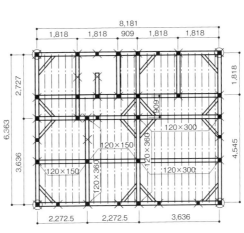

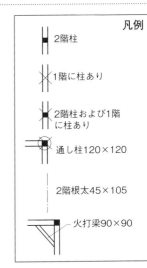

凡例

- 2階柱
- 1階に柱あり
- 2階柱および1階に柱あり
- 通し柱120×120
- 2階根太45×105
- 火打梁90×90

地震に強い架構設計

建築基準法は構造安全性の最低基準である

上から下の力の流れ

木造軸組工法は、柱と梁で構成される。この柱の配置と梁の架け方を検討していくことが架構設計である。木造住宅には、建物そのものの自重や積載荷重など、上から下に力が流れる鉛直荷重(長期にわたって作用するので長期荷重ともいう)と、地震や台風などによって横から力を受ける水平荷重(そのときだけ作用するので短期荷重ともいう)が掛かる。

木造住宅では、基本的に鉛直荷重と水平荷重は別々に検討するが、まず鉛直荷重を上から下にスムーズに伝達させる架構設計を考えるのが原則である。そのためには、木造住宅における鉛直荷重の力の流れ方を把握する必要がある。

軸組工法で鉛直荷重を主に負担する構造部材は、柱・梁・小屋束・母屋などの軸組材である。鉛直荷重は上から下に流れるため、下へいくほど荷重が大きくなる。そのため、屋根を支える小屋梁と、2階の床を支える床梁とでは、必要とされる断面寸法が異なる。

鉛直荷重を上手に地盤へと伝達させるためのポイントは、荷重を一カ所に集中させず、なるべく均等に分散させることである。

プランと架構を表す伏図

柱や梁の配置や、その断面寸法は、伏図で表現する。伏図は、軸組を平面で描いたものである。先に確定させた平面計画にもとづいて伏図を作成するのではなく、平面計画の段階で架構を想定しながらプランニングを進めることが大切である。

力がスムーズに流れる
シンプルな構造を目指す

木造住宅は構造的に、平面的にも立面的にもシンプルで四角いほうがよい。そして、なるべく1階の壁の上に2階の壁が載るようにすると、力が上から下にスムーズに伝達される。ただし、プランニング上、どうしても2階の壁の下に1階の壁が設けられない場合は、2階の壁を支える梁を大きめにするなど、十分に補強する。また、1本の梁に多くの荷重が掛からないよう、梁の架け方を検討する必要がある。

鉛直荷重の力の流れ方

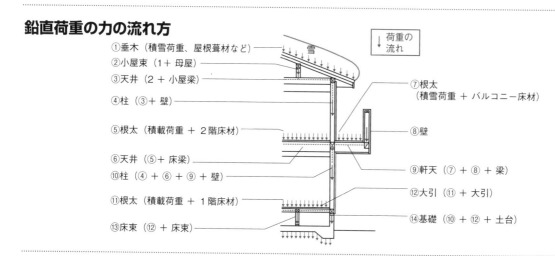

①垂木(積雪荷重、屋根葺材など)
②小屋束(1＋母屋)
③天井(2＋小屋梁)
④柱(③＋壁)
⑤根太(積載荷重＋2階床材)
⑥天井(⑤＋床梁)
⑩柱(④＋⑥＋⑨＋壁)
⑪根太(積載荷重＋1階床材)
⑬床束(⑫＋床束)

荷重の流れ
雪

⑦根太(積雪荷重＋バルコニー床材)
⑧壁
⑨軒天(⑦＋⑧＋梁)
⑫大引(⑪＋大引)
⑭基礎(⑩＋⑫＋土台)

構造安全性を確かめる項目における建築基準法と品確法の違い

想定外力もチェック工程も異なる建築基準法と品確法の壁量設計

等級レベル	建築基準法		品確法				
	＝耐震等級1	＝耐風等級1	＝耐震等級1	＝耐震等級2	＝耐震等級3	＝耐風等級1	＝耐風等級2
	数百年に一度発生する地震（東京では震度6から震度7程度）の地震力に対して倒壊、崩壊せず、数十年に一度発生する地震（東京では震度5強程度）の地震力に対して損傷しない程度〔注1〕	500年に一度程度発牛する暴風〔注2〕の力に対して倒壊、崩壊せず、50年に一度発生する暴風〔注3〕による力に対して損傷しない程度	建築基準法と同等の性能	建築基準法の1.25倍の性能	建築基準法の1.5倍の性能	建築基準法と同等の性能	建築基準法の1.2倍の性能

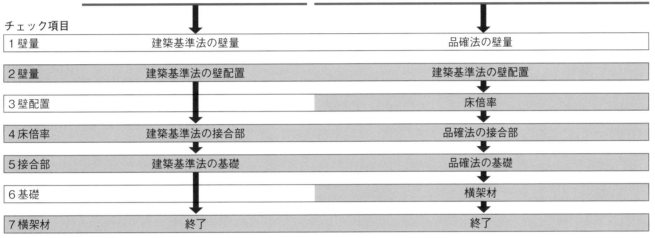

チェック項目

1 壁量	建築基準法の壁量	品確法の壁量
2 壁量	建築基準法の壁配置	建築基準法の壁配置
3 壁配置		床倍率
4 床倍率	建築基準法の接合部	品確法の接合部
5 接合部	建築基準法の基礎	品確法の基礎
6 基礎		横架材
7 横架材	終了	終了

注1　構造躯体に大規模な工事を伴う修復が必要となる著しい損傷が生じないこと。構造上の強度に影響のない軽微なひび割れの発生などは含まれない
注2　1991年19号台風時の宮古島気象台記録
注3　1959年の伊勢湾台風時の名古屋気象台記録

水平構面の役割り

①水平構面の強度と剛性が低い場合

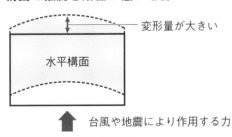

部分的に変形量が大きくなる

②水平構面の強度と剛性が十分な場合

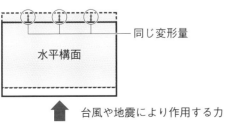

どの床も変形量が同じになる

シンプルでバランスのよい構造

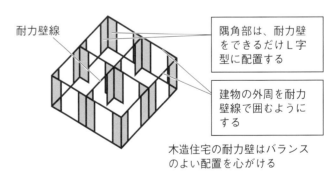

木造住宅の耐力壁はバランスのよい配置を心がける

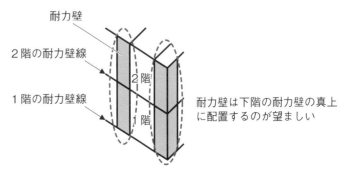

耐力壁は下階の耐力壁の真上に配置するのが望ましい

木造住宅を支える土台と柱

土台は腐れやシロアリに強い材を使い、柱の断面と同等以上にする

土台の設計

　柱を支え、建物の重みを基礎に伝える役割を果たす土台は構造上重要な部材である。基礎に埋め込んだアンカーボルトの上に土台を載せ、土台を通して端部を締めることで基礎と土台を緊結する。アンカーボルトの引抜き強度は、アンカーボルトを埋め込んだ部分の表面積に比例する。

　アンカーボルトは住宅金融支援機構の仕様書では、2.7m以下の間隔で設置することとなっている。土台の断面は柱と同じ寸法以上、かつ、105㎜角以上とする。120㎜角が望ましい。土台と土台を継ぐ場合は、柱や床下換気口の位置、また、アンカーボルトの位置と重ならないようにする。

　木材は、横に置くとつぶれやすくなるという性質があり、柱にかかる荷重で土台が圧縮され、柱の位置が下るおそれがある。そこで、柱の「ホゾ」を土台に差し込むホゾ穴を基礎まで貫通させ、「長ホゾ」にする。ホゾを通じて力が基礎へ通じやすくなり、土台がつぶれて

柱の位置が下がるのを防ぐ。また、地震などが発生した場合、柱と土台の接合部に引抜力が作用し、接合が弱いと柱が抜けてしまうことがある。そこで、建築基準法にもとづき、柱と土台もホールダウン金物などで緊結する必要がある。

柱の設計

　柱は、梁、桁、胴差などを支え、その荷重を土台、基礎に伝えるものであり、構造材の中で非常に重要な部材である。柱の断面寸法は、105㎜角以上とし、120㎜角が望ましい。2階建て以上の建物の四隅は通し柱とする。通し柱や隅柱（出隅、入り隅共）の断面寸法は、胴差が2方向、または3方向から取り付く場合があり、断面欠損が大きくなるので120㎜角以上として、接合部を金物で補強する。柱に欠込みをすると座屈が生じやすくなり、耐力が大きく低下するので、できる限り避ける。どうしても欠き込みをする場合には、柱の中央部付近は避け、欠き込みの量は、断面積の3分の1未満とする。

● アンカーボルト
柱脚部や土台をコンクリートの基礎に緊結するための埋め込みボルト。先端を曲げて、コンクリートへの埋め込みを強力にする

● 住宅金融支援機構
住宅金融公庫の業務を継承した独立行政法人。国民が健康で文化的な生活を営むに足る住宅の建設および購入に必要な資金を融通すること、また一般金融機関の住宅融資に対して保険を行う

● 欠込み
木材の継手・仕口における加工のひとつで、材料の一部を他の材料の幅の分だけ書き取ること

土台と柱の注意点

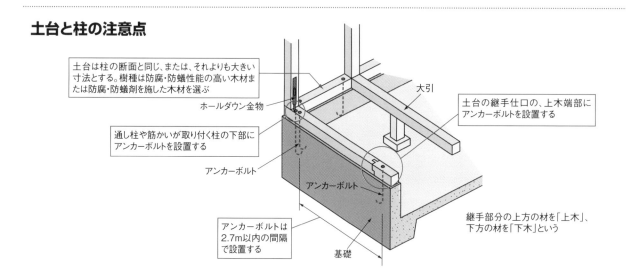

土台は柱の断面と同じ、または、それよりも大きい寸法とする。樹種は防腐・防蟻性能の高い木材または防腐・防蟻剤を施した木材を選ぶ

ホールダウン金物

通し柱や筋かいが取り付く柱の下部にアンカーボルトを設置する

アンカーボルト

アンカーボルト

アンカーボルトは2.7m以内の間隔で設置する

大引

土台の継手仕口の、上木端部にアンカーボルトを設置する

基礎

継手部分の上方の材を「上木」、下方の材を「下木」という

通し柱と管柱の違い

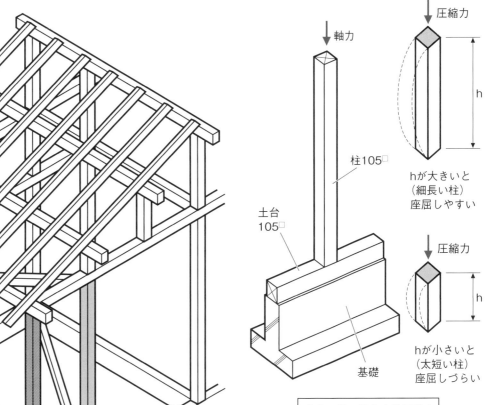

通し柱［とおしばしら］
2つ以上の階を継ぐことなく貫く柱

管柱［くだばしら］
通し柱と異なり、桁などの横架材で分断されて各階ごとに分かれる柱

柱にかかる力

↓軸力

柱105□

土台105□

基礎

hが大きいと（細長い柱）座屈しやすい

↓圧縮力

h

hが小さいと（太短い柱）座屈しづらい

↓圧縮力

h

土台は柱の軸力を横圧縮力として処理する。
土台は柱と同寸以上の大きさにすること

通し柱は断面欠損に注意

（四方から梁が柱に取り付く場合）

梁

残される
通し柱の断面

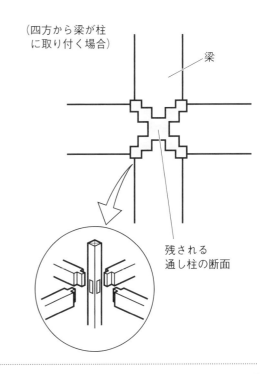

スパンと荷重で決まる梁の断面寸法

梁がかかる梁は材の欠込みが多くなるため梁せいを大きくする

梁の樹種

木造住宅の架構設計では、梁をいかに架けるかが最も重要である。また、梁は、乾燥が不十分な材を使うとたわみが大きくなるため、乾燥にも注意する。

梁に適した材種は、ベイマツ、クロマツ、アカマツ、カラマツなどであるが、ほとんどの場合、ベイマツが使われる。ベイマツは、入手しやすく、強度が大きいため構造材に適しているからである。また、最近ではベイマツの集成材もよく使われる。ベイマツ以外では、国産のマツやスギも使われている。比較的大径木で粘り強い樹種が梁にふさわしい。

梁の断面寸法

梁は、どのくらいのスパンに架けるかによって断面寸法を決める。梁材の長さは、3m、4mが標準で、幅は柱と同じく3寸5分（105mm）か4寸（120mm）が標準である。梁せいは、標準的には、2間（3.6m）で1尺（300mm）、1.5

間（2.7m）で8寸（240mm）、1間（1.8m）では、3寸5分（105mm）のものを使用する。この3種類をおおよその目安として、1寸（30mm）刻みで断面寸法を決める。

2階の柱が載ったり、荷重が集中する梁は断面寸法を大きめにする。また、梁が架かる梁は仕口による材の欠込みが多くなるため、梁せいを大きくしたり、幅を広くして対処する。

梁の仕口

柱との取合いの仕口は、堅木大入れ短ホゾ差しとして、羽子板ボルト締め、または、箱金物ボルト締めで補強する。

T字取合いは大入れ蟻掛けとし、羽子板ボルトで補強する。受材が横架材の場合は、渡りあご掛けとする。

横架材の隅角部には、土台と同様に火打梁を入れる。これにより地震時に横からの力が加わった際に軸組のゆがみを防ぐことができる。

● たわみ
外力を受けた場合の構造物の特定の点の変位量のこと。梁は長期にわたって荷重を受けると、下に向けてたわむ。さらに継続的に荷重がかかり、たわみが増していくことをクリープ現象という

● 大径木
大径木とは、高さ5.0m以上かつ目通り周30cm以上の樹木。目通りとは目の高さのこと

梁の継手と仕口

2階床梁の継手

150 mm内外

短ざく金物

通し柱と2階梁との取合

M12
Z550
短ざく金物（SB）
羽子板ボルト（SB-F、E）
通し柱

T字接合

2階梁
羽子板ボルト（SB-F、E）
柱

火打梁

火打梁90mm角
梁
750m
750m

梁に作用する力

引張りと圧縮

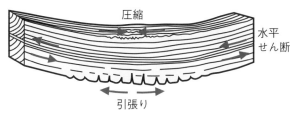

梁の中央部に水平せん断応力が生じる

たわみ

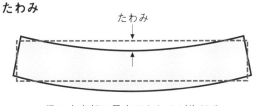

梁の中央部に最大のたわみが生じる

引張り側の欠損

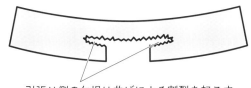

引張り側の欠損は曲げによる割裂を起こす

梁材の種類

角材の梁

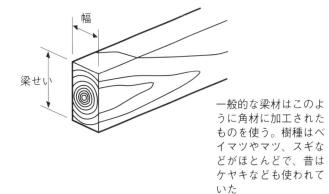

一般的な梁材はこのように角材に加工されたものを使う。樹種はベイマツやマツ、スギなどがほとんどで、昔はケヤキなども使われていた

太鼓梁

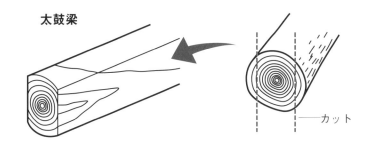

太鼓梁とは丸太の両面を製材し、断面が太鼓のようなかたちにした材をいう。丸太に近い形状のため、強度が出やすいといえる

梁の架け方の注意点

①2階の柱が載る梁は断面を大きくする

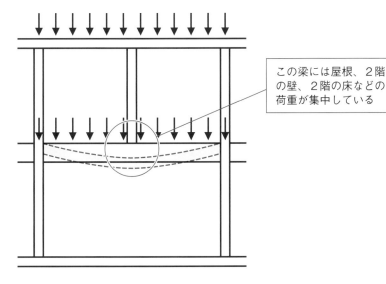

この梁には屋根、2階の壁、2階の床などの荷重が集中している

柱は上下階で一致した配置で入れることが望ましい。上のように一致しない場合は、梁の断面を大きくしたり、補強材を入れるなど対処が必要である

②梁に梁がかかる場合は仕口の断面欠損を考慮

梁と梁を接合するために仕口の加工をすることになる。図のような場合では、梁②の幅を大きめにすることも検討したい

梁②

梁③

梁①

床組と小屋組

床鳴りを防ぐため、材料の選択や施工方法、根太間隔に注意する

床組

　床組には、1階の床を支える束立て床組と2階床を根太だけで支える根太床、2mを越えるスパンで、床梁と根太とで構成する梁床がある。

　1階の床組は床荷重を地盤に伝える。2階の床組は、床荷重を梁や桁などを介して階下の柱に伝達する。また、2階の床組は床を支えるだけでなく、1階の天井を吊る役割も担う。床組設計の手順は、床材を張る方向を定め、根太、大引、梁の配置を決める。次に、床材の厚さを考慮して、根太の高さを決める。

和小屋

　屋根を支える骨組みを小屋組という。木造住宅では、伝統的な和小屋を用いてつくられることがほとんどである。和小屋は、小屋梁を外周壁と間仕切の上に架け、その上に小屋束を立てて、母屋や棟木を支え、その上に垂木を架ける。母屋を約900mmピッチにするか、垂木を大きめにして約1800mmピッチで入れていく。

　垂木は、金属板などの軽い屋根材で葺く場合と瓦などの重い屋根材で葺く場合とで断面寸法が変わる。軽い屋根葺き材で母屋900mmピッチの場合、垂木は45mm角以上、1800mmピッチの場合は高さ75mm程度とする。

　地震に抵抗するため、小屋組にも梁間・桁行各方向に耐力壁を入れる。

登り梁

　登り梁は、梁などの水平部材を省略した形式の小屋組である。

　通常、梁は水平に入れるが、高さの違う梁を結んだり、勾配天井にするために、斜めに梁を架けるのが登り梁構造である。

　登り梁は梁の一部が高くなり、構造上不安定になる場合があるため、登り梁以外の部分で、水平部材を入れることもある。

- **束立て床組**
  束石やベタ基礎の上に順に床束、大引き、根太を設けて床板を貼って造る床のこと

- **和小屋**
  小屋梁などに小屋束を立て組んでいく小屋組のこと。束立て小屋とも呼ぶ。住宅で間仕切が多く、柱間が小さいものに使用される。水平力に弱いため、補強を行うとよい

- **登り梁**
  木造の小屋組で傾斜して架けられた梁のこと。屋根裏の空間を広くとるために一端を桁に他端を棟に架ける

階下の床組

束立て床

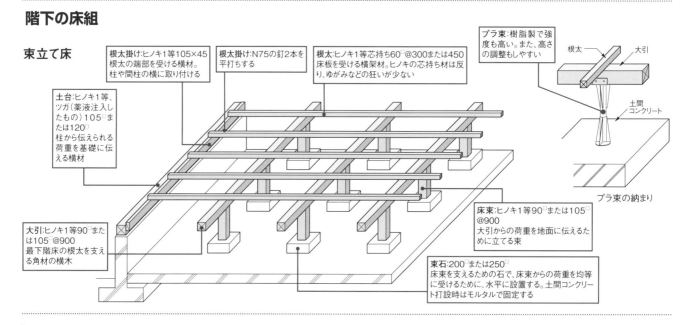

根太掛け:ヒノキ1等105×45 根太の端部を受ける横材。柱や間柱の横に取り付ける

根太掛け:N75の釘2本を平打ちする

根太:ヒノキ1等芯持ち60□@300または450 床板を受ける横架材。ヒノキの芯持ち材は反り、ゆがみなどの狂いが少ない

プラ束:樹脂製で強度も高い。また、高さの調整もしやすい

根太　大引

土台:ヒノキ1等、ツガ（薬液注入したもの）105□または120□ 柱から伝えられる荷重を基礎に伝える横材

土間コンクリート

プラ束の納まり

大引:ヒノキ1等90□または105□@900 最下階床の根太を支える角材の横木

床束:ヒノキ1等90□または105□@900 大引からの荷重を地面に伝えるために立てる束

束石:200□または250□ 床束を支えるための石で、床束からの荷重を均等に受けるために、水平に設置する。土間コンクリート打設時はモルタルで固定する

小屋組（和小屋）

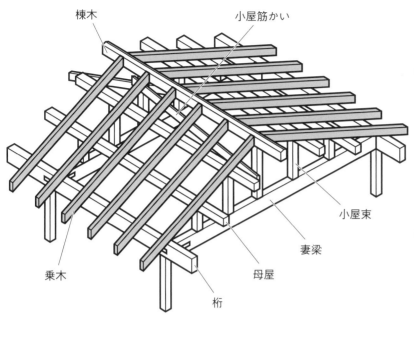

棟木
小屋筋かい
小屋束
妻梁
母屋
桁
乗木

根太と大引の取合い

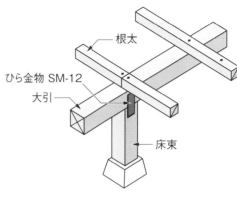

根太
ひら金物 SM-12
大引
床束

大引の継手

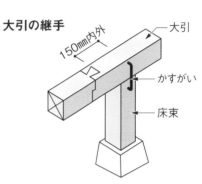

大引
150mm内外
かすがい
床束

地震に強い小屋組にするために耐力壁を入れる

水平力に抵抗する力を強めるため、小屋組にも耐力壁を入れる

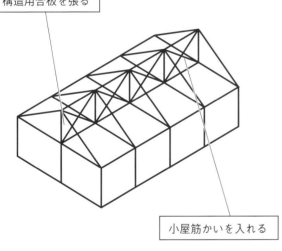

構造用合板を張る

小屋筋かいを入れる

小屋裏にも耐力壁を入れて、水平せん断力に対抗する

垂木構造

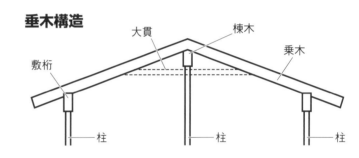

敷桁
大貫
棟木
乗木
柱　柱　柱

登り梁構造

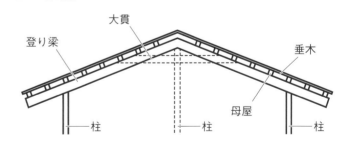

登り梁
大貫
垂木
母屋
柱　柱　柱

洋小屋

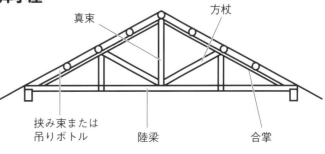

真束
方杖
挟み束または吊りボトル
陸梁
合掌

継手と仕口

木材の継手と仕口は、その特徴を十分に知り、
適切な場所に適切な方法で使用する

継手と仕口による接合

　木造軸組工法では、接合部が構造強度を決める上で非常に重要となる。

　木造の接合形式は①**接着による接合**、②**継手・仕口による接合**、③**継手・仕口を接合金物で補強する接合**、または**金物による接合**の3種類がある。

　①は合板同士などには使われるが、構造材同士では使用しない。③は78ページで説明する。ここでは、②の継手・仕口について解説する。

　木材を部材方向に接合するのが継手で、部材を直角に接合するのが仕口である。構造的に継手と仕口は、木材のめり込みとせん断で力を伝達する。

　木材の組み方によって、かなりの強度を確保することができる。梁だけでなく、柱も継ぐことができ、足元が腐った柱の腐った部分を取り除き、新しい木材を継ぎ足して強度を確保することも可能である。

　木造の継手と仕口は、伝統的な技術として、基本的なものから、特殊なものまでさまざまな種類がある。柱と梁の仕口では、柱にホゾをつくり、梁にホゾ穴をつくってはめ込む。蟻を切って抜けにくくしたり、込み栓を入れるなど、さまざまな工夫が施されている。

継手と仕口による接合の注意点

　木材同士を組み合わせるときは、木材のくせを見極める。木材のねじれる方向が逆になるように組むことで、組み上がってから後にねじれてしっかり締まるなど、木の性質を考慮する。

　接合部は千鳥に配置するのが原則で、隣り同士を同じ位置で継がないようにする。継いだ部分の強度は低下するので、強度の低い部分が集中しないようにするためである。また、梁の中央部や筋かいの端部など、力が掛かる部位で梁を継いではいけない。土台の継手では、アンカーボルトの位置と重ならないようにする。

● 合板
1～3mmの単板を何枚も積み重ね、接着剤で貼り合わせて1枚の板としたもの。通常は各単板の繊維方向を1枚ごとに直交させ、3枚、5枚、7枚、9枚などの奇数枚合わせのものをいう

● ホゾ
木材の端部につくった突起。2つの木材を接合するとき、一方に開けた穴に、他方の材につくった突起を嵌め込むことで接合する。構造では、柱と土台、小屋束と梁の接合などに用いられる。建具や家具の部材の接合にも用いられる

● 千鳥
方向や位置を単一に揃えず、ジグザグに材料を並べたり釘を打ったりすること

関連事項

●継手・仕口の種類
　木造軸組工法の場合、梁や土台は、継ぐことなく一本物で使ったほうが強度面で有利であるが、通常は、運搬や作業性を考えると長大材を使うことは難しい。そのため、継手により接合して使用することが多い。
　継手・仕口の形状にはさまざまなものがあるが、代表的なものとしては突付け、腰掛け、ホゾ、蟻、鎌、相欠きなどがあり、これらを組み合わせて設ける。
　突付けは2つの材を付き合わせただけの単純なかたちであり、これだけで材同士を接合することができないので、ほかの基本形と組み合わせて用いられる。腰掛けは、梁や土台などで上木を受けるための補助的な目的で蟻継ぎや鎌継ぎなどと組み合わせて用いられる。
　ホゾは、部材の木端面につくり出した突起のことをいう。ホ

ゾは差し込まれているだけなので、引き抜きの力には抵抗できない。このため、楔や込み栓といわれるもので緊結するか、上部からの荷重により接合部がはずれないようにする必要がある。
　蟻は、鳩の尾のようなかたちをした継手である。鎌と同様に住宅において最もよく用いられる。鎌は先端が鎌形をした継手である。これらは、腰掛けなどと組み合わせてよく使われる。相欠きは、接合される2つの材をそれぞれ欠いて重ね合わせる継手・仕口である。このほかに目違い、竿、略鎌、殺ぎ、留め、箱などがあるが、これらの特徴を十分に知ったうえで適切に使うことが大事である。

主な継手仕口の形状

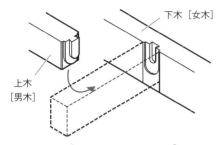

大入蟻仕口［おおいれありしぐち］
主に梁と梁、母屋と母屋、土台と土台
の仕口など

上木［男木］
下木［女木］

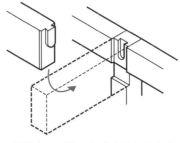

蟻仕口柱持たせ［ありしぐちはしらもたせ］
梁と梁＋下柱、母屋と母屋＋小屋束の仕口など

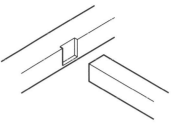

大入仕口［おおいれしぐち］
根太大引の仕口など

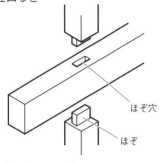

ほぞ穴
ほぞ

ほぞ差［ほぞさし］
柱と土台や梁、小屋束と梁や母屋の仕
口など

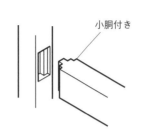

小胴付き

胴差仕口［どうざししぐち］
胴差と通し柱の仕口

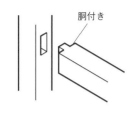

胴付き

桁差［けたざし］
母屋下がり部の桁と柱、母屋と
小屋束の仕口など

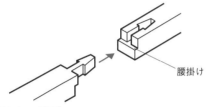

腰掛け

鎌継手［かまつぎて］
梁、母屋、土台の継手など。伝統的には、腰掛鎌継手［こ
しかけかまつぎて］と呼ぶ形状である。プレカットでは腰
掛けが付いたものを鎌継手と呼ぶのが常識化し、図面にも
使用されている

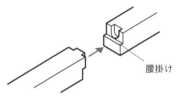

腰掛け

蟻継手［ありつぎて］
母屋、土台の継手など。伝統的には、腰掛蟻継手［こしか
けありつぎて］と呼ぶ形状である。プレカットでは腰掛け
が付いたものを蟻継手と呼ぶ

継手位置の注意点（梁の場合）

①継手は柱から離れた位置に設けない

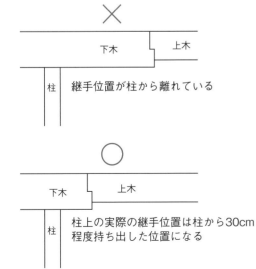

下木　上木
継手位置が柱から離れている
柱

下木　上木
柱
柱上の実際の継手位置は柱から30cm
程度持ち出した位置になる

②集中荷重付近に継手を設けない

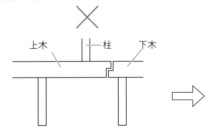

上木　柱　下木

上木　柱　下木

集中荷重を受けるスパン内に継手がある。
集中荷重を受ける梁が上木になっている

上木と下木を逆にする。継手
の位置をずらす

③耐力壁内に継手を設けない

上木　下木

上木　下木

柱　筋かい

柱　筋かい

右から左に水平力を受けると筋かいが梁を
押し上げ、継手部を頂点に山形に変形する

継手位置を耐力壁の外へ
移動する

木造住宅の安全性を確認する壁量計算

木造住宅に最低限必要な耐力壁の量は決まっている

木造住宅に必要な耐力壁

木造住宅の設計では、構造計算をしなくてもよいかわりに、構造の安全性を確かめることが義務付けられている(建築基準法施行令46条)。

①建物に耐力壁(72頁参照)がバランスよく配置されること

②耐力壁が有効に作用するために床組や小屋組に火打ち材などを入れて強い水平構面をつくること

③2階以上または延べ面積が50㎡を超える木造には、地震力と風圧力に対して必要な長さの耐力壁を確保しなければならない

③を確認するために壁量計算を行なう。

地震力壁量計算の方法

まず、地震力に対して最低限必要な壁の量を確認する。令46条で、屋根の材料が軽いか重いかなどによってそれぞれ床面積当たりの必要壁量が定められている。該当するものを選び、床面積に乗じて、地震力に対する必要壁量を求める。

同時に、風圧力に対する必要壁量の条件を確認する。同様に令46条で「特定行政庁が指定する強風区域」とそれ以外の「一般の区域」でそれぞれ見付け面積当たりの必要壁量が定められている。その数に、建物の見付け面積を乗じて風圧力に対する必要壁量を算出する。

次に、建物に存在する壁の量(存在壁量)を算出し、必要壁量と比較する。存在壁量が必要壁量を上回っていれば、構造安全性を確保するために必要な耐力壁の量を満たしていることになる。しかし、木造住宅で構造計算をした場合、建築基準法の必要壁量を満たしただけでは、強い地震に対して強度が不足する場合がある。壁倍率で求めた壁量の合計の約2倍の壁量が望ましい。

● **見付け面積**
建築物の梁間方向または桁行方向の鉛直投影面積で、立面図に見える面積に相当する

● **壁倍率**
耐力壁の水平方向に対する性能は、壁の材質・材厚または緊結法によって異なるが、そのせん断力の大きさを倍率で表したもの。同じ水平長さとして、倍率2の壁は倍率1の壁の2倍の耐力をもつことになる

▌関連事項

●**耐力壁の量と配置**

耐力壁とは、筋かいの入った軸組や構造用合板などの面材を張った軸組のことで、風や地震などの水平力に抵抗する役割を担う。

軸組工法だからといって柱、梁を太くしてたくさん入れれば、地震に強くなるというわけではない。地震に強い家にするためには、柱や梁の太さや本数だけではなく、耐力壁の量と配置が重要である。この耐力壁を十分な量で適切にバランスよく配置すれば、大地震が起きた際、建物にねじれが起きたり変形したりすることなく、倒壊を免れることができる。

●**必要壁量**

建築基準法施行令46条において、風や地震などの水平力に抵抗する必要な壁量が定められている。

地震力に対しては、各階の床面積1㎡当たりの壁に必要な長さが建物の重量により決められている。地震力は建物の重量に比例するので建物の重量が大きくなる階ほど、壁が多く必要になる。これからすると上階にピアノや重たい書棚を置くと、下階に大きな負担をかけることになるので、上階に載せる荷重はできるだけ小さくなるようにする。

また、風圧力に対しては、建物の見付け面積1㎡当たりの壁に必要な長さが決められている。風圧力が建物の見付け面積に比例するので、見付け面積が大きくなるほど壁が多く必要になる。この地震力と風圧力の大きいほうの数値で壁量を決定する。

地震や台風に抵抗するために耐力壁の最低限の量が定められている

床面積・見付け面積が大きく階数が増えれば必要壁量も増える

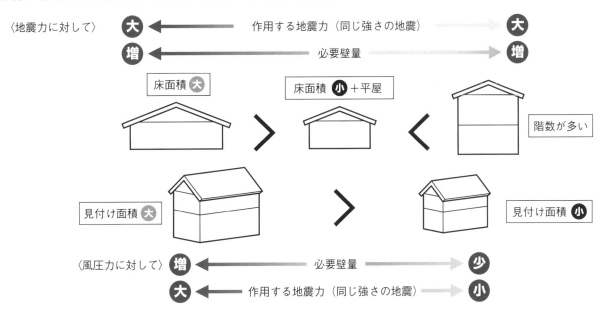

〈地震力に対して〉 大 ← 作用する地震力（同じ強さの地震）→ 大

増 ← 必要壁量 → 増

床面積 大　床面積 小 ＋平屋　階数が多い

見付け面積 大　見付け面積 小

〈風圧力に対して〉 増 ← 必要壁量 → 少

大 ← 作用する地震力（同じ強さの地震）→ 小

壁量計算の手順

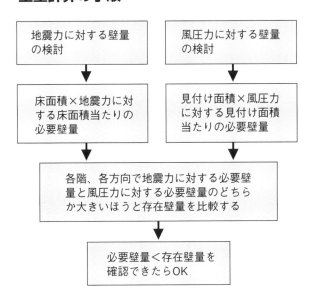

地震力に対する壁量の検討　→　床面積×地震力に対する床面積当たりの必要壁量

風圧力に対する壁量の検討　→　見付け面積×風圧力に対する見付け面積当たりの必要壁量

↓

各階、各方向で地震力に対する必要壁量と風圧力に対する必要壁量のどちらか大きいほうと存在壁量を比較する

↓

必要壁量＜存在壁量を確認できたらOK

地震力に対する必要壁量の求め方

床面積当たりの必要壁量をチェックし、床面積と乗じる
（床面積当たりの必要壁量×床面積＝地震力に対する必要壁量）

建物の種類	必要壁量（床面積当たりcm／m²）
金属板、ストレート葺きなどの軽い屋根	11／15 29／18 34 46　例）木造2階建の1階部分の必要壁量は1m²当たり29cm必要
土蔵造または瓦葺きなどの重い屋根	15／21 33／24 39 50

風圧力に対する必要壁量の求め方

見付け面積当たりの必要壁量をチェックし、見付け面積と乗じる
（見付け面積当たりの必要壁量×見付け面積
＝風圧力に対する必要壁量）

	必要壁量（見付け面積当りcm／m²）
特定行政庁が指定する強風区域	50を超え75以下の範囲内で特定特定行政庁が定めた数値
一般の区域	50

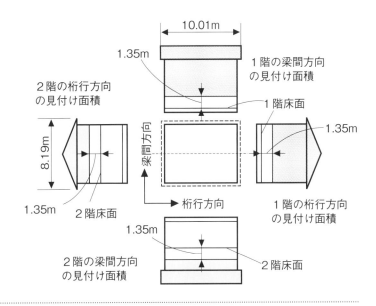

10.01m

1.35m

2階の桁行方向の見付け面積

8.19m

1.35m

2階床面

1階の梁間方向の見付け面積

1階床面

梁間方向

1.35m

桁行方向

1階の桁行方向の見付け面積

1.35m

2階の梁間方向の見付け面積

2階床面

筋かい耐力壁と面材耐力壁

地震力・風圧力に対抗するのは柱や梁ではなく、筋かい・構造用合板による耐力壁である

水平力に抵抗する耐力壁

建物は重力による荷重を常に支えているため、地震の縦揺れで加わる垂直方向の力に対してはもともと強い構造になっている。問題は水平方向の力への対処であり、最大で重力とほぼ同じ強さの地震の横揺れへの対応を検討していかなければならない。

水平力への抵抗で大事な部材が、耐力壁である。耐力壁とは、地震力や風圧力に対抗するために設ける壁のことで、構造用合板や筋かい、石膏ボードなどを柱と梁または土台に留め付けたものである。

筋かい耐力壁と面材耐力壁

筋かいは、柱、桁、土台などで構成される骨組の中に入れ込む斜め材のことであり、横からの大きな水平力に抵抗し、建物の変形を抑える働きをする。

面材耐力壁は、筋かいの耐力壁と同様に大きな水平力に抵抗し、建物の変形を抑える働きをする。面材耐力壁には、構造用合板、パーティクルボード、構造用パネル、ハードボード、硬質木片セメント板、石膏ボードなどが使われる。

壁倍率の算定

耐力壁は、その壁の強さを壁倍率で示す。壁倍率が1の耐力壁は地震等の水平力に対して長さ1m当たり1.96kN（200kgf）の力に対応できる。耐力壁には材料の使い方、釘の打ち方により、壁倍率0.5から5.0までいろいろな種類が定められている。

壁倍率は単独でも組み合わせでも使える。筋かいをたすき掛けに設置することで壁倍率を2倍にしたり、2種類以上の耐力壁を組み合わせて最大5倍まで認められる。

壁倍率が最大5倍までと制限されているのは、高い耐力の壁ほど、水平力が加わった時に大きな引抜力が働くため、それに応じた強い接合部が必要になるが、それは非現実的なためである。

耐力壁は構造用合板や筋かいのほか、石膏ボードやモルタル下地のラス下地、伝統的な貫工法や土壁も耐力壁として認められており、それぞれ倍率が認定されている。

耐力壁の部材だけでなく、金物などによる接合部の補強や構造用の釘を150mmピッチ以下で打つなど、きちんとした留め付け方があって初めて耐力壁として認められる。

● パーティクルボード
木材の小片を結合材を用いて熱圧して作った板

● ハードボード
木削片を破砕し、薬品を加えて加熱して繊維化したものを圧縮成型した板。壁板、床板、家具、キャビネットその他に用いる

● 硬質木片セメント板
比較的短い木片とセメントを混練圧縮成型したボードで、防・耐火、断熱、吸・遮音、調湿などの性能を持つ

● たすき掛け
材料を斜め十字に交差させること

軸組の種類と壁倍率

	軸組の種類	壁倍率
①	土塗壁は木ずりその他にこれに類するものを柱および間柱の片面に打ち付けた壁を設けた軸組	0.5
②	木ずりその他これに類するものを柱および間柱の両面に打ち付けた壁を設けた軸組	1.0
②	厚さ1.5cmで幅9cmの木材または経9mm以上の鉄筋の筋かいを入れた軸組	1.0
③	厚さ3cmで幅9cmの木材の筋かいを入れた軸組	1.5
④	厚さ4.5cmで幅9cmの木材の筋かいを入れた軸組	2.0
⑤	9cm角以上の木材の筋かいを入れた軸組	3.0

	軸組の種類	壁倍率
⑥	②から④までに掲げる筋かいをたすき掛けに入れた軸組	②から④までのそれぞれの数値の2倍
⑦	⑤に掲げる筋かいをたすき掛けに入れた軸組	5.0
⑧	その他①から⑦までに掲げる軸組と同等以上の耐力を有する物として国土交通大臣が定めた構造方法を用いるものまたは国土交通大臣の認定を受けたもの	0.5から5.0までの範囲内において国土交通大臣が定める数値
⑨	①または②に掲げる壁と②から⑥までに掲げる筋かいとを併用した軸組	①または②のそれぞれの数値と②から⑥までのそれぞれの数値との和

壁倍率1倍の定義

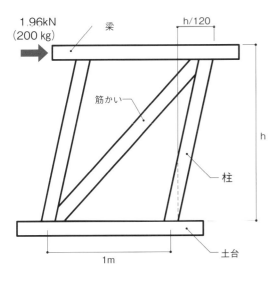

壁倍率 1 倍
→P＝1.96kN、H＝1／120
（P＝水平力、H＝変形量）

壁倍率 1 とは、図のように長さ 1m の壁が水平力1.96kN の力を受けたときに、その層間変形角が1／120 であることをいう。倍率が大きくなるほど、接合部にかかる力が大きくなり、金物も大きなものが必要になる

耐力壁は水平力に抵抗するもの

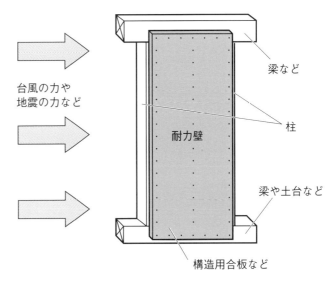

①耐力壁は、梁や土台と柱に留め付けられた面材や筋かいで構成される
②耐力壁が水平力に持ちこたえる強さは倍率で表されている（＝壁倍率）
③壁倍率 1 は200Kgf（1.96KN）の耐力をもつことを表し、単独でも組み合わせでも最大5倍まで

耐力壁には留め付け方のルールがある

①大壁仕様の面材耐力型の種類

倍率	面材の種類	面材の材料			釘	
		品質	種類	厚さ	種類	間隔
2.5	構造用合板	JAS	特類	7.5mm以上	N50	150mm以下
	構造用パネル（※）	JAS	構造用パネルに適合するもの			
	パーティクルボード	JIS A5908	パーティクルボード	12mm以上		
2	ハードボード	JIS A5905	35タイプまたは45タイプ	5mm以上		
	硬質木片セメント板	JIS A5404	硬質木片セメント板	12mm以上		
1	石膏ボード	JIS A6901	石膏ボード製品	12mm以上	GNF40またはGNF40	
	シージングボード	JIS A5905	シージングインシュレーションボード	12mm以上	SN40	外周100mm以下、その他200mm以下
	ラスシート	JIS A5524	LS4	0.6mm以上	N38	150mm以下

※ OSBなどのこと

②面材耐力型の張り方（3×9版と3×6版）

3×9版

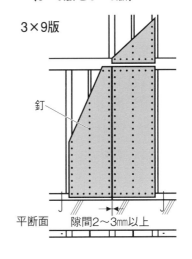

3×6版

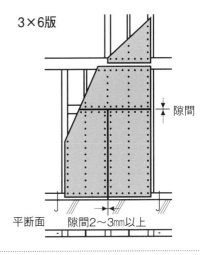

バランスが大切な耐力壁の配置

4分割法で耐力壁の配置の釣り合いをチェックする

耐力壁の配置バランス

建築基準法では、耐力壁を偏らずにバランスよく配置しなくてはならないと定められている。構造計算により、各階の偏心率が、0.3以下であることを確認するか、4分割法により耐力壁のバランスを確認する。

偏心とは、構造物の重心が剛心から離れていることをいい、その度合いを偏心率で表すことができる。重心が剛心から大きく外れた位置にあるほど偏心率が大きくなり、バランスが良くない建物となる。

偏心率の計算をしない場合は、4分割法の規定にもとづいて耐力壁のバランスを確認する必要がある。

4分割法では、まず建物を平面的に梁間方向・桁行方向のそれぞれで4分割する。外側の2つのゾーンを1／4側端部分といい、梁間方向・桁行方向ごとの1／4側端部分の存在壁量と必要壁量を計算する。

次に、各側端部分について、存在壁量を必要壁量で除した数値(壁量充足率)が1を超えればバランスの条件を満たしていると判断する。なお、壁量充足率が1以下となった場合は、壁量充足率の小さいほうを大きいほうで除した値(壁率比)が0.5以下となれば良い。

古い建物の耐力壁配置に注意

一般的な木造住宅では、南面は開口部が多く、北面は開口部が少ないため、南北で耐力壁量のバランスが悪いプランとなってしまうことが多い。また、和室を設けるプランでも、開口部が多くなるため、耐力壁が不足しやすい。

以前の建築基準法では、梁間方向・桁行方向の両方向に、必要な壁量が確保されていればよいとされ、耐力壁のバランスまでを確認する規定はなかった。

したがって、既存の木造住宅をリフォームする際は、耐力壁の配置のバランスについて検討されていない可能性があるので、注意が必要である。

● 剛心・重心
構造物に水平力が作用すると、柱や壁はそれぞれの強さに応じて水平力に抵抗する。このときの回転中心を剛心といい、建物の重量分布の中心である重心とできるだけ一致させるのが望ましい

● 桁行方向
一般的には、建物の長手方向。切り妻屋根では棟や母屋の方向と桁の方向は一致する

4分割法による耐力壁のバランスのチェック

①各階を側端部分より4分割してそれぞれエリアの床面積を求める

②それぞれのエリアの床面積に対して必要な耐力壁量、存在耐力壁量を求める

③各エリアの部分について壁量充足率＝存在壁量／必要壁量を求める
この壁充足率が1より大きければOKであるが、小さいようならば、①エリアと②エリアの両端部分を比較する

④壁率比＝壁量充足率の小さいほう／壁量充足率大きいほうで求める。壁率比≧0.5であれば、OKである

1階釣り合い検討図

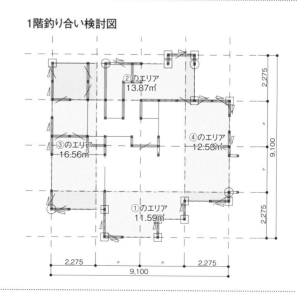

耐力壁がバランスよく配置されているかをチェックする＝4分割法

壁の量を満たしていても釣り合いよく配置されていなければ偏心してしまう

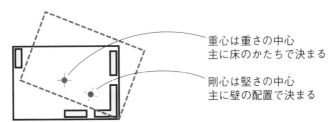

重心は重さの中心
主に床のかたちで決まる

剛心は堅さの中心
主に壁の配置で決まる

4分割法は偏心を簡易にチェックできる

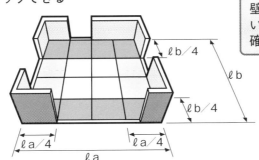

梁間・桁行方向の
1／4則端部分の4カ所で

$$壁量充足率＝\frac{存在壁量}{必要壁量}＞1$$

であればOK

壁量充足率が1に満たないときは壁率比率≧0.5を確認する

2方向の1／4側端部分で

$$壁率比＝\frac{壁量充足率の小さいほう}{壁量充足率の大きいほう}≧0.5$$

不整形な立面・平面の場合

①不整形な立面形状の則端部分

立面

1／4 1／4 1／4 1／4

側端部分

側端部分

平面

同じ建物でも上屋が載る部分は2階建ての1階の係数を使って壁量充足率を求める

2階平面 1階平面

同じ建物でも下屋の側端部分は平屋の係数を使って壁量充足率を求める

②不整形な立面形状の則端部分

桁行方向

側端部分 側端部分

1／4 1／4 1／4

不整形な平面形状でも整形な平面形状と同様に4分割する

桁行方向

側端部分

梁間方向

側端部分 側端部分

1／4 1／4 1／4

梁間方向

4分割法における小屋裏物置の取り扱い

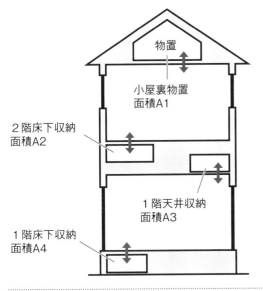

物置

小屋裏物置
面積A1

2階床下収納
面積A2

1階天井収納
面積A3

1階床下収納
面積A4

①階とみなされない（床面積に算入されない）小屋裏物置など

$$(A1＋A2)＜\frac{2階床面積}{2}$$

および

$$(A3＋A4)＜\frac{1階床面積}{2}$$

かつ

$$(A2＋A3)＜\frac{2階床面積}{2}$$

および

$$(A2＋A3)＜\frac{1階床面積}{2}$$

であれば算入されない

②必要壁量を求める際の床面積に算入される小屋裏物置など

A：小屋裏物置などの水平投影面積
　（2つ以上ある場合はその合計）

B：その階の床面積

h：小屋裏物置などの内法高さの平均
　値（m）。同一階に2以上ある場合は
　そのうちの最大値

$$B×\frac{1}{8}＜A＜B×\frac{1}{2}　かつ、$$

小屋裏物置などの最高天井高
≦1.4mのとき

$$\frac{h}{2.1}×A＝a　のaを加える$$
$$(A≦B×\frac{1}{8}　のとき、a＝0)$$

剛床で防ぐ地震時の変形

地震時に水平構面は耐力壁と一体になって建物の変形を防ぐ

水平構面の強度も確保

　地震や台風に対して強い家にするためには、耐力壁を適切に設置する必要がある。しかし、耐力壁が有効に働くためには床と屋根の水平構面に十分な強さがなければならない。そのために床面と屋根面をしっかりと固めることが必要である。

　具体的には、床組の隅角部には火打を入れて全体がゆがまないようにする。また、床面は床梁や胴差と根太の上端を揃えて、構造用合板を床梁、胴差に、直に釘打した剛床といわれる床にする。剛床にすると、地震や台風などの水平力を受けたとき、水平方向にねじれる変形を抑えるため、多少、耐力壁のバランスが悪くても外力を分散することができる。剛床にした場合は、火打を省略することもできる。

　根太工法に構造用合板を張る場合、合板の厚みは12mm以上を使うが、根太と床梁、胴差の上端高さが異なる場合と同じ場合とで工法が変わる。上端高さが異なる場合は、根太を梁に渡りあご掛けとし、四周を床梁、胴差の受材に固定させて、N50釘を150mm間隔に打ち構造用合板を張る。上端高さが同じ場合は、根太を梁に大入れ落とし込みとして、構造用合板を床梁、胴差にN50釘を150mm間隔で直打ちする。根太を架けずに、直接、構造用合板を床梁、胴差に留め付ける場合は、24mm厚以上の構造用合板とし、N75の釘を150mm間隔で直打ちするのが一般的である。

　なお、床面に吹抜けを設ける場合は、火打を設けるなど構造上の工夫が必要である。床の強さを表す指標として床壁率がる。

屋根面を固める

　屋根面は、小屋組の隅角部に火打材を入れ、小屋組には振れ止めを設けて全体がゆがまないようにする。さらに、屋根下地板として構造用合板を張る際は、垂木にN50の釘を150mm内外の間隔で平打ちする。小屋梁の水平面に構造用合板を張るのも効果的である。

水平構面が強いとどうなるか

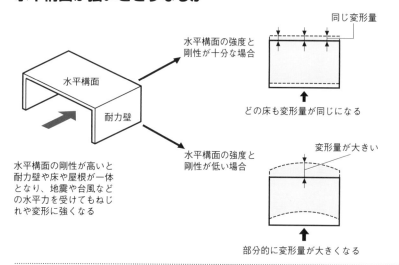

水平構面

耐力壁

水平構面の剛性が高いと耐力壁や床や屋根が一体となり、地震や台風などの水平力を受けてもねじれや変形に強くなる

水平構面の強度と剛性が十分な場合

同じ変形量

どの床も変形量が同じになる

水平構面の強度と剛性が低い場合

変形量が大きい

部分的に変形量が大きくなる

水平構面を強くする必要があるケース

　耐力壁と耐力壁の距離（耐力壁線間距離）が大きくなると、その分、床構面の剛性を高める必要がある吹抜けなど、部分的に床がない水平構面は水平力に対して壊れやすくなる。水平構面の平面形状と耐力壁の位置や長さなどの条件を考慮して水平構面に必要な剛性（必要床倍率）を決める

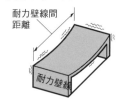

耐力壁と耐力壁の距離が大きいケース

耐力壁線間距離

耐力壁線

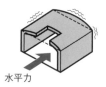

吹抜けがあるケース

水平力

剛床の仕様例（根太あり）

半欠き根太方式　鉄丸釘（N50）打ち仕様（床倍率1.60）

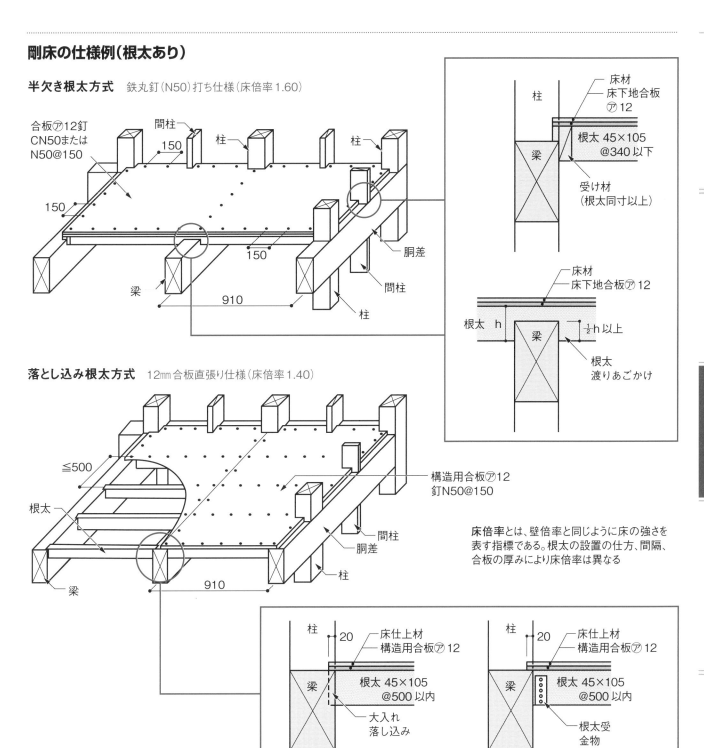

合板⑦12釘
CN50または
N50@150

間柱

柱

柱

150

150

150

胴差

間柱

梁

柱

910

床材
床下地合板⑦12
根太 45×105
@340 以下
受け材
（根太同寸以上）

柱

梁

床材
床下地合板⑦12
根太 h
$\frac{1}{2}$h 以上
根太
渡りあごかけ

梁

落とし込み根太方式　12mm合板直張り仕様（床倍率1.40）

≦500

根太

梁

構造用合板⑦12
釘N50@150

間柱

胴差

柱

910

床倍率とは、壁倍率と同じように床の強さを表す指標である。根太の設置の仕方、間隔、合板の厚みにより床倍率は異なる

柱

20

床仕上材
構造用合板⑦12

梁

根太 45×105
@500 以内

大入れ
落し込み

柱

20

床仕上材
構造用合板⑦12

梁

根太 45×105
@500 以内

根太受
金物

剛床の仕様例（根太なし）

直張り四周釘打ち　（床倍率3.0）

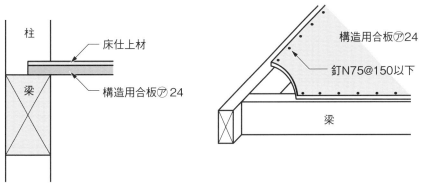

柱

床仕上材

梁

構造用合板⑦24

構造用合板⑦24

釘N75@150以下

梁

接合金物の種類とN値計算

耐力壁に取り付いた柱頭・柱脚は、耐力壁の強さに応じた耐力をもつ金物を取り付ける

接合金物が必要な箇所

建築基準法では継手と仕口の接合を補強する接合金物の取付け基準が定められている。伝統的な継手仕口の中には、十分に強度を確保する方法もあるが、加工手間などの面から、実用的といえないため、金物を用いるのが一般的である。

接合金物は、主に木材の引抜きを防ぐために使用する。(財)日本住宅・木材技術センターで品質や性能を認定したZマーク表示金物か、または同等の金物を使う。使用部位としては、まず基礎と土台の接合であり、これはアンカーボルトで固定する。柱の引抜きを防ぐためには、基礎と柱をホールダウン金物で固定し、1階と2階の柱も同様にホールダウン金物でつなぐ。大きな力のかかる柱と梁の接合部は、羽子板ボルトなどで固定する。合板の耐力壁や筋かいも引抜力に対応した金物で固定する。風に煽られて軒が浮き上がるのを防ぐために、ひねり金物で垂木を固定する。

N値計算で選ぶ金物の種類

耐力壁の柱頭・柱脚に取り付ける接合金物を選ぶ方法は3つある。1つは構造計算を行うこと。2つ目は建築基準法の告示(平12建告1460号)の表から選択する方法。3つ目は、N値計算により選択する方法。N値計算とは、水平力が作用した際に柱頭・柱脚に働く引抜力を、簡易的に計算する方法である。N値は、柱に生じる軸方向力(引抜力)を接合部倍率で表したもので、接合部の許容引張り耐力を1.96kN×2.7mで除した値で表される。(2.7mは標準の壁高さである)

図のように、柱の両側に取り付く耐力壁の壁倍率の差をN値計算に用いる。筋かいの場合は、柱頭に取り付く時と柱脚に取り付く時とでは、前者のほうが筋かいとしての耐力が高いため、補正値で加減する。接合部の金物は、柱の上下に入れる必要があり、2階の柱より1階の柱の引抜力が大きい場合は、2階の柱脚も1階の柱と同等の強さの金物を使用する。

● Zマーク表示金物
木造軸組工法住宅を対象にした高品質の金物のことで、平12年建告1460号で規定されている木造住宅の継手・仕口に使用する接合金物のもとになっている。40種類ほどある

● 引張り耐力
材料に引っ張り力を加え、力を解放しても元に戻らなくなる限界点の力のこと

木造住宅の継手仕口を補強する金物

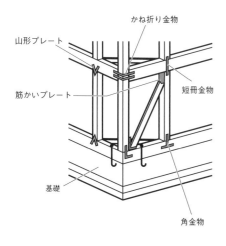

かね折り金物
山形プレート
筋かいプレート
短冊金物
基礎
角金物

耐力壁の柱脚柱頭に水平力が加わった場合の変形

耐力壁が回転することで柱脚・柱頭が引き抜ける

筋かいが外れる

筋かいが柱を押して柱が横にずれる

筋かいが通し柱を押して胴差が外れる

筋かいが胴差を押し上げ胴差が上向きに外れる

N 値計算の算定式と補正値

N値計算による接合金物を選択する
ための算定式

平屋の柱、または２階建ての２階の
柱のとき

$N \geqq A1 \times B1 - L$

N
接合部倍率（その柱に生じる引抜き力を倍率で
表したもの）の数値

A1
当該柱の両側における軸組の壁倍率の差。
ただし筋かいの場合、補正表1～3の補正値を
加える

B1
出隅の場合0.8、その他の場合0.5

L
出隅の場合0.4、その他の場合0.6

2階建ての1階の柱のとき

$N \geqq A1 \times B1 + A2 \times B2 - L$

N、A1、B1

上に同じ

A2
当該柱の上の２階柱両側の軸組の壁倍率の差。
ただし筋かいの場合、補正表1～3の補正値
を加える

B2
出隅の場合0.8、その他の場合0.5

L
出隅の場合1.0、その他の場合1.6

補正表1 筋かいが片側のみ取り付く場合

筋かいの種類 ＼ 筋かいの取り付く位置	柱頭部	柱脚部	柱頭・柱脚部
15×90mm、直径9mmの鉄筋	0	0	0
30×90mm	0.5	− 0.5	
45×90mm	0.5	− 0.5	
90×90mm	2	− 2	

補正表2 筋かいが両側から取り付く場合①

他方が片筋かい ＼ 一方が片筋かい	15×90mm、直径9mmの鉄筋	30×90mm	45×90mm	90×90mm	
15×90mm、直径9mmの鉄筋	0	0.5	0.5	2	0
30×90mm	0.5	1	1	2.5	
45×90mm	0.5	1	1	2.5	
90×90mm	2	2.5	2.5	4	

補正表3 筋かいが両側から取り付く場合②

他方がたすき掛け片筋かい ＼ 一方が片筋かい	15×90mm、直径9mmの鉄筋	30×90mm	45×90mm	90×90mm	
15×90mm、直径9mmの鉄筋×2	0	0.5	0.5	2	0
30×90mm×2	0	0.5	0.5	2	
45×90mm×2	0	0.5	0.5	2	
90×90mm×2	0	0.5	0.5	4	

N値の接合部の仕様 （平12建告1460号表3より）

告示表3との対応	N値	必要耐力（kN）	接合方法	
（い）	0以下	0	短ホゾ差し	かすがいC打ち
（ろ）	0.65以下	3.4	長ホゾ差し＋込み栓（15～18mm角、堅木）打ち	CP・Lかど金物＋ZN65×10本
（は）	1以下	5.1	CP・Lかど金物＋ZN65×10本	VP山形プレート金物＋ZN90×8本
（に）	1.4以下	7.5	羽子板ボルト＋ボルトM-12	短冊金物＋ボルトM-12
（ほ）	1.6以下	8.5	羽子板ボルト＋ボルトM-12＋ZS50×1本	短冊金物＋ボルトM-12＋ZS50×1本
（へ）	1.8以下	10	ホールダウン金物S-HD10＋座金付きアンカーボルトM-16	
（と）	2.8以下	15	ホールダウン金物S-HD15＋アンカーボルトM-16	
（ち）	3.7以下	20	ホールダウン金物S-HD20＋アンカーボルトM-16	
（り）	4.7以下	25	ホールダウン金物S-HD25＋アンカーボルトM-16	
（ぬ）	5.6以下	30	ホールダウン金物S-HD25×2＋アンカーボルトM-16	
—	5.6超（7.5以下）	N×5.3（40）	ホールダウン金物S-HD20×2＋アンカーボルトM-16	

Column

中間検査で確認する軸組の施工状況

中間検査では軸組部分の材料、取り付け方法、接合金物の種類までしっかりと確認する。

■ 中間検査とは

仕上げ工事に入る前に、仕上材で隠れてしまう部分の軸組の検査を行う。この検査は、建築基準法をはじめ、住宅金融支援機構、品確法などの基準に適合しているかどうかをチェックする検査で、第三者検査機関によって行なわれる。現場では、この検査の前に事前チェックをして、必要があれば是正をしておくことが大切である。

■ 事前チェックのポイント

検査前の事前チェックでは、構造材の種類、本数、寸法、位置などが図面どおりであるか、構造用合板の厚み、針の打ち方、筋かいの厚み、補強金物の取り付け方、位置などが図面どおりかであることを入念にチェックする。

また、特に重要なことは、接合金物の位置や留め方である。接合金物は指定のものを使用しているか、使用しているビスや釘が所定の仕様、本数できちんと留められているか、ボルトはしっかりと締まっているかなどである。これらは、目視もしくは計測にて確認する。ボルトは、数カ所選んで締まり具合を確認する。

また、軸組部分は仕上がるとほとんど見えなくなるので、しっかりと写真に収めておく必要がある。材料の仕様、寸法、間隔、どのような金物がどのように入っているかなどが明確に分かるように撮ることが大事である。

木材が乾燥すると収縮することでボルトがゆるむことがあるので、下地の石膏ボードを張る前に、再度、締め直すことも重要である。

軸組のチェックリスト

- [ ] 筋かいまたは構造用合板を設けた耐力壁の両端にある柱の下部にそれぞれ近接した位置にアンカーボルトが設置しているか
- [ ] アンカーボルトは、土台切れの個所、土台継手および仕口個所の上木端部に設置しているか
- [ ] アンカーボルトの締まり具合は適切か
- [ ] アンカーボルトには適切な金物が使用されているか（Zマーク表示金物または同等品以上）
- [ ] 大引、床束、束石の寸法、種類、間隔、取り付け方法は適切か
- [ ] 大引、床束に束石に浮きはないか
- [ ] 基礎と土台は一致しており、基礎長さに不足はないか
- [ ] 土台の断面寸法は柱と同寸以上であるか
- [ ] 土台継手位置は適切か。柱の下部に近接した位置に設けていないか。基礎欠き込みの上部に設けていないか

- [ ] 火打ち土台の位置は図面どおりか
- [ ] 根太の断面寸法、間隔、釘の留め方は適切か
- [ ] 床板の張り方（釘の種類、間隔、打ち方）は適切か
- [ ] 柱の断面寸法は図面どおりか
- [ ] 通柱、管柱の位置、本数は図面どおりか
- [ ] 基礎欠き込みは柱位置を逃げているか
- [ ] 耐力壁の位置、仕様は設計図書どおりか
- [ ] 耐力壁の面材の張り方（釘の種類、間隔、打ち方）は適切か
- [ ] 梁の断面寸法、位置は図面どおりか
- [ ] 梁の継手位置、取り付け方は適切か
- [ ] 筋かいと柱・土台・胴差などの接合部に隙間はないか
- [ ] 上下階の柱に芯ずれはないか
- [ ] 柱は垂直に立っているか
- [ ] 接合部の補強金物は適切に取り付けられて

いるか
- 土台・通し柱の取合い
- 土台・横架材と柱の取合い
- 上下階の柱
- 筋かいと柱・横架材梁と横架材・梁
- 小屋梁・母屋と小屋束
- 垂木と桁・母屋　など
- [ ] 梁せい300mm以上の梁は羽子板ボルトを2本使用しているか
- [ ] 接合部の補強金物はしっかり締っているか
- [ ] 火打梁の取り付け方は適切か
- [ ] 小屋束は桁行筋かい、振れ止めで固定しているか
- [ ] 垂木の断面寸法、間隔、釘の留め方は適切か
- [ ] 梁、柱などに著しい割れ、捻れ、反りはないか
- [ ] 構造材は乾燥材、もしくは集成材を使用しているか
- [ ] 防腐防蟻処理はされているか

木造住宅を守る屋根と外壁

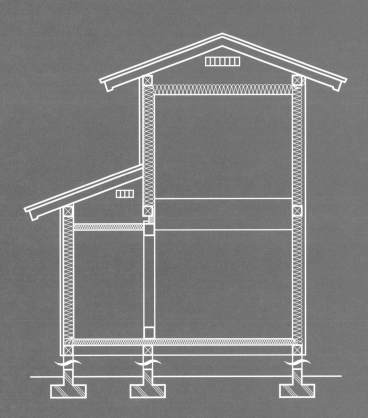

風雨や火災から住宅を守る外装計画

外装材は、傷みにくく丈夫なつくりとするだけでなく、メンテナンスしやすいことも大切

屋根、外壁などで構成される住宅の外装は、風雨や日照、火災などから住まい手の生活を守るための大切な要素である。

外装で大切な雨仕舞

雨仕舞とは、建物に浸水防止の処置を施すことで、雨水を浸入させない高い防水性を確保し、万一、雨水が浸入した際に速やかに雨水が外部に流れ出す仕組みとすることが大切である。

屋根は、屋根材の下にルーフィングを張ることで、防水性を担保する。瓦屋根の場合は、下地材に瓦を載せているだけであるが、瓦の隙間から雨水が浸入してもルーフィングで雨漏りを防ぐようになっている。また、屋根勾配をとることで浸入した雨水を軒先から抜くようにしている。同様に外壁も下地の防水シートで防水性を担保する。

シーリングは、経年により切れる可能性があるため屋根や外壁はシーリングだけに頼った納まりにしないことが大切である。また、

木造は地震や振動などの揺れで軸組が多少動き、防水層が切れやすいため、防水層だけに頼る平らな陸屋根とすることは、避けたほうがよい。

外壁面の開口部廻りも雨水が浸入しやすい箇所である。下地の施工段階でサッシの周囲に防水テープを張る。

外装に求められる防火性と耐久性

市街地では、都市計画で防火地域、準防火地域、法22条地域の規制が設けられている。防火地域では100㎡までの戸建住宅であれば準耐火構造以上、準防火地域内では、延焼のおそれのある部分を防火構造にしなくてはならない。

耐久性に関しては、外壁に耐候性の高い材料を選ぶ。ガルバリウム鋼板は耐候性も高く長持ちする素材である。左官仕上げの漆喰壁も耐候性が高い素材である。物理的に壊れなければ、塗り替える必要がなく、メンテナンスフリーの外壁仕上げである。

● 防火構造
建築物の周囲で発生する火災による延焼を抑制するために、外壁または軒裏に必要とされる防火性能を有する構造のこと。仕様の例として、鉄網モルタル、または木摺漆喰塗りなど

● 左官仕上げ
左官とは、土壁・漆喰・モルタル塗りの職人で、この職人が仕上げること

● 漆喰
消石灰に砂、糊、すさなどを混ぜて水で練ったもので、壁などの仕上げに用いられる

外装に求められる機能上のポイント

雪止め
・雪が降る地域では取り付けることが必要（雪があまり降らなくても住宅が密集した地域では必要）
・アルミアングル、ステンレス、鉄製

樋
・雨水の量に対応するため、屋根の面積によって樋のサイズを決める
・樋受金物から水の浸入を防ぐためシーリングなどで処理

バルコニー
・耐候性や防腐性を考慮するならバルコニーは躯体と縁を切る
・スノコ床でない場合は防水処理が必要

雨戸
・材質は金属製、木製
・防犯の目的も兼ねる

屋根
・材料ごとに必要な勾配を確保する
・野地板は耐候性に優れた素材を使う

サッシ
・アルミ製が主（木製、樹脂製、スチール製もある）
・サッシ周囲の防水処理をきちんと行うことが防水上のポイント

軒天井
・準防火地域では防火性能の高い素材を使う

外壁
・耐久性、耐候性のある素材を使う
・軒を深く出すと外壁が長持ちする

（開口部に取り付ける）格子
・意匠性と防犯性、耐候性に対応できる材質を選ぶ

防火規定が防ぐ火災時の延焼

延焼防止のため、市街地の戸建住宅の屋根は不燃材料で葺く

防火地域と準防火地域の規定

建築基準法の防火規定がもっとも厳しい地域が防火地域で、次が準防火地域である。

防火地域では、以前は木造住宅を建築することができなかったが、一定の防火性能を満たした準耐火構造の木造住宅を建設可能とすることができるようになった。

準防火地域内の木造建築物は、外壁および軒裏で「延焼のおそれのある部分」を防火構造としなければならない。

延焼のおそれのある部分とは、火災の場合に延焼を受ける危険性のある火熱源から一定の距離にある部分をいう。具体的には、敷地内の2以上の建築物の相互の外壁間の中心線、または、隣地境界線および道路中心線の各線から、1階部分で3m以内、2階以上の部分で5m以内の部分である。この範囲内の外壁や開口部を防火構造とすることが必要となる。防火構造とは、建築物の周囲で発生する火災による延焼を抑制するための防火性能を有する構造である。

延焼のおそれのある部分のサッシには網入りガラスなどを入れた防火設備とし、隣地が火災のとき、外部からの炎でガラスが割れても網によってガラスが飛散せず、炎が室内に入り込まないようにしなければならない。

延焼のおそれのある部分以外であれば、防火上の制限はないので、外装を木材にすることもできる。

法22条区域の規定

防火地域、準防火地域以外で木造建築物が多い市街地での屋根などの防火性能を規定した区域が法22条区域である。法22条区域内の木造建築物は、外壁で延焼のおそれのある部分を、準防火性能をもつ構造としなければならない。なお、防火地域、準防火地域、法22条区域では、屋根の不燃化が求められているため、瓦や鋼板などの不燃材料を使用する。

- **準耐火構造**
準耐火構造とは、通常の火災による延焼を抑止するための耐火性能（非損傷性・遮熱性・遮炎性）を有する構造のことをいい、45分準耐火と1時間準耐火がある

- **不燃材料**
火災時にある一定の時間以下の性能を持っている材料のこと。①燃焼しないこと、②防火上有害な変形、溶融、き裂その他の損傷を生じないこと、③避難上有害な煙またはガスを発生しないこと

準耐火構造の仕様例

屋根の不燃化

準耐火構造（不燃材料）

通常の火災が終了するまで（1時間、45分）、建物の倒壊や延焼を防ぐため、各部位の耐火性能基準が定められている

1時間準耐の外壁

石膏ボード

硬質木片セメント板

12
12
18

屋外側：厚さ18以上の硬質木片セメント板
屋内側：厚さ12以上の石膏ボード2重張り

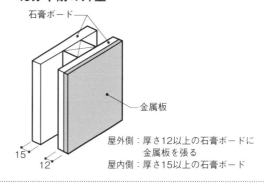

45分準耐の外壁

石膏ボード

金属板

15
12

屋外側：厚さ12以上の石膏ボードに金属板を張る
屋内側：厚さ15以上の石膏ボード

屋根形状と防水

複雑な屋根形状は雨漏りを引き起こしやすいため、できるだけシンプルな形状にする

屋根の種類と勾配

現在の木造住宅では、用いられる屋根形状は切妻や寄棟がほとんどである。寄棟は軒が水平に揃うため、北側斜線にも対応しやすく、都市部で多く採用されている。

片流れ屋根は、最も単純な屋根形状であるが、簡単な換気口を付けることで屋根内部や室内に溜まった熱を排出することができ、天井の仕上げをしなければ容易にロフトをつくることができる。

屋根に降りかかる雨水を処理するために、屋根勾配をとる必要がある。屋根勾配は水平方向の1尺（303㎜）に対して高さが何寸になるのかを示すものである。

屋根材の種類によって適切な勾配が異なる。瓦屋根で4寸勾配以上、化粧スレートや金属板の平葺きで3寸以上、金属板の瓦棒葺きで1寸以上が必要である。

屋根が大きくなると、そこに集まる雨水の量が増えるため、屋根勾配を大きめにとる。

屋根の防水と処理

屋根下地である野地板の上には、下葺き材としてアスファルトルーフィングや透湿防水シートが使われる。下葺き材は下から張って行き、100㎜以上の十分な重ね代をとり、下葺き材だけでも防水できるようにする。

屋根が壁とぶつかる部分も雨漏りしやすいため、水切の板金を100㎜程度立ち上げて壁との取り合い部分にシーリングを打つ。併せて、屋根の下葺き材を立ち上げ、壁の透湿防水シートと防水テープでつなぎ、連続した防水層とすることが大切である。

● 北側斜線
高さ制限の1つ。第1種・2種低層住居専用地域と第1種・2種中高層住居専用地域では、建築物の高さを北側隣地（道路）境界線上の一定の高さを起点とする斜線の範囲内に収めなくてはならない

● 野地板
木造住宅の屋根で、屋根材を支えるために屋根材のすぐ下に入れられる部材のこと。具体的には、垂木の上に張る板。構造用合板を用いることが一般的だが、板材や貫材なども使われることもある

ルーフィングの張り方イメージ

①基本

タッカー留めした個所には防水テープを張ることが望ましい

ルーフィングは下から上へ重ねて張り上げる

縦の重ね代は100㎜以上とする（横方向に継ぐ場合は、雨水が浸入しやすいため200㎜以上の重ね代を確保する）

②屋根形状ごとのポイント

棟部
棟部は各方向とも300㎜重ね張る

立上り出隅部
立上り部と同様にルーフィングを300㎜立ち上げる

立上り出隅部
立上り部と同様にルーフィングを300㎜立ち上げる

屋根の棟部、壁の立上り部、立上り出隅部などは雨が浸入しやすいので、それぞれ重ね張りをするなどの対処が求められる

屋根形状の主な種類とその特徴

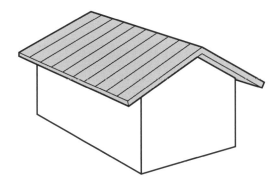

切妻（きりづま）
中心の棟から両側に屋根が流れるシンプルな形状
の屋根。現代の木造住宅に多く用いられる

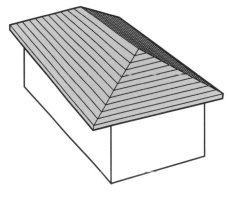

寄棟（よせむね）
軒先が水平で、それぞれの軒先から中央に向かっ
て屋根が登っていく。外壁が納まりやすく、北側
斜線にも対応しやすいため、ハウスメーカーや建
売住宅でも多く採用されている

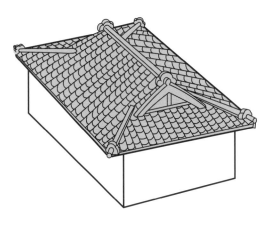

入母屋（いりもや）
軒先が水平に回る寄棟の上部が切妻になっている
形の屋根。伝統的な日本建築で用いられているこ
とが多い。破風板などに意匠的な工夫を凝らす

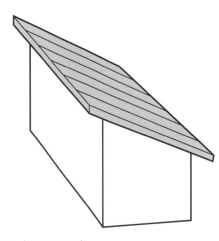

片流れ（かたながれ）
一方が高く、一方が低く、一方向に屋根が流れ
る。もっともシンプルな形状の屋根といえる。一
方が高くなるため、建築基準法の集団規定の斜線
制限などとの調整が難しいこともある。上方への
換気ルートをつくりやすい

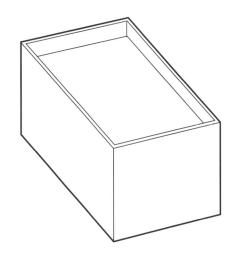

陸屋根（りくやね・ろくやね）
ほぼフラットな屋根。水が流れにくいため雨漏り
しやすく、防水をしっかりと行う必要がある。木
造ではあまり用いられることがない

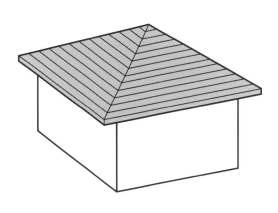

方形（ほうぎょう）
平面が正方形（または八角形）の建物に採用され、
屋根が中心の一点に集まる。寄棟と同様な納まり

屋根材の種類と下地のポイント

屋根材は下地の施工が重要である

屋根材の種類

耐久性が高い屋根材は、瓦、銅板、ステンレス鋼板である。ガルバリウム鋼板は小口の処理をきちんとすれば、10年以上の耐久性をメーカーが保証しており、コスト面も考えると使いやすい材料である。

カラー鉄板は、さび止めの塗装を定期的にすれば、ある程度長持ちする。化粧スレートは、塗装で寿命を延ばせるが、15年程度で葺き替えが必要となる。

重量の点では、重いのが瓦で、特に古い木造家屋のように瓦の下に「葺き土」があるとさらに重くなる。軽いのは、化粧スレート、金属板の屋根材である。

瓦の特徴

瓦は、日本だけでなく欧米でも使われている伝統的な屋根材である。

1枚割れても、簡単に取り替えることができる。瓦の下には隙間ができて、暑い時期には、熱気が抜けて屋根の下の部屋の温度を下げてくれる。

屋根下地施工のポイント

屋根は、下地だけでも雨を防げるようにしなければならない。防水性能を担う下葺き材はアスファルトルーフィング940（従来の1巻22kg相当）以上のものを用いる。

アスファルトルーフィングは、野地板面上に軒先と平行に敷き込み、重ね代は上下で100mm以上、左右200mm以上とする。留め付けは、16mm以上の長さのタッカー釘にて、間隔300mm程度で、しわやゆるみがないように留める。平棟、隅棟部は、棟芯をまたいで各々100mm以上重ねて留め付ける。

壁面との取合い部、谷部、トップライト、煙突、ドーマー廻りは、特に雨漏りしやすいため取合い部は2重に張る。谷部は、幅1,000mmのルーフィングを全長にわたり捨て張りし、谷芯からルーフィングの上辺を各々100mm以上突き出して2重にする。壁の取合い部は、1,000×500mm程度のルーフィングを張った上で、壁面に沿って250mm以上立ち上げる。なお、下葺き材の納め方は仕上材が異なっても基本的に同じである。

- **小口**
  部材の端面

- **塗装**
  塗料を物体に塗りつけて塗膜を作る操作。塗装方法には、刷毛塗り、吹き付け塗り、ローラー塗り、浸漬塗りなどがある

- **タッカー釘**
  ホチキスの釘をそのまま大型にしたような形状の釘のこと

- **ドーマー**
  屋根の傾斜面に突き出して取り付けられる、小さな屋根をもった窓のことで、屋根裏部屋への採光、換気などのためだけでなく、外観のデザインのアクセントとしてつけられることもある

屋根の主な材料とその特徴

屋根材			適切な屋根勾配
	瓦	粘土で形をつくり、耐候性を高めるために釉薬をかけて焼いた釉薬瓦と、釉薬をかけないいぶし瓦がある。意匠的には洋瓦と日本瓦、その他さまざまな形状がある。昔ながらの瓦屋根は「葺き土」を使って納めるが、重くなるため、葺き土を使わずに引掛け桟瓦を使用する施工方法が普及している	4寸勾配以上
	化粧スレート	スレートとはセメントと繊維を固めた板。以前は繊維としてアスベストが使用されていたが、現在はノンアスベストとなっている。軽く、安価なため、多くの住宅で採用されている。表面の塗装で耐候性を保っているため、定期的に塗り替える必要がある。そのため、15年ほどで葺き替えが必要となってくる	3寸勾配以上
金属系	銅板	古くから屋根に使われてきた素材で、耐久性が高いだけではなく、加工性も高いため、細かい細工が可能。ただし、高価であるため、社寺、数奇屋建築などに主に使われる	平葺き…3寸勾配以上
	ステンレス鋼板	ステンレス鋼板そのものを使うこともあるが、多くはステンレス鋼板に塗装した製品を使用する。やや高価であるが、耐久性が高く、表面の塗装の塗り替えが必要であるとしても、ステンレス鋼板そのものは半永久的に使用できる	瓦棒葺き…1寸勾配以上（屋根の長さが短かければ、0.5寸勾配も可能）
	ガルバリウム鋼板	亜鉛とアルミの合金を鉄板にメッキしたもの。鉄板に比べ、はるかに耐候性・耐久性が高く、メーカー保証で10年、実際にはそれ以上長持ちする。比較的安価なため、使用も増えている	

下葺き材の施工のポイント

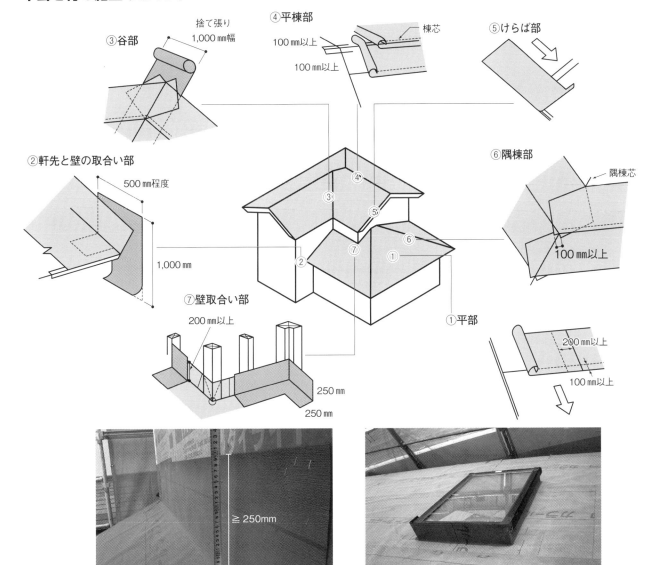

③谷部

捨て張り 1,000 mm幅

④平棟部

100 mm以上

棟芯

100 mm以上

⑤けらば部

②軒先と壁の取合い部

500 mm程度

1,000 mm

⑥隅棟部

隅棟芯

100 mm以上

⑦壁取合い部

200 mm以上

250 mm

250 mm

①平部

200 mm以上

100 mm以上

≧250mm

壁との取合いのルーフィングは 250mm 以上立ち上げる

トップライト廻りの納まり
トップライト廻りからの雨漏りが多いので特に注意が必要。
トップライト枠を一度取り外し、ルーフィングを立ち上げる

下地のチェックポイント

☐ 材料は、指定のものを使用しているか

☐ ルーフィングの重ね代は上下で 100mm 以上、左右で 200mm 以上あるか

☐ タッカー釘の留め付けは、ルーフィングの重ね合わせ部にて間隔 300mm あるか

☐ 壁面との取合い部は、壁面に沿って 250mm 以上立ち上げているか

☐ 谷部は幅 1,000mm 程捨て張りをしているか

☐ 棟部は棟芯をまたいで 100mm 以上の重ね代があり、2重張りにしているか

☐ ルーフィングにしわやゆるみがないか

☐ タッカー釘は 16mm 以上の長さのものを使用しているか

☐ トップライト・煙突・ドーマー廻りは捨て張りをしているか

ルーフィングの種類

アスファルトルーフィング
有機天然繊維を主原料とした原紙にアスファルトを含浸、被覆し、表裏面に鉱物質粉末を付着したもの。アスファルトルーフィング 1,500（単位面積質量1,500g/㎡、一巻 35kg 相当）と 940（単位面積質量940g/㎡、一巻 22kg 相当）がある

改良アスファルトルーフィング
合成樹脂を混合してアスファルトの低温性状や高温性状を改良した改質アスファルトを使用したもの。一般ルーフィングタイプ、複層基材タイプおよび粘着層付きタイプがある

合成高分子系ルーフィング
合成ゴムや合成樹脂を主原料とした成型シート、あるいはそれらに異種材料を塗布または積層したもの。長さや幅は、アスファルトルーフィングに似たものが多い

瓦屋根

瓦屋根にする場合は構造体を強くし、屋根勾配は 3.5 ～ 4.5 寸にする

瓦の重量感

瓦の美しさ、重厚感には根強い人気があるが、阪神・淡路大震災では瓦の重量が原因で建物が倒壊したというケースもあった。重量のある瓦屋根を使う場合、軸組材の断面を大きくするなど、構造上の対処も必要となる。

最近では瓦より軽いスレート、金属が多く使用されるようになってきた。また、瓦のなかにも軽量化を図ったものも出されている。

瓦の種類には和瓦、洋瓦がある。和瓦には本瓦と桟瓦があり、洋瓦にはフランス瓦、スペイン瓦、Ｓ瓦などがある。屋根勾配は、基本的に3.5～4.5寸が適当で、緩すぎても急過ぎてもいけない。

瓦の種類は、日本瓦だけでも、本瓦、一文字瓦、平瓦などがある。愛知県の三州などのいくつかの産地があり、雪の時期に表面の凍結を防ぐために焼成温度を1,300度ほどの高温にして硬い焼き具合に仕上げたり、釉薬を塗って水分の染み込みを抑えたものもある。

瓦の施工方法

瓦を留めるには釘（銅・ステンレス・真ちゅう）、緊結線（銅・ステンレス）を使用する。

まず、瓦の割付け（地割）に応じて桟木を取り付ける。間隔は桟瓦の働き寸法で決め、下から棟に向かって順次打ち付けていく。ここでは桟木が瓦の割付けどおりの間隔で固定されているか、長さ50mmのN釘で垂木にしっかりと取り付けてあるかを確認する。また、桟木の継手の隙間をあけて、雨水が桟木に溜まらないようにする。

棟積みは、のし瓦を互いに緊結し、冠瓦または丸瓦を1枚ごとに地棟に緊結線2本で留めるか、またはのし瓦、冠瓦を一緒に棟木に鉢巻状に緊結する。

壁際と屋根との取合い部（捨て谷・際谷）は雨漏りの原因となる場合が多いので十分な立上り寸法が必要である。

● 取合い
2つの材料の接合部分、または接触した状態のこと

関連事項

● **屋根に特徴のある伝統的な日本建築**
軒を深く出すことは、日本建築の特徴の1つである。深い軒は、壁や建物本体を雨から守り、夏の室内への強い日差しを遮る。また、伝統的な木造建築は、屋根に工夫をこらし、入母屋などの複雑な屋根形状としたり、シンプルな切妻でも反りや起りなど細かな調整がなされ、建築の美しさを演出している。

● **雨漏りの補修**
雨の多い日本では、雨漏り対策を万全にする必要がある。建物が完成した後に雨漏りした場合、雨漏り個所を特定することが難しいケースが多く、補修にかなりの手間がかかってしまう。さらに、雨漏りは、瑕疵保証でも重要事項となっている。10年の間に雨漏が発生した場合、施工者が無償で補修しなければならない。

● **桟木の取り付け**

瓦の基本納まり

軒先の納まり

図中の下地材以外にも下葺き材では透湿防水シート⑦0.55や発泡ポリスチレン製の瓦桟などもある

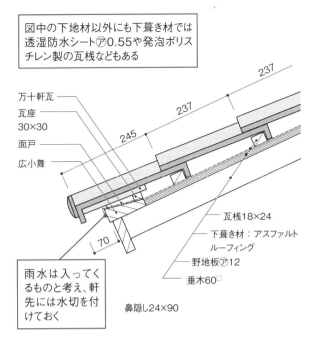

万十軒瓦
瓦座 30×30
面戸
広小舞

237
237
245
70

瓦桟18×24
下葺き材：アスファルトルーフィング
野地板⑦12
垂木60□

鼻隠し24×90

雨水は入ってくるものと考え、軒先には水切を付けておく

のし瓦の納まり

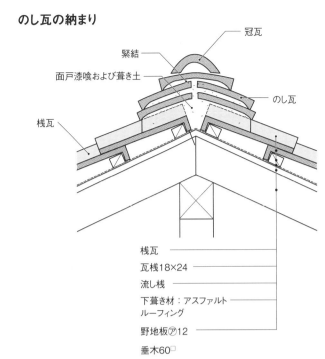

冠瓦
緊結
面戸漆喰および葺き土
のし瓦
桟瓦

桟瓦
瓦桟18×24
流し桟
下葺き材：アスファルトルーフィング
野地板⑦12
垂木60□

壁との取合い

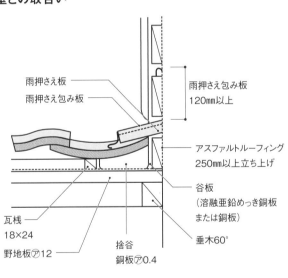

雨押さえ板
雨押さえ包み板

雨押さえ包み板 120mm以上

アスファルトルーフィング 250mm以上立ち上げ

谷板（溶融亜鉛めっき銅板または銅板）

垂木60°

瓦桟 18×24
野地板⑦12
捨谷 銅板⑦0.4

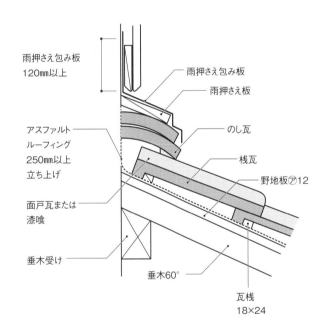

雨押さえ包み板 120mm以上

雨押さえ包み板
雨押さえ板
のし瓦
桟瓦

アスファルトルーフィング 250mm以上立ち上げ

面戸瓦または漆喰

垂木受け

野地板⑦12

垂木60°

瓦桟 18×24

谷の納まり

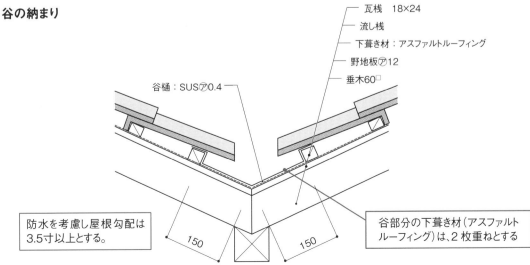

瓦桟　18×24
流し桟
下葺き材：アスファルトルーフィング
野地板⑦12
垂木60□

谷樋：SUS⑦0.4

防水を考慮し屋根勾配は3.5寸以上とする。

150
150

谷部分の下葺き材（アスファルトルーフィング）は、2枚重ねとする

スレート屋根

強風地域や積雪地域では専用部材で補強する

天然と人工のスレート

スレートは石質薄板の総称で、天然物と人工物がある。このうち人工の化粧スレートは軽量であるため地震に有利で、加工しやすく、安価であることから最もよく使われている。化粧スレートにはさまざまな種類があり、メーカーや種類により施工方法、納め方が異なるので、仕様書に従い適切に施工する。

下葺き材として一般的にアスファルトルーフィングを張るが、施工が適切でないと雨漏りの原因となるので、葺く前に十分に確認をする。

また、勾配や流れ長さもメーカーや種類により異なるので、仕様書で確認する。勾配が基準以下であったり、流れ長さが基準以上である場合、軒先部で雨水量が増大して、スレート材の裏面に廻る水が多くなり雨漏りの原因となる。

スレートの施工方法

スレートは十分な重ね代をとり、長さが35～40mmのステンレス釘またはビスで留めていく。本数や留め方、納め方は、スレートの種類、建設場所の条件などにより異なる。強風地域、積雪地域であれば、軒先、けらば、棟廻りを釘や金物と接着剤を併用して補強する。規定の葺き足を伸ばしたり、釘の本数が少なかったりすると、雨漏り、飛散の原因となる。

壁際、トップライト、煙突、ドーマー廻りは、最も雨漏りがしやすいところなので、特に注意が必要である。これらの設置位置は壁、棟や谷からの距離を十分にとる。棟、谷からは900mm以上、壁際からは300mm以上、けらばからは450mm以上離す。また、取合い部分は雨仕舞いが適切に行われていることをしっかりと確認する。

● 仕様書
工事に対する設計者の指示で、図面では表すことだできない点を文章や数値で表現したもの。品質、成分、性能、精度、施工方法、材料メーカー、施工業者などを指定する

● ルーフィング
屋根材の下に張る防水シートのこと。1次防水は屋根材で、2次防水はルーフィングとなる。施工は、垂木の上に合板、野地板等を張り、その上にルーフィングを敷く

● 葺き足（ふきあし）
屋根葺き材料の流れの方向に露出している部分の長さ

関連事項

●葺き替え
スレート屋根の寿命は一般に30～40年。
一度も塗装していない場合は、この経過年数が目安。

●塗替え
スレート屋根の寿命は30～40年だが、10～15年を目安に塗装すべき。
表面を高圧洗浄して、塗装する。塗料は、シリコン系が一般的だが、耐久性のより高いフッ素系塗料が望ましい。塗料に遮熱成分が含まれた遮熱塗料もある。

●重ね葺き
葺き替えする場合、既存屋根の廃棄処分費と、下地を含めた改修費がかかるため、既存の屋根を残したまま下地を組んで、上からかぶせる形で、重ね葺きをする。
複雑な屋根の場合、重ね葺きが難しい場合もある。

重ね葺きの下に通気層を設け、その下に断熱材を入れて、屋根直下の室内の熱環境の向上を図ると良い。

＊メンテナンスにおける注意点
・下地の野地板の結露等による劣化の確認が必要。
　特に、合板の劣化が進んでいる場合がある。
・防水シートの劣化を確認する。防水シートが健全であれば雨は漏りにくい。
・アスベストを含有しているスレートは要注意。（クボタはH13.12、松下電工はH15.6までに含有の可能性あり。）
・塗装する場合、重ね部分を塗料で埋めないこと。埋めてしまうと、中に入った水が抜けずに、雨漏りの原因になる。

スレートの葺き方

葺き方

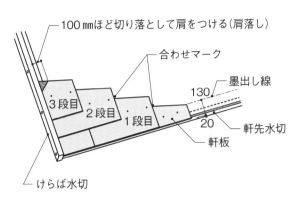

- 100mmほど切り落として肩をつける（肩落し）
- 合わせマーク
- 墨出し線
- 130
- 20
- 軒先水切
- 軒板
- 3段目
- 2段目
- 1段目
- けらば水切

軒先の納まり

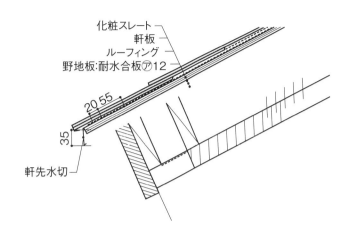

- 化粧スレート
- 軒板
- ルーフィング
- 野地板:耐水合板⑦12
- 20 55
- 35
- 軒先水切

外壁との取合い

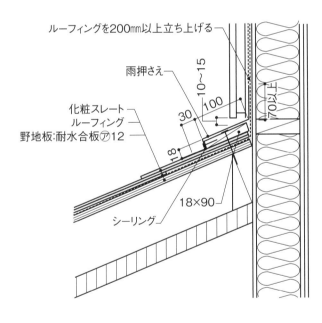

- ルーフィングを200mm以上立ち上げる
- 雨押さえ
- 10〜15
- 化粧スレート
- ルーフィング
- 野地板:耐水合板⑦12
- 30
- 100
- 厚④70
- 8
- 18×90
- シーリング

谷部の納まり

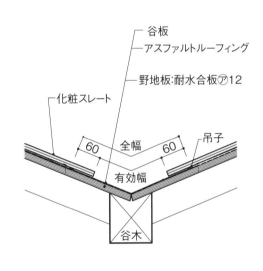

- 谷板
- アスファルトルーフィング
- 野地板:耐水合板⑦12
- 化粧スレート
- 吊子
- 60
- 全幅
- 60
- 有効幅
- 谷木

棟の納まり

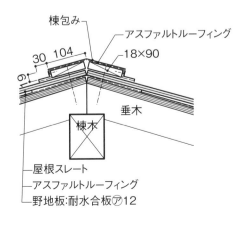

- 棟包み
- アスファルトルーフィング
- 18×90
- 30 104
- 垂木
- 棟木
- 屋根スレート
- アスファルトルーフィング
- 野地板:耐水合板⑦12

隅棟部（棟包み）の納まり

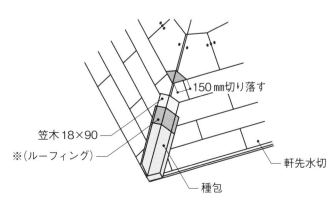

- 150mm切り落す
- 笠木18×90
- ※（ルーフィング）
- 種包
- 軒先水切

金属屋根

金属屋根とする場合は、遮音性と断熱性の対策を行う

金属屋根の特徴

　金属屋根は、軽量で、雨仕舞や耐候性の点で優れているが、断熱性、遮音性に劣っている。そのため、屋根下地あるいは小屋裏に断熱材や遮音材を入れる。

　材料としてはさまざまなものがあるが、銅板、ステンレス鋼板、カラー鉄板、ガルバリウム鋼板などがよく使われる。

　材料の厚みは、通常、0.35mm以上のものを使用するが、できれば耐久性の高い0.4mmを用いるようにする。

　金属板を留めるための吊子は、幅30mm、長さ70〜80mm程度とし、45mm以上の釘で留める。金属板の接合のはぜは、上はぜ15mm、下はぜ12mm程度とする。

金属屋根の葺き方

　金属屋根の葺き方には、瓦棒葺き、一文字葺きなどがある。

　瓦棒葺きには、心木ありと心木なしがある。長尺の材料を使い、継目がないので雨漏りの心配が少なく、緩い勾配の屋根でも葺くことができる。瓦棒の間隔は350〜450mmとする。

　一文字葺きは、金属板を長方形に板取りして、横の継手が一の字につながるように軒先から棟に向かって左右いずれの一方から葺く工法である。葺き板の寸法は、銅板の場合は、182.5×606mm、それ以外の場合は224×914mmとする。下はぜは18mm、上はぜは15mm程度とする。

　壁際と屋根との取合い部は、雨漏りの原因となりやすいので、120mm以上の立上りをとる。

　谷部は、葺き板と同種の板を使用し、全長にわたって通し葺きとし、底を谷形に折り曲げ両耳2段はぜとし、野地板に吊子留めとする。軒先、けらばには水の浸入を防ぐため唐草金物を取り付ける。

● 断熱材
断熱材とは熱伝導を抑える障壁の働きをするものであり、住宅建築で一般的に使用される断熱材としては、グラスウールやロックウールなどの繊維系断熱材、ウレタンフォームやフェノールフォームなどの発泡系断熱材がある

● はぜ
板金工事で薄板を折り曲げてつなぎ合わせる部分のこと

▌関連事項

●溶融亜鉛メッキ鋼板
鋼板に亜鉛メッキを施したもので、無塗装品。

●カラー鉄板
鋼板に亜鉛メッキを施し、焼き付け塗装を施したもの。
安価なため、多く使われている。

●ガルバリウム鋼板
雨鋼板にアルミニウムと亜鉛の合金をメッキしたもの。
無塗装と、焼き付け塗装を施したものがある。
錆びにくく、比較的安価なため、最近、多く使われる。

●ステンレス鋼板
対候性に優れている。無塗装及び塗装品がある。
硬い半面、板厚が厚いと、加工がしにくくなる。
特に塩害に対する対候性を増した製品もある。

●アルミニウム合金
鋼耐熱性、耐酸性に優れている。耐荷重性は鉄に劣る。
アルカリ性に弱いため、鳥の糞で腐食の恐れがある。
他の金属と接触すると電食をおこすため、絶縁処理されたものを使用する必要がある。

●銅板
鋼対候性に優れ、加工しやすいため、社寺の屋根や飾り金物にも使われる。
高価である。化学処理で緑青色や黒色にしたものもある。

●チタン板
各所金属の中で、特に優れた対候性、耐食性がある。
高価なことと、加工性に劣る。

金属屋根の納まり例

軒部

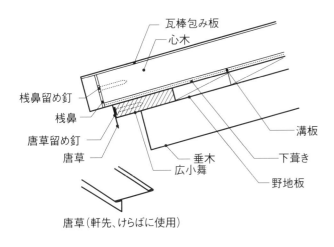

- 瓦棒包み板
- 心木
- 桟鼻留め釘
- 桟鼻
- 唐草留め釘
- 唐草
- 広小舞
- 垂木
- 野地板
- 溝板
- 下葺き

唐草（軒先、けらばに使用）

下屋水上と壁（一文字葺きの場合）

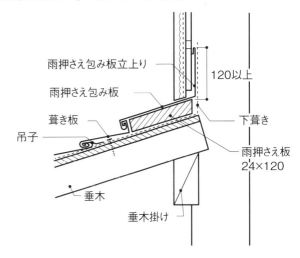

- 雨押さえ包み板立上り
- 雨押さえ包み板
- 葺き板
- 吊子
- 垂木
- 垂木掛け
- 120以上
- 下葺き
- 雨押さえ板 24×120

金属屋根の種類

心木あり瓦棒	心木なし瓦棒	
	部分吊子	通し吊子
●勾配：10／100以上 ●流れ寸法：10mm以下	●勾配：5／100以上 ●流れ寸法：30m以下	●勾配：5／100以上 ●流れ寸法：40m以下

平はぜ葺	立はぜ葺	一文字葺	菱葺
●勾配：4／10（1重はぜ）、3.5／10（2重はぜ）以上 ●流れ寸法：10m以下	●勾配：5／100以上 ●流れ寸法：10m以下	●勾配：30／100以上 ●流れ寸法：10m以下	●勾配：30／100以上 ●流れ寸法：10m以下

吊子留め

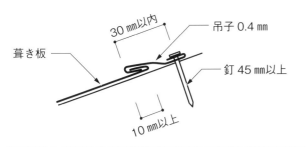

- 30mm以内
- 吊子 0.4mm
- 葺き板
- 釘 45mm以上
- 10mm以上

はぜ

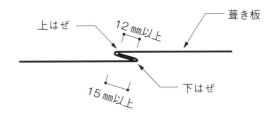

- 上はぜ
- 12mm以上
- 葺き板
- 下はぜ
- 15mm以上

木造住宅のプランと調査
木造住宅を支える地盤と基礎
木造住宅の構造設計
木造住宅を守る屋根と外壁
木造住宅の内装と仕上げ
木造住宅の設備
木造住宅の外構

軒先の納まり

軒先は傷みやすいので防水対策や早めのメンテナンスが必要

軒先のデザイン

軒先は、住宅の外観を決定付けるため、デザイン的に大変重要な部分である。

本格的な和風住宅では、軒先は、垂木を化粧で出し、軒裏もムクの木を使って、美しくつくられている。

屋根よりも軒天井の勾配をゆるくすると、屋根と軒天井の視覚的なバランスをとることができる。化粧軒天井では、垂木の寸法やピッチを考慮して、さまざまな細工が施されている。ただし、軒先は雨に濡れ、傷みやすい部位でもある。デザイン上の美しさだけではなく、メンテナンスの費用など、コスト面も合わせて検討しなくてはならない。

軒裏の納まり

一般的に、軒先に破風板や鼻隠しを取り付けて軒をつくる。破風板や鼻隠しは、防水性

や耐久性を考えると、木の板だけではなく、板にガルバリウム鋼板を巻き付けたり、セメント系の既製品のボードを取り付ける。モルタルで仕上げる場合もある。

破風とは、切妻や入母屋の屋根などにできる、妻側の三角形部分である。現在では、切妻屋根の妻壁を破風という。また、軒裏は火災時に延焼しやすいため、密集地では、防火性能が高い材料を使って仕上げる必要がある。軒裏の換気口も火災時に温度が上がると閉じる防火ダンパー付のタイプのものを使う。

軒先の厚さは、屋根材と垂木、さらに母屋も軒裏の中に隠す場合は、母屋の高さも合計するため250㎜以上と、かなり厚くなる。

母屋を外に出して見せてしまうと、軒先を薄く見せることができる。また、妻方向の垂木を通常と直角方向に入れることで母屋を省いても、軒先をかなり薄くすっきり見せることができる。

● 化粧
住宅の完成後に剥き出しとなる木材を人目に触れても良いようにきれいに仕上げること

● 防火ダンパー
空気調和用または換気用ダクト内に設けられるダンパーで、通常は排気フードやダクト内につり上げられているが、火災時に温度が上昇するとヒューズが溶解し、自動的にダンパーが下がり、ダクト内に流れる火災や煙を遮断する

軒先のつくり

屋根材（金属）
アスファルトルーフィング940
野地板
垂木
広小舞
防虫網
換気口
鼻隠し
母屋90□
母屋を隠す位置で軒天井を張る
15 60 120 60
35 30 30 35

鼻隠しを2段にして軒先をシャープに見せることができる

けらばのつくり

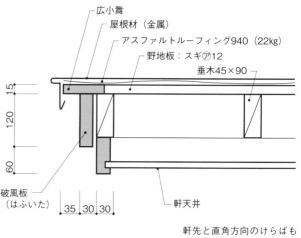

広小舞
屋根材（金属）
アスファルトルーフィング940（22kg）
野地板：スギ⑦12
垂木45×90
破風板（はふいた）
軒天井
15 120 60
35 30 30

軒先と直角方向のけらばも破風板を2段にしてシャープに見せることができる

雨樋の納まり

雨樋の大きさは屋根面積によって決め、大雨時の雨量を処理できるようにする

雨水の処理

屋根の雨水は軒先で受けてから縦樋で下に流す。軒樋は、縦樋に向い水勾配を1／80～1／200程度にし、軒樋受金物を600㎜以内の間隔で取り付けて軒樋を受ける。軒樋から呼び樋を通って雨水を縦樋に誘導する。縦樋受金物は60㎜以上打ち込み、900㎜以内の間隔で取り付ける。

軒先に取り付ける軒樋の形は、半丸と角樋の2種類がある。デザイン的に考慮して、樋の外側に化粧の板を取り付け、樋を隠したり、屋根に埋め込んでしまうこともある。

樋の材質は、塩ビ製が一般的であるが、鉄板を芯に入れて強度を増した塩ビ製もある。さびにくいガルバリウム鋼板やステンレス、銅板なども屋根材と合わせて使われている。

樋のサイズは、屋根面積によって決める。大雨の時には、樋のサイズを超える雨量が集まり、樋からあふれるオーバーフローが発生することもある。これに対応することも考慮するために、大きめの樋を使用する。

軒樋の幅は、角樋、半丸とも105㎜と120㎜が一般的だが、なるべく120㎜を使うのがよい。また、角樋のほうが半丸より断面積が大きいため、より多くの雨水を受けることができる。ただし、半丸のほうが薄く見えるため、デザイン上の理由で半丸を使うこともある。

屋根の面積にもよるが、通常は軒の1辺に対して縦樋を2本設置する。面積が大きい場合は、3本設置することもある。

雨樋の防水処理

樋は傷みやすいため、補修や取替えなどの方法を検討しておく。樋を屋根に埋め込みとする場合は防水をきちんと施す。

デザイン上、軒樋を内樋にして縦樋を壁内に通す場合があるが、万が一、縦樋の脚元で詰まった場合、縦樋のジョイントから水漏れを起こしたり、内樋自体から水漏れを起こしたりする場合がある。後になって、取り換えしにくいので、できれば内樋は避けるべきである。

また、樋受け金物を打ち込んだところから水が浸入して躯体を腐食させることもあるので注意が必要である。

● 軒樋受金物
樋を受けるための金物で、軒樋を受ける金物は、垂木の先端や鼻隠しに打ち付ける「打上げ」、「打込み」、「化粧打ち」、「字の首」、「正面打ち」などの種類があり、竪樋を受ける金物は、「つかみ金物」または「でんでん」などの種類がある

● オーバーフロー
規定量を超えてあふれること。または、あふれ出る流れのこと

雨樋の納まり

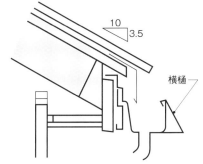

軒先に横樋を取り付けた納まりの例。軒を多めに出しておけば、雨水が樋をオーバーフローしてしまった場合も躯体に雨水が浸入する恐れが少ない

横樋の種類

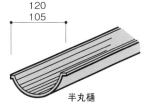

半丸樋

角樋 幅は120程度のものを使用する

屋根面積と樋径

屋根水平面積	軒樋	縦樋
25㎡	径 90mm	径 50mm
40㎡	径 105mm	径 60mm
60㎡	径 120mm	径 75mm

外壁仕上材の種類

外壁仕上材は、耐久性に加えて周辺の街並みへの配慮も必要

家のイメージを決める外壁材

外壁の仕上材によりその家の性能やイメージは大きく変わる。

外壁仕上材は、雨水を通さない、風により変形しない、温度変化に強い、飛ばされない、太陽光により劣化しないなど、外部の厳しい環境に対抗できるものでなければならない。

また外壁仕上材は直接目に触れるため、住まいの印象を左右し、周辺の街並みにも影響を与える。デザイン、色、テクスチュアなどを十分検討することが必要である。また、屋根や軒・サッシの色とのバランスにも配慮することが必要である。

乾式工法と湿式工法の違い

外壁仕上げの工法としては、乾式工法と湿式工法がある。乾式工法は、あらかじめ工場で生産されたセメント系、金属系のパネルなどを釘やビス、ボルトなどで取り付けるもので、サイディングやALC板などを取付ける工法である。防火性、断熱性、加工性、耐久性に優れ、また、デザイン、色などのバリエーションが豊富である。施工性がよいため、工期も短縮されるため工場で大量生産が可能なので、安価であるというメリットがある。

湿式工法は従来からある施工方法で、左官職人が土、漆喰、セメントなどで外壁を仕上げる工法である。モルタル塗り下地の上には、吹き付け、塗り仕上げなどの塗装が行われる。防火性、断熱性、加工性、耐久性に優れるが、水を使用するため乾燥に時間がかかる。また、乾燥するとひび割れが起きやすいという欠点がある。

作業に手間がかかるので乾式に比べて高価である。しかしながら、手作業で表現するテクスチェアに落ち着きや味わいがあるため、根強い人気がある。

● テクスチュア
形態、色彩と並ぶ造形要素の基本概念で、質感、材質感のこと

● 下地
仕上げの下にある構成部材。ボード張りの場合には胴縁や野縁が下地となりクロスの場合はボードなどが下地となる

関連事項

● 窯業系サイディング（ようぎょうけい）

住宅の外壁仕上材には窯業系サイディング、モルタル、ALC、金属サイディングなどがある。

窯業系サイディングは主原料としてセメント質原料および繊維質原料を成型し、養生・硬化させたもので、住宅外装シェアの約70％を占めている。組成としては、木繊維や木片を補強材とした「木繊維補強セメント板系」、パルプや合成繊維を補強材とした「繊維補強セメント板系」および「繊維補強セメント・けい酸カルシウム板系」の3種類がある。窯業系サイディングにはフラットなものだけでなく、種々の意匠が施された製品が各社から販売されている。

窯業系サイディングには右記の特徴がある。

1. 地震に強い
   阪神淡路大震災や新潟中越地震の被害調査では、窯業系サイディングのはく離・脱落が見られず、地震に強いことが確認されている。
2. 防耐火性に優れている
   窯業系サイディングは、防火構造・45分準耐火構造・1時間準耐火構造・30分準耐火構造（軒裏）の国土交通大臣認定を取得している。
3. 住宅外壁としての意匠性に優れている
   窯業系サイディングは豊富な意匠の製品があり、「和風」「洋風」の外観意匠を持った住宅を容易に建てることができる。

外壁材の種類

乾式系

窯業系 サイディング	セメントなどを主原料とし、繊維質の木片や無機物などを混ぜ、強化してプレス成形などで板状としたもの。色もデザインもさまざまで、レンガタイル風、自然石風など多くのデザインがある。比較的低価格であるうえ、雨水で汚れが落ちたり、長く再塗装をしなくて済む。メンテナンスは比較的楽であるが、ジョイントのシーリングは、10〜15年程度で打ち替える必要がある
金属系 サイディング	成形したスチールの板などを表面材とし、断熱材を裏打ちしたもの。軽量で施工性もよく、バリエーションも豊富。断熱材を包んで、金属のもつ熱しやすく冷めやすい特徴を克服しているものが多い。デザインがモダンであり、最近、よく普及している
木質系 サイディング	天然木、合板、木片セメントなどを塗装したもの。断熱性能などの点で優れた機能をもつ。ただし、建築基準法や消防法の関係で都市部には使用できないなどの制限がある
木板	スギやヒノキなどの耐久性のある木材を挽き割り、本実もしくは相决り加工したもの。木質系サイディング同様、建築基準法や消防法の関係で都市部には使用できないなど制限がある。不燃加工したものもある。なお、木材保護塗料を塗って仕上げる場合が多い
ALC板 （パネル）	ALCはAutoclaved Lightweight Concreteの略。石灰質材料とケイ酸質材料を微粉末にして水と混ぜ、ガス発生剤を添加して気泡をつくり、固まった後に高温高圧で養成して硬化させたものである。気泡などの空隙部分が全容積の80%を占め比重0.5と軽量である。耐火性能が高く、加工が簡単である。この上に吹き付けをしたり、タイルを張って仕上げることもできる

湿式系

モルタル塗り	モルタルは比較的安価であるうえ強度が高く、耐火性もある。また、アルカリ性であるために下地のラスに対して防錆効果がある。したがって、防火構造材として使用され、モルタルを下地として吹き付けをしたり、珪藻土を塗ったりして仕上げる。ただし、乾燥収縮により、ひび割れが入りやすい欠点がある
漆喰	漆喰は、左官用消石灰にスサ、糊などを練り混ぜてつくる。防火性が高いので、財産を守るために古くから土蔵や町家、城郭に使用されてきた。また、調湿機能も持ち、季節の変化に耐え、カビがつきにくいという性質ももつ。このため、内部の押入れの壁などに使われることもある。乾燥に時間がかかり、乾燥後の収縮率が高いためひびが入りやすいのが欠点である
珪藻土	植物性プランクトンの遺骸が蓄積されてできた土。調湿・保湿性がある。有害物質の吸着・脱臭も期待でき、土に還る素材でもある。自然素材であるため、人体への影響はないが、つなぎの成分の確認は必要
土壁	土壁は、古くからの壁下地から小舞壁とも呼ばれている。壁下地には小舞下地のほかに木摺下地、ラス網下地などがある。工程として、下塗り（荒壁）→中塗り→上塗り（色土塗り）の順序で行われる。色土には、産地と色によりさまざまな種類がある。最近では、工程が複雑で時間がかかる、コストがかかるという理由であまり使われない
タイル	粘土を主原料に各種の鉱物を混ぜて板状に成形し、焼成した素材。外壁だけではなく、床や内装にも用いられる。焼き方や吸水率の違いなどで、磁器質、せっ器質、陶器質に分けられる。なかでも、水分を吸収しにくい磁器質やせっ器質は、耐候性、耐久性、耐火性にも富む。木造の外壁では、引っ掛け方式の乾式工法で使用される場合が多い。汚れがつきにくく、メンテナンスは不要である
吹き付け、 仕上げ塗り材	従来からは、吹き付けと称して、モルタル塗り下地やALC板にエアーガンで吹き付けをしているが、飛散防止や養生の経済性からローラー塗り、鏝塗りが多くなってきた。これらを総じて仕上げ塗り材という。薄付仕上げ、厚付け仕上げ、複層仕上げの3種類に分けられ、豊富なパターンとテクスチュアがあり、広く使用されている

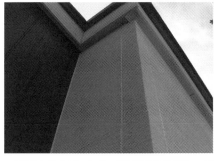

一般的なサイディング。湿式工法に代わって乾式工法のサイディングがよく普及している

石サイディング。サイディングは、色、テクスチュアが豊富である

モルタル塗りの上に薄塗り材で仕上げたもの。鏝によりさりげないテクスチュアがつけられ、外壁に表情をつけている

建物の耐久性を高める外壁通気工法

通気層を確保することで、木造住宅の軸組である木材の乾燥を保つ

外壁には、防水・防火・断熱が求められる。さらに、外部の自然環境に対しての耐久性・耐候性も備えなければならない。

外壁通気工法

外壁通気工法は、構造用合板や間柱、柱の上に透湿防水シートを張り、その上に設ける胴縁で通気層を確保し、土台水切部から軒裏、小屋裏に通気ができるようにした工法である。

透湿防水シートは、サイディングのシーリングが切れて外壁内に水が浸入してもそれ以上の壁内への浸入を防ぐために設けられるものである。外部からの雨を通すことなく、内部からの湿気を通し、外部へ逃がす。これにより、防水の役目を果たしつつ壁体内に生じた水蒸気を排出し、結露を防ぐ。

土台には、水切を取り付け、透湿防水シートは、その水切にシートをかぶせ、たるみがないようにして下から張り上げる。シートの上下の重なりは90mm以上、左右の重なりは150mm以上として防水を確実にする。左右の重なりは間柱に留める。出隅、入隅部は柱分だけ2重に重ねる。

胴縁の取り付け

透湿防水シートの上を施工した胴縁を留める。胴縁の厚みは12〜18mmとし、幅はサイディングの接合部で90mm、そのほかは45mm以上とする。縦張りサイディングの場合は横方向に、横張りサイディングの場合は縦方向に胴縁を取り付ける。胴縁の間隔は455mm以下とする。釘は長さ65mm以上のステンレス釘か鉄釘を500mm以内で不陸がないように留め付ける。横胴縁は1820mm以下の間隔で30mm以上の隙間をあけて張る。

開口部廻り、出隅、入隅部分にも胴縁を入れて、サイディングを確実に留め付ける。開口部廻りの胴縁と縦胴縁や横胴縁との間は、30mm程度隙間を確保し、開口部廻りの通気ができるようにする。

外壁下地（通気工法）のチェックポイント

☐ 透湿防水シートは土台水切にかぶさっているか
☐ 重ね代は上下で90mm、左右で150mmあるか
☐ 出隅・入隅部は柱分だけ2重に重ねてあるか
☐ 胴縁の厚みは12〜18mmあるか
☐ 胴縁の幅はジョイント部で90mm、そのほかで45mmあるか
☐ 胴縁を留める釘は、長さ65mm以上のステンレス製か鉄製の釘か
☐ 胴縁を留める釘の間隔は455mm以下であるか
☐ 横胴縁は、1,820mm以下の間隔で30mm以上の隙間があいているか
☐ 開口部廻りは、30mm程度の隙間があいているか

関連事項

● 透湿防水シート

透湿防水シートは、水は通さず湿気(水蒸気)を通す性質をもつシートであり、主に木造建築物の外壁の屋外側に防水のために用いられる。1m幅長さ50mのロール巻き状で販売され、住宅の外周に包帯を巻くように施工する。

湿気を通す透湿材料を用いる理由は、住宅内の湿気を建物外にはき出させるためである。室内では、炊事、洗濯、入浴だけでなく生活するだけで多くの水蒸気が発生する。その水蒸気は内装材の隙間を通って壁体内に入り込む。これが屋外に排出されないと壁体内で結露が発生する原因になる。そこで、建物の外からの水を防ぎ、建物中からの湿気を排出する透湿防水シートを用いる。

外壁下地（サイディング横張りの場合）

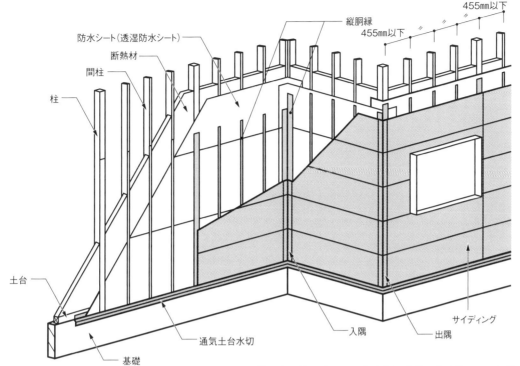

防水シート（透湿防水シート）
断熱材
間柱
柱
縦胴縁
455mm以下
455mm以下
土台
基礎
通気土台水切
入隅
出隅
サイディング

横胴縁で施工するタイプ、専用の金物で留め付けるタイプもある

透湿防水シート施工の注意点

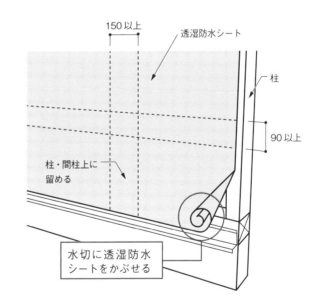

150以上
透湿防水シート
柱
90以上
柱・間柱上に留める
水切に透湿防水シートをかぶせる

開口部廻りの通気胴縁の留め方

縦縁を用いた開口部廻りの施工例1

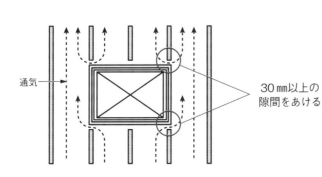

通気
30mm以上の隙間をあける

胴縁を用いた開口部廻りの施工例2

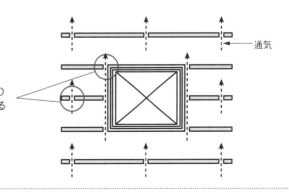

通気

サイディングとALCの外壁

サイディング、ALCでは、継目、出隅・入隅部分の納め方に注意する

サイディング

現在新築されている木造住宅の外壁の多くはサイディングを張っている。サイディングは、パネル化された外壁材のことで、素材もさまざまである。もっとも多く使われている窯業系サイディングは、主原料であるセメント質原料と繊維質原料を混ぜて板状に成型し、養生・硬化させたものである。木繊維や木片を補強材としたものや、パルプ合成繊維を補強材としたものなどがある。このほか、金属系のものもある。

サイディングは耐火性が高く、乾式工法のため工期が短くなる。表面がフラットなものから、木目調、石調、タイル調などの模様がついているものまでさまざまなデザインが用意されている。

サイディング同士の接合は、合い決りか本実でつなぐが、シーリングで処理する箇所もある。 サッシ廻りの取合いは10mm程度の隙間を開けて、シーリングを行う。シーリング

は、サイディング本体よりも耐久性に劣るため、ある程度の時間を経過したら打ち直す必要がある。

ALC板

ALC板とは、気泡の入った軽量コンクリート板である。厚さは、サッシ寸法に合わせて37mmのものが一般的で、寒冷地で使うのは50mmである。

ALC板も表面がフラットなものやレンガ調などさまざまな模様のものがある。ALC板は無塗装であるため、表面の仕上げを行う必要がある。基本的には、防水性の高い塗料で仕上げる。ALC板も接合部分はシーリングで処理する。

ALC板は、ある程度の断熱性能をもつため、その内側に75mm程度のグラスウールだけでも必要な断熱性を確保することができる。火に強く、遮音性も高い。

出隅・入隅部は、縦胴縁を下地としてメーカー指定の役物を取り付ける。

> **グラスウール**
> ガラスを繊維状にしたもの。燃えにくく、シロアリがつきにくい。コストも低く、充填断熱の代表的な材料といえる。吸音性や耐火性などにも優れる。ただし、結露対策として防湿施工が必要

サイディングの外壁（横張り）

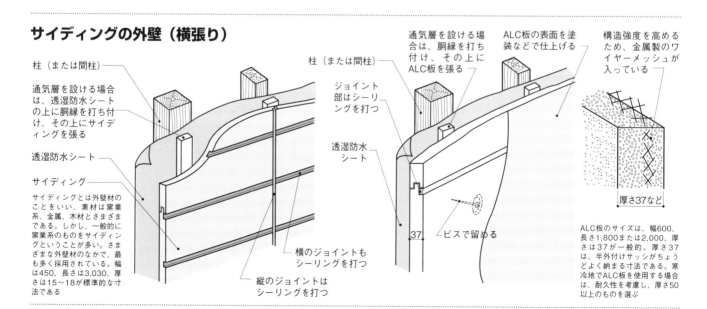

柱（または間柱）

通気層を設ける場合は、透湿防水シートの上に胴縁を打ち付け、その上にサイディングを張る

透湿防水シート

サイディング
サイディングとは外壁材のことをいい、素材は窯業系、金属、木材とさまざまである。しかし、一般的に窯業系のものをサイディングということが多い。さまざまな外壁材のなかで、最も多く採用されている。幅は450、長さは3,030、厚さは15〜18が標準的な寸法である

横のジョイントもシーリングを打つ

縦のジョイントはシーリングを打つ

柱（または間柱）

ジョイント部はシーリングを打つ

透湿防水シート

37

ビスで留める

通気層を設ける場合は、胴縁を打ち付け、その上にALC板を張る

ALC板の表面を塗装などで仕上げる

構造強度を高めるため、金属製のワイヤーメッシュが入っている

厚さ37など

ALC板のサイズは、幅600、長さ1,800または2,000、厚さは37が一般的。厚さ37は、半外付けサッシがちょうどよく納まる寸法である。寒冷地でALC板を使用する場合は、耐久性を考慮し、厚さ50以上のものを選ぶ

サイディングの張り方

横張りサイディング

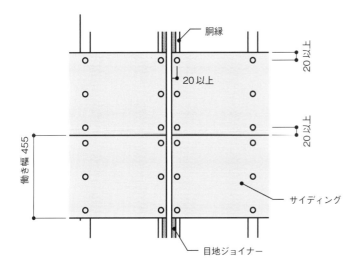

胴縁
20以上
20以上
20以上
働き幅 455
サイディング
目地ジョイナー

縦張りサイディング

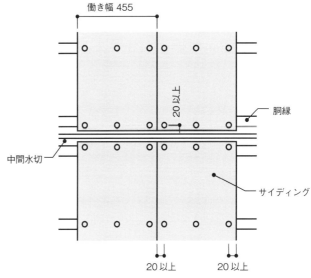

働き幅 455
20以上
胴縁
中間水切
サイディング
20以上　20以上

接合部（横張り）

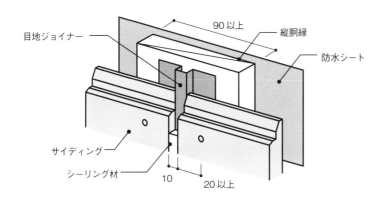

目地ジョイナー
90以上
縦胴縁
防水シート
サイディング
シーリング材
10
20以上

接合部（縦張り）

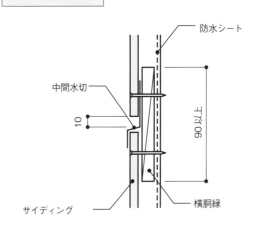

防水シート
中間水切
10
90以上
サイディング
横胴縁

出隅部

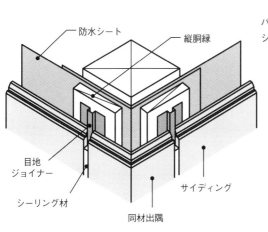

防水シート
縦胴縁
目地ジョイナー
シーリング材
同材出隅
サイディング

入隅部

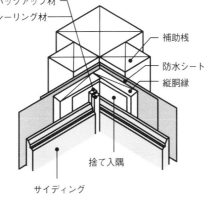

バックアップ材
シーリング材
補助桟
防水シート
縦胴縁
捨て入隅
サイディング

土台との取り合い

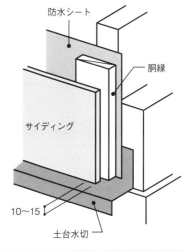

防水シート
胴縁
サイディング
10〜15
土台水切

伝統的な木板張り外壁

木板張りの外壁は、耐水性の高いスギの赤身やヒノキなどを使う

木板張りは、伝統的な外壁材の一つ

木板張りは、木特有の味わいがあるので根強い人気があるが、防火規制により使用できる地域が制限されている。また、窯業系サイディングなどに比べて耐久性に劣るため、メンテナンスが重要である。最近は不燃処理をして防火規制をクリアしているものもある。

木板張り外壁は、板を横に、下から上に重ねて張る下見板張りと、板を縦にして、横方向につなげて張る羽目板張りがある。

使用する木材は、ウエスタンレッドシダーやラワンなどの輸入材か、スギやヒノキを使用する。スギは耐水性の高い赤身を使用するのが良い。スギをバーナーで焼いて「焼き杉」にして、耐久性を上げる手法もある。

木板張りの施工方法

羽目板張りで縦に張るときは、横に張る場合に比べて防水性が悪くなるおそれがあるため、下地での防水シートで防水性を高めておく。板と板の継目に幅の狭い板を上から打ち付ける目板打ち張りとすることもある。

押し縁下見板張りは、和風建築の外壁に使われる。7mm程度の薄い板を横に端を重ねて張り上げていき、板の外側を押し縁で押さえる。押し縁の裏を板の重ねと合わせてギザギザに加工するのが本格的な方法で、ささら子下見板張りという。

南京下見板張りはよろい板張りともいい、断面が平らな板や台形の板を下から上に、横に重ねて張っていく方法である。隅の納め方は、両側の板を交互に木口を出して張り回したり、見切り縁を入れて納める。防水のために鉄板を下に入れることもある。

ドイツ下見板張りは箱目地下見板張りともいい、合い決りの板を横に張っていく。板の面は平らになる。

● 木口
木材の繊維方向に直角の断面の端部

見切り縁
仕上げの終わる部分を納める細い部材

入隅の納まり

遣り違い

柱
板金捨て水切
構造用合板
透湿防水シート
小穴入れ　小穴入れ
板張り

見切材

柱
小穴入れ　小穴入れ
見切材
板張り

出隅の納まり

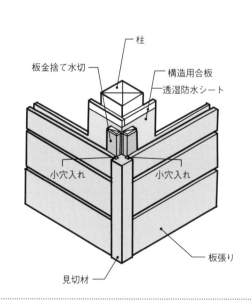

板金捨て水切
柱
構造用合板
透湿防水シート
小穴入れ　　小穴入れ
見切材
板張り

横羽目板張り

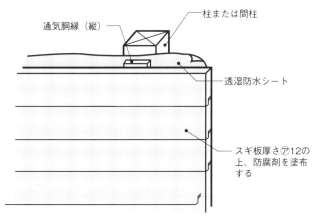

- 通気胴縁（縦）
- 柱または間柱
- 透湿防水シート
- スギ板厚さ⑦12の上、防腐剤を塗布する

木板の横張りの場合は、透湿防水シートの上に縦胴縁を打ち付け、その上に木板を張り付ける。板は相決り加工を施しているものを使い、縦方向にはめ合わせてジョイントする

縦羽目板張り

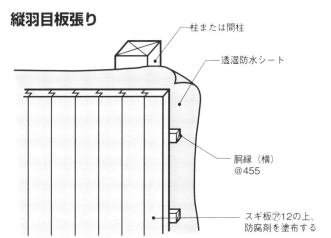

- 柱または間柱
- 透湿防水シート
- 胴縁（横）@455
- スギ板⑦12の上、防腐剤を塗布する

木板の縦張りの場合は、透湿防水シートの上に横胴縁を打ち付け、その上に木板を張り付ける。板は相決り加工を施しているものを使い、横方向にはめ合わせてジョイントする

目板打ち張り

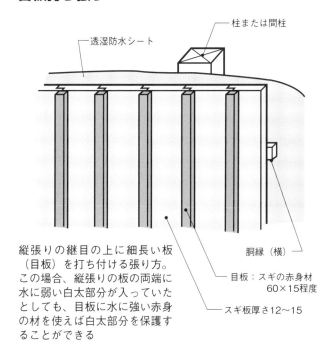

- 透湿防水シート
- 柱または間柱
- 胴縁（横）
- 目板：スギの赤身材 60×15程度
- スギ板厚さ12～15

縦張りの継目の上に細長い板（目板）を打ち付ける張り方。この場合、縦張りの板の両端に水に弱い白太部分が入っていたとしても、目板に水に強い赤身の材を使えば白太部分を保護することができる

下見板張り

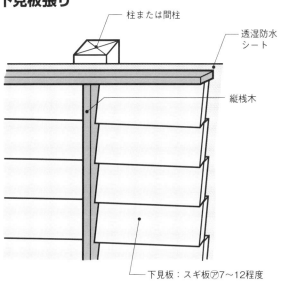

- 柱または間柱
- 透湿防水シート
- 縦桟木
- 下見板：スギ板⑦7～12程度

木板の横張りで、互いの板が重なり合うように下から張る方法。押縁下見、ササラ子下見、南京下見、箱目地下見などさまざまな構法がある。漆喰の壁を保護するために、腰壁部分に下見板張りを組み合わせることが多い

横板張り

- 胴縁 21×45
- 構造用合板⑦12
- 透湿防水シート
- 板を継ぐ場合は胴縁当たりとする
- 板張り 18×150 化粧釘 2本打ち

縦板張り

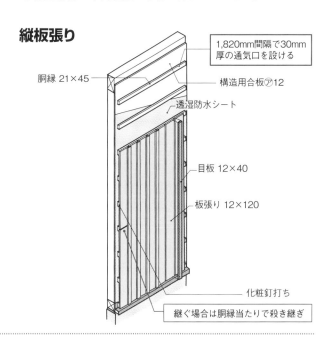

- 胴縁 21×45
- 1,820mm間隔で30mm厚の通気口を設ける
- 構造用合板⑦12
- 透湿防水シート
- 目板 12×40
- 板張り 12×120
- 化粧釘打ち
- 継ぐ場合は胴縁当たりで殺ぎ継ぎ

メンテナンス性が高い金属外壁

金属外壁の内側には通気層を必ず設けて排気する

防水性とメンテナンス性に優れる金属外壁

防水性とメンテナンス性を考え、外壁に金属板を張る住宅が増えてきている。ガルバリウム鋼板やアルミ板などでつくられた金属製サイディングを使用する場合もある。

ガルバリウム鋼板とは、鉄板を基材としてアルミニウム、亜鉛、シリコンからなるめっき層を持つ溶融アルミニウム-亜鉛合金メッキ鋼板のことである。加工もしやすい。

あまり一般的ではないが、屋根に金属を張るのと同じように板金で外壁をつくる方法もある。屋根の平葺きや瓦棒葺きと同じ納め方である。

その場合、屋根と同様に合板などで下地をつくり、防水シートを張って、適切な防水処理をする必要がある。屋根と同じように板金で仕上げるのは手間と費用がかかるため、外壁用につくられた金属製サイディングよりコストアップになる。

サッシ廻りなどの開口部には、シーリングや防水テープなどの防水処理を十分に行い、雨漏りに対処する。

外壁材として金属を選定する注意点として、住まい手が金属の冷たいイメージを好むかどうかも検討しなくてはならない。

さらに、夏の西日など、日射で外壁材が高温になることにも対応が必要である。金属製サイディングには、断熱材をはさみ込んだサンドイッチパネルや、パネルに断熱材が吹き付けられているものもある。金属外壁の内側には通気層を必ず設け、金属板裏側の熱気を排気する配慮が必要である。

屋根と連続させる納まり

板金で外壁をつくる場合、屋根と連続して納めることも可能である。北面や西面で、壁も屋根の延長であるように納める場合がある。また、屋根勾配を垂直に近い急勾配にして、ほとんど壁のように見せる場合もある。雨樋を付けずに屋根を壁まで延長する場合もある。

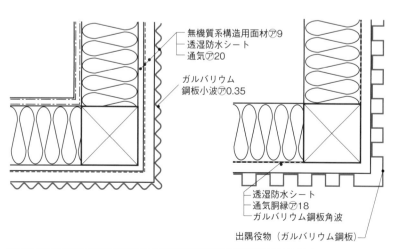

ガルバリウム鋼板小波板

無機質系構造用面材⑦9
透湿防水シート
通気⑦20

ガルバリウム鋼板小波⑦0.35

ガルバリウム鋼板板角波

透湿防水シート
通気胴縁⑦18
ガルバリウム鋼板角波

出隅役物（ガルバリウム鋼板）

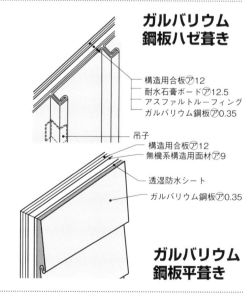

ガルバリウム鋼板ハゼ葺き

構造用合板⑦12
耐水石膏ボード⑦12.5
アスファルトルーフィング
ガルバリウム鋼板⑦0.35

吊子

構造用合板⑦12
無機系構造用面材⑦9

透湿防水シート

ガルバリウム鋼板⑦0.35

ガルバリウム鋼板平葺き

左官・タイルの外壁

モルタルにひび割れが入らないようにラス張りは十分に重ね代をとり、開口部廻りは2重張りにする

左官外壁の下地

左官仕上げやタイルの仕上げは、手間がかかるうえ、施工技術に熟練を要する。また、乾燥によるひび割れが生じやすいため、使われることが少なくなっていた。しかし最近は、工業製品であるサイディングの均一的な表情の壁とは別の質感があるということで、左官壁が見直されている。

現代では、左官仕上げの下地は、木摺とよばれる小幅板をある程度の間隔をあけて横張りし、その上にラス網やメタルラスを取り付け、上塗りの下地となるモルタルを塗る。防水シートはアスファルトフェルト430以上とする。ラス網は下から張り上げ、継目を縦、横とも90mm以上重ね合わせる。留め付けはタッカー釘にて留め、たるみ、しわのないように張る。ラス網よりも強度を増すために450mm間隔にワイヤー状のリブを入れたリブラスを使うこともある。メタルラスが波打った形状の波ラスはコストをかけずにモルタルの剥落を押さえることができる。

最近では、直接モルタルを塗ることができる、左官下地用の耐力面材も多く使われている。

左官仕上げの施工で大切なのは、下塗り、中塗り、上塗りの工程を守ることと適切な塗り厚さを確保することである。これを省略して1度に厚いモルタル付けをするとひび割れが生じやすくなる。また、下塗りは2週間以上できるだけ長時間乾燥させ、上塗りは、不陸なく平坦に仕上げる。コンクリート面とラス下地面との境目は、ひび割れを起こしやすいので目地を設ける。硬化後の養生はしっかりと行う。

左官外壁の仕上げ

現代の左官外壁では、モルタル下地の上に、薄塗りのアクリルリシンや樹脂系の塗料を吹き付けることが多い。モルタルの収縮に対して塗膜が切れないように弾性をもつ塗料を選ぶこともある。

タイル仕上げは、モルタルや接着剤で張り付ける湿式工法と、金具でタイルを引っ掛けて取り付ける乾式工法がある。

● ラス網
下地にモルタルを塗る場合に打ち付ける金属性の網状の部材。ラス網を張ることで網の穴の部分にモルタルが引っかかり、固定される。リブラス、波ラスなどさまざまな形状がある

メタルラス
● 薄鋼板に一定間隔の切れ目を入れて引き伸ばして網としたもので、塗り壁、塗り天井などの下地に用いられる。形状により平ラス、リブラス、波形ラスなどの種類がある

関連事項

●吹付け塗装

吹付けは、そもそもはエアーガンを使用した塗装仕上げだが、現在は飛散防止、養生の経済性からローラー塗りが多く、刷毛塗り、鏝塗りも用いられる。吹付け塗装の種類は薄付け仕上げ、厚付け仕上げ、複層仕上げの3種類に分けられ、それぞれ、豊富なテクスチュアやパターン、色がある。

薄付け仕上材は、リシン吹付けと呼ばれ、仕上げ厚さ3mm程度で、単層または2層で仕上げる。パターンとして砂壁状、ゆず肌状などがあり、最も普及している。

厚付け仕上材は、吹付けスタッコと呼ばれ、吹付け材のなかでは最も厚く、スタッコ模様の山の部分で5～10mm程度の厚さとなる。仕上面の模様には、吹き付けたままのもの、ローラーあるいは鏝で押さえたもの、山の部分だけを鏝で押さ

えたもの、ローラーで押さえたものなどがある。凹凸模様が大きいため、汚れやすく、擦れるとけがをする場合もある。

複層仕上材は、吹付けタイルと呼ばれ、下塗り、中吹き、仕上げの3工程で吹き重ねる。下塗り材は、シーラーと呼ばれる接着材を塗り、主材との付着性を高める。中吹きは、塗膜に厚みをもたせ、各種凹凸模様、テクスチュアの基盤となる。仕上材は、トップコートと呼ばれ、耐候性、防水性、着色といった重要な役割をする。

左官の外壁

吹付けの外壁

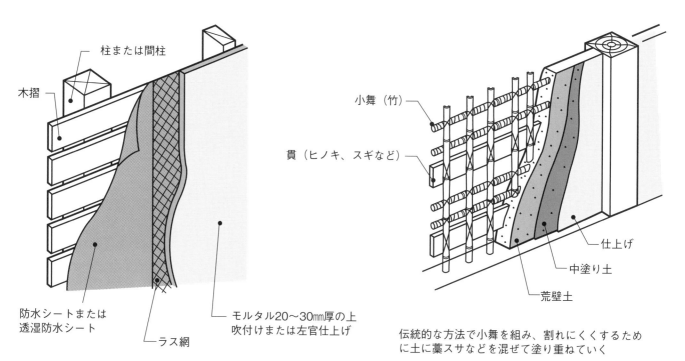

柱または間柱

木摺

防水シートまたは
透湿防水シート

ラス網

モルタル20〜30mm厚の上
吹付けまたは左官仕上げ

木摺の上に防水シートまたは透湿防水シートを張り、
ラス網を張ってモルタルを2度塗りし、その上に吹付
け塗装や左官で仕上げる

土壁の外壁

小舞（竹）

貫（ヒノキ、スギなど）

仕上げ

中塗り土

荒壁土

伝統的な方法で小舞を組み、割れにくくするため
に土に藁スサなどを混ぜて塗り重ねていく

タイルの外壁

乾式工法

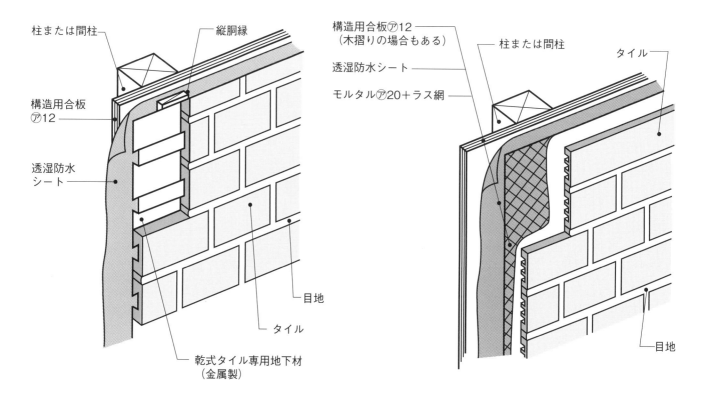

柱または間柱

縦胴縁

構造用合板
⑦12

透湿防水
シート

目地

タイル

乾式タイル専用地下材
（金属製）

乾式工法ではタイルを金属製の下地材に取
り付ける。タイルの落下も防げる

湿式工法

構造用合板⑦12
（木摺りの場合もある）

透湿防水シート

モルタル⑦20＋ラス網

柱または間柱

タイル

目地

モルタル下地に接着し、目地を埋める

ラス張りの手順

木摺下地の場合、スギ板75×12mmにN50釘を2本平打ちにする。この上にアスファルトフェルトを張る

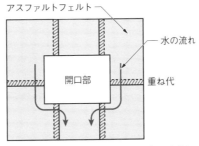

アスファルトフェルト

水の流れ

開口部

重ね代

アスファルトフェルトは水が浸入しないように上から下へ、外側から内側へ約100mm程度重ね張りとする

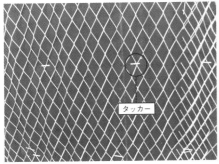

ラスを留め付ける。タッカー釘は300mm以内に千鳥状に打ち付ける

開口部廻りは200×100mmのラスで斜めに重ね張る

吹付け材のテクスチュアの種類

薄付け仕上げ

吹放し模様（リシン）

ゆず肌模様

ステップル仕上げ

厚付け仕上げ

吹放し模様（スタッコ）

吹付け凸部処理加工

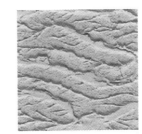

パターンローラー仕上げ

復層仕上げ

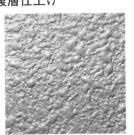

吹放し凸凹模様

ゆず肌模様

クレーター模様

防水シート張りのチェックポイント

- □ 防水シートは所定の品質ものか
- □ 防水シートの重ね代は縦、横90mm以上あるか
- □ 防水シートにたるみ、しわなどないか
- □ 防水シートの継目部分のタッカー釘は300mm程度か

メタルラス張りのチェックポイント

- □ メタルラスの継目は、縦、横共30mm以上重ねているか
- □ メタルラスの留め付けは釘の場合は200mm、タッカー釘の場合は70mm以下となっているか
- □ メタルラスに浮き上がり、たるみはなく千鳥に張られているか
- □ 出隅・入隅部分の継目は突き付けで、200m幅のラスを折って重ね張りをしているか
- □ 開口部廻りは、200×100mm幅のラスを各コーナーにできるかぎり近づけて斜めに2重張りとして補強をしているか

ワイヤラス張りのチェックポイント

- □ ワイヤラスの上下の継目はワイヤで編み込み、左右の継目は1山以上重ね、横網張りとしているか
- □ コーナーは縦網張りとして角を出し、縦網と横網の継目は1山以上重ね継いでいるか
- □ 留め付けは、釘の場合は300mm内外、タッカー釘の場合は100mm内外で千鳥に留めているか

ワイヤラス張りのチェックポイント

- □ 継目は1山重ね、N38の釘を200mm以内に打っているか
- □ 胴縁下地の場合は縦張り、間柱の場合は横張りとしているか

雨漏りと防水

シーリングは破断を防ぐために目地底と縁を切り、両側面だけをシールする2面接着とする

木造住宅の防水

木造住宅において、防水は構造と同様に非常に重要である。

雨漏りを起こすと木材が腐食し、建物の耐久性を大きく低下させる。木材が腐食すると地震時に建物の倒壊にもつながる。

どこから雨漏りしやすいかは、設計・施工段階で予想できるため、その部分を重点的に防水する。雨漏りしやすい部分は、屋根に関しては、屋根と壁との取合い部分、トップライト、煙突廻り、棟換気廻りである。

また、アール屋根や三角屋根、陸屋根などが複雑に組み合わさっている場合や樋が内樋になっているような形状は危険である。また、軒が浅い屋根も危険である。

外壁に関しては、幕板が付いていたり、パラペットが立ち上がっていたり、凹凸があるような形状が危ない。サッシ廻り、壁を貫通する換気パイプ廻りなどからもよく雨漏りする。窓上に庇がないのも要注意である。

雨漏り防止対策

雨漏りを防止するためには、屋根のかたちをできるだけ単純にして、適切な勾配をとることが大切である。さらに、軒の出を深くして、外壁線の凹凸を少なくする。

複雑な取合いとなる部分には、十分な立上りをつくり、銅板などの捨て板を入れて、さらにルーフィング、防水テープなどを2重に張り、仕上げでシーリングを施すなど、多重構造にする。

シーリングは手軽に施工できるが、1次的なものであり、シーリングだけで防水を考えてはいけない。必ず、下地から完全に防水する。

シーリング材の施工

シーリング材の接着をよくするためには、接着面を十分に乾燥させ清掃したうえで、プライマーをしっかりと塗り込む。また、シーリング材を充填する目地には、ボンドブレーカーやバックアップ材を入れて目地底と縁を切り、両側面を接着させる2面接着にする。目地底まで接着する3面接着にすると、外力によってシーリング材が破断しやすくなるので注意する。

> ● シーリング材
> サッシ廻りやサイディングのジョイント部分、バルコニーとの取合い、屋根との取合い部分から雨水が入り込まないようにそれらの隙間に充填するものである。施工時は柔軟性があり、時間が経つと硬化する防水材で、取合い部分の防水には不可欠である

シーリングは2面接着とする

シーリング材とは、サッシ廻りやサイディングのジョイント部分、バルコニーとの取合い、屋根との取合い部分から雨水が入り込まないようにそれらの隙間に充填するものである。施工時は柔軟性があり、時間が経つと硬化する防水材で、取合い部分の防水には不可欠である。

ボンドブレーカーとは、3面接着にならないようにシーリングの目地底に張る特殊フィルムのこと。バックアップ材とはシーリング目地を所定の深さに保持するために目地に詰める材料のこと

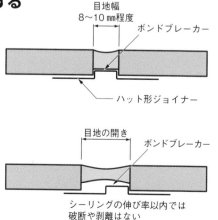

目地幅
8〜10mm程度
ボンドブレーカー
ハット形ジョイナー

目地の開き
ボンドブレーカー
シーリングの伸び率以内では破断や剥離はない

シーリング工事のチェックポイント

☐ 材料は適切か
☐ 目地幅（8〜10mm程度）は適切か
☐ 目地は十分に乾燥し、清掃してあるか
☐ プライマーは塗り残し、塗りむらなどないか
☐ 目地底にはボンドブレーカー、バックアップ材を入れ、2面接着になっているか
☐ 養生テープの張り方は適切か
☐ シーリング打設のし忘れはないか

雨水が浸入しやすい箇所

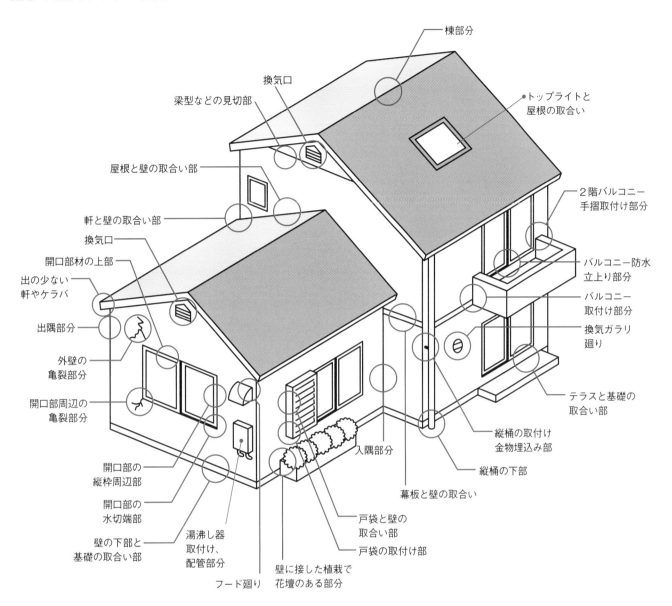

- 棟部分
- 換気口
- 梁型などの見切部
- トップライトと屋根の取合い
- 屋根と壁の取合い部
- 2階バルコニー手摺取付け部分
- 軒と壁の取合い部
- バルコニー防水立上り部分
- 換気口
- バルコニー取付け部分
- 開口部材の上部
- 換気ガラリ廻り
- 出の少ない軒やケラバ
- 出隅部分
- テラスと基礎の取合い部
- 外壁の亀裂部分
- 縦樋の取付け金物埋込み部
- 開口部周辺の亀裂部分
- 縦樋の下部
- 幕板と壁の取合い
- 開口部の縦枠周辺部
- 入隅部分
- 開口部の水切端部
- 戸袋と壁の取合い部
- 壁の下部と基礎の取合い部
- 湯沸し器取付け、配管部分
- 戸袋の取付け部
- フード廻り
- 壁に接した植栽で花壇のある部分

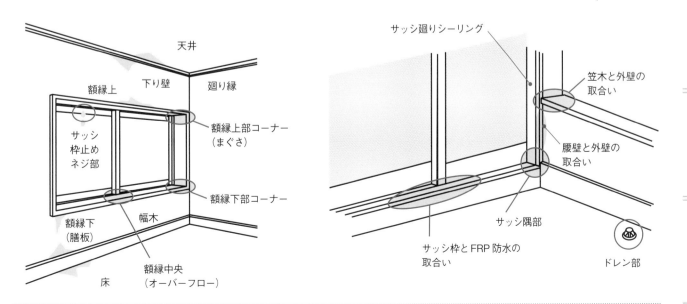

室内

- 天井
- 下り壁
- 廻り縁
- 額縁上
- 額縁上部コーナー（まぐさ）
- サッシ枠止めネジ部
- 額縁下部コーナー
- 額縁下（膳板）
- 幅木
- 額縁中央（オーバーフロー）
- 床

屋外（2階ベランダ（FRP防水））

- サッシ廻りシーリング
- 笠木と外壁の取合い
- 腰壁と外壁の取合い
- サッシ隅部
- サッシ枠とFRP防水の取合い
- ドレン部

バルコニーの防水対策

バルコニーの防水は、1／50以上の水勾配をとり、
サッシ取合いの防水立ち上がりを十分にとる

バルコニーの防水性と耐久性

2階または3階に設置するバルコニーは、風雨にさらされるうえ、床が平らなため雨水が溜まるおそれがある。防水面で十分な配慮が必要となる。

アルミ製の既製品のバルコニーを取り付けると、防水の点や耐久性の点で問題が少ない。

既製品バルコニーの設置方法

既製品のバルコニーを設置する場合は、柱を建てるのが一般的である。バルコニーの出が1m以上になる場合は、原則として柱が必要になる。木製のバルコニーとする場合も、柱を建てることが多い。

傾斜地で、大きめのバルコニーやウッドデッキをつくる場合、独立基礎だけではなく、一部だけでも基礎のベースとつないでおくほうが構造上安全である。

バルコニーの防水

2階の床組から梁を跳ね出したバルコニーとする場合、バルコニーの床を陸屋根として考えるとよい。

床は、合板を2重に張った上に、FRP防水やシート防水を行う。防水下地には、1／50の水勾配がついていることを確認する。

床と壁面との取合い、サッシとの取合い部分は雨漏りしやすいので、特に注意が必要である。防水層は、サッシの下端で120mm以上、それ以外の部分で250mm以上立ち上げる。2階床からまたいでバルコニーに出るか2階から跳ね出す梁のレベルを下げることで立ち上がりを確保することができる。

排水の側溝はルーフドレンへ向けて勾配が確保できていることを確認する。また、万が一ルーフドレンが詰まったときのために、オーバーフロー管を設ける。オーバーフロー管は、径13mmの塩ビのパイプをサッシの下端より下の高さに取り付ける。パイプは外側に向けて勾配をとる。手摺壁には、防水シートを下端から張り上げ、手摺壁の天端で重ね合わせ、防水テープを用いて防水シートの端部を密着させる。

● FRP防水
FRPは繊維強化プラスチック（Fiberglass Reinforced Plastics）の略称で、ガラス繊維の強化材（補強材）で補強したプラスチックである。FRP防水は、継目がなく、外観的にもきれいな仕上がりとなる。防水層は軽量で強靭であり、下地と追従性があり、耐久性・耐熱性・耐候性などに優れている

● ルーフドレン
屋根面に設ける雨水用の排水金物。雨水と一緒に流れてくる土砂、ゴミ、木の葉の流入を防ぐ

防水バルコニー

バルコニーを受ける梁を跳ね出して
バルコニーの床を支える

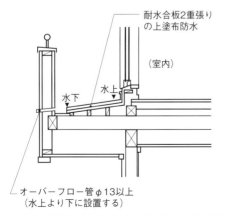

耐水合板2重張りの上塗布防水

（室内）

水上

水下

オーバーフロー管φ13以上
（水上より下に設置する）

防水なしのバルコニー

屋根の上にバルコニーを載せると防水の問題がなくなる。また、建物の構造部材に影響がない

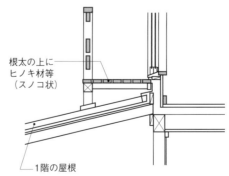

根太の上にヒノキ材等
（スノコ状）

1階の屋根

バルコニーの屋根

バルコニーの床の防水は施すが、屋根や軒を出して通常の雨で床が濡れないようにしておくほうがよい

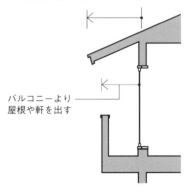

バルコニーより屋根や軒を出す

バルコニーの防水

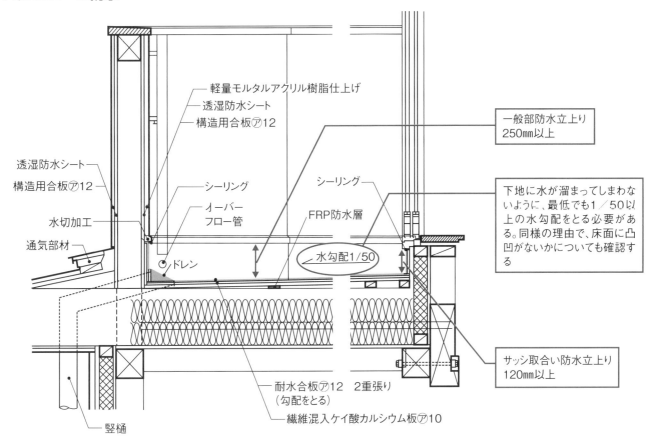

軽量モルタルアクリル樹脂仕上げ
透湿防水シート
構造用合板⑦12

透湿防水シート
構造用合板⑦12
水切加工
通気部材

シーリング
オーバーフロー管
ドレン

シーリング
FRP防水層
水勾配1/50

一般部防水立上り
250mm以上

下地に水が溜まってしまわないように、最低でも1/50以上の水勾配をとる必要がある。同様の理由で、床面に凹凸がないかについても確認する

サッシ取合い防水立上り
120mm以上

竪樋
耐水合板⑦12 2重張り
（勾配をとる）
繊維混入ケイ酸カルシウム板⑦10

防水下地の確認。1/50の水勾配がついているか、目違いがないかチェックする

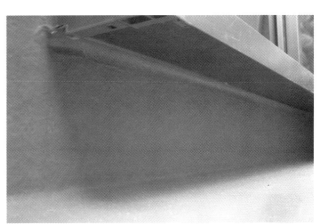

サッシと防水の取合い部の確認。最も雨漏りしやすい部分なのでしっかりチェックする

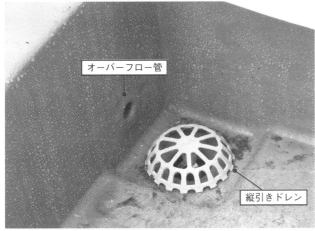

オーバーフロー管
縦引きドレン

ドレンが詰まったときにバルコニー内の水が外部に放出されるように、オーバーフロー管をドレンの近くに設置する。オーバーフロー管はサッシ下の防水層上端よりも下に設置されていなくてはならない

防水工事のチェックポイント

☐ 下地は耐水合板2重張り＋ケイ酸カルシウム板張りになっているか
☐ 下地に不陸、凹凸などないか
☐ 下地に1/50以上の勾配がついているか
☐ ルーフドレンは、適切に設置してあるか
☐ 側溝は、ルーフドレンへ適切な勾配（1/100～1/200程度）がとってあるか
☐ 一般部の防水立上りは、250mm以上あるか
☐ 掃き出しサッシ立上りは、120mm以上あるか
☐ オーバーフロー管をルーフドレン上部につけ、管の勾配を外側にとっているか
☐ サッシ、水切との取合い部は、シーリングを打っているか

目的に応じて選べる多彩な開口部

開口部には多くの種類があるため、それぞれの目的にあった形式を選ぶ

窓とドアの種類

窓には、アルミサッシの引違い窓が多く使われている。その他に、片引きや、引き込み、はめ殺しと引戸を組み合わせた窓、内倒し窓、外倒し窓、滑りながら突き出すすべり出し窓、外開き窓、上げ下げ窓、ルーバー窓など、非常に多様な窓がある。

内倒し窓は、フック付きの棒で簡単に開閉できるのでハイサイドライトに使われる。

ルーバー窓は、開口部の全面積が開くため、小さくても通風量を多く確保できる。しかし、気密性が低いことと、ガラスが外されやすいため、防犯上の対策が必要である。

掃出し窓は、窓が床面の位置まであって出入りができる窓のことで、もともとは、掃除の際に箒などでホコリを掃き出せるところからこのように名付けられた。

窓には、防犯と遮光などの目的で雨戸やシャッターを設置する。ただし、寒冷地では冬場に凍結してしまうので、雨戸を付けない

のが一般的である。

開口部の中でも、人の出入りする開口部を戸・ドアという。戸には、開き戸と引戸がある。

玄関ドアは、防水の処理がしやすいため、外開き戸が多く使われている。

トップライト

建築基準法では、住宅の居室に一定以上の採光量を確保するために、床面積の1／7以上の有効採光面積を確保することが義務付けられている。屋根面に取り付けたトップライトからの採光量は、通常の窓の3倍と計算されるため、小さい窓でも、採光を確保することができる。

夏の直射日光が入ると、室内がかなり暑くなってしまうため、直射日光を考慮して、日陰になりやすい場所に設置したり、夏は上からヨシズを立て掛けたり、ブラインドを設置したりする。

開閉式にして夏期には開けて熱気を抜くなど、さまざまな工夫をする。

● はめ殺し
はめたままで開け閉めができないこと

● ハイサイドライト
目の高さより高い位置にある窓からの採光のこと。見通しや通風などの機能は普通の窓より劣るが、室内の照度分布の均一性が得られやすく、その下の壁面を使うことができる

トップライトの取り付け位置

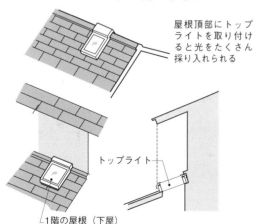

屋根頂部にトップライトを取り付けると光をたくさん採り入れられる

トップライト

1階の屋根（下屋）

壁際にトップライトを配置すると雨仕舞いがよい。ただし、その上に軒がかぶる場合は有効採光面積に入らない

トップライトの納まり

水切：4周に防水テープを張り、トップライトの上部と下部に水切を設ける立上りを十分にとる（90以上）

トップライト（アルミ）

ペアガラス

（屋外）

（屋内）

遮蔽板
結露する場合は取り付ける

ジャンプ台

（屋外）

（屋内）

積雪地では、ジャンプ台を設置する

ジャンプ台

戸と窓の開閉形式の種類

片開き窓

引違い窓

片開き戸
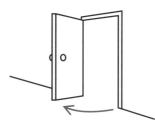

両開き窓
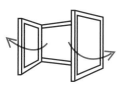

内倒し窓

両開き戸

引違い戸

突出し窓

外倒し窓

引分け戸

縦すべり出し窓
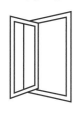

横すべり出し窓

片引き戸

回転窓

上げ下げ窓
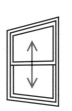

片引込み戸
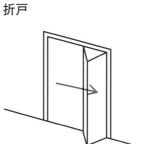

折戸
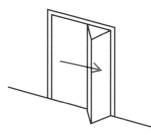

はめ殺し窓

木造住宅のプランと調査
木造住宅を支える地盤と基礎
木造住宅の構造設計
木造住宅を守る屋根と外壁
木造住宅の内装と仕上げ
木造住宅の設備
木造住宅の外構

サッシの種類

サッシは外付け、内付け、半外付けと取り付け方が異なる

サッシの種類と取り付け

サッシには、大きく分けるとアルミ製と木製、樹脂(プラスチック)製とこれらの複合材料製があるが、アルミ製を使うのが一般的である。気密性や耐久性、防犯性に優れ、雨仕舞がよく、安価などの理由からである。

サッシの取り付け形式は、木造では主に枠の一部が取り付け開口内にかかる半外付け納まりと、枠の大部分が取り付け開口の外に持ち出しとなる外付け納まり(主に和室に使われる)の2種類が使われる。

また、ガラスの種類によって、複層ガラス用サッシと単板ガラス用サッシがあるので注意する。ただし、複層ガラスの一部の製品は単板ガラス用サッシに使えるものもある。サッシは、地域、設置場所、設計条件からふさわしい性能のサッシを選択する。

サッシ枠の見込み寸法は、開口部の大きさによって選択する。一般的に開口部の一辺が2mを超えるものは見込み100㎜のもの、それ以下は、75㎜のものを使用するとよい。

サッシの開閉形式

サッシは、引き違いが最もよく使用されるが、それ以外にもはめ殺し(FIX)、片開き、両開き、上げ下げ、突き出し、内倒し、すべり出しなどの開閉形式がある。これらを状況に応じて適切に選択する。防犯対策を考えるのであれば、1階廻りは面格子付きかシャッター付きを選ぶ。どちらも付けない場合は、防犯ガラスを選ぶ。

サッシの断熱と結露対策

最近の木造住宅では、省エネのためペアガラスを使うこともあるが、断熱性能では、ペアガラスよりも2重サッシのほうが高い。寒冷地では、さらに断熱性能の高いペアガラスの2重サッシや樹脂サッシが使われる。

アルミ枠の結露を防止する。アルミの枠の外と中との間に樹脂を挟み込んで、熱が伝わりにくくした断熱サッシもある。

また、ガラス自体の断熱・遮熱性能を高めたLow-Eガラスの採用も増えている。

● 半外付け納まり
一般的に使われるサッシの納まりで、洋室や大壁仕様で納める和室などに使われる。部屋内側には額縁等が必要となる

● Low-Eガラス
(ろういーがらす)
板ガラス表面に金属膜をつくったもの。Low-Eガラスは太陽の光のうち紫外線などを遮断する機能をもち、断熱性能、遮熱性能が高い

サッシと構造体との納まり

木造軸組工法用
(半外付け納まり)

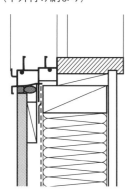

木造軸組工法用
(外付け納まり・和室納まり)

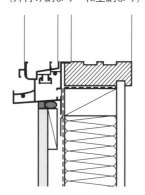

木造枠組壁工法用

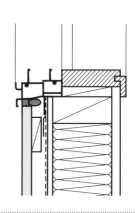

外付けサッシ

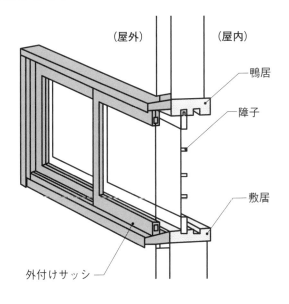

（屋外）　（屋内）

鴨居

障子

敷居

外付けサッシ

半外付けサッシ

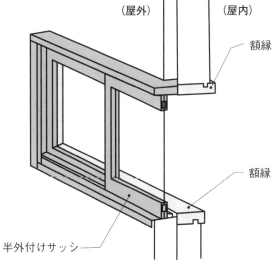

（屋外）　（屋内）

額縁

額縁

半外付けサッシ

内付けサッシ

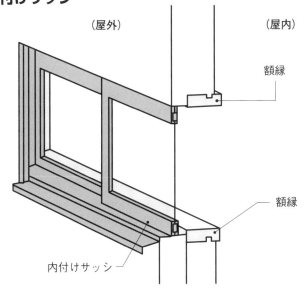

（屋外）　（屋内）

額縁

額縁

内付けサッシ

2重サッシ

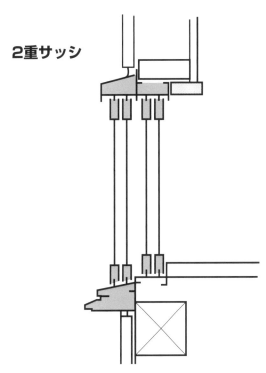

外部建具に要求される主な性能

1. 耐風圧性	強風時に建具がどれくらいの風圧に耐えられるかを表す。面積1㎡当たり、どれくらいの風圧に耐えられるかを基準とした等級で表す。単位はPa。S-1～7の等級がある。等級が大きいほど性能がよい（以下、同）	
2. 気密性	枠と戸の隙間からどれくらいの空気が漏れるかを表す性能。面積1㎡当たり、1時間当たりどれくらいの空気が漏れるかを基準とした等級で表す。単位は㎥／h·㎡。A-1～4の等級がある	
3. 水密性	風雨時に雨水が建具枠を越えて室内側まで浸入するのをどれくらいの風圧まで防げるかを表す等級。サッシが風雨にさらされた状態で面積1㎡当たり、どれくらいの風圧まで雨水の浸入を防げるかを基準とした等級で表す。風圧の単位はPa。W-1～3の等級がある	
4. 断熱性	暖房を必要とする時期に建具の外側への熱の移動をどれだけ抑えることができるかを表す性能。熱貫流抵抗を基準として等級で表し、単位は、㎡·K／W。熱貫流率は、内外空気の温度差が1℃あるとき、1㎡当たり1時間につき、何Wの熱が移動するかをいう。熱貫流率の値が低いほど熱の移動を抑えることができる。熱貫流抵抗は熱貫流率の逆数である。H-1～5の等級がある	
5. 遮音性	屋外から室内へ侵入する音、室内から屋外へ振れる音をどれくらい遮ることができるかを表す性能。周波数ごとにどれくらいの音を遮ることができるかを基準として等級で表し、周波数毎の測定値はdB（デシベル）で表す。T-1～4の等級がある	
6. 防火性	建築基準法では、防火地域および準防火地域に建設される建物の延焼のおそれのある部分に設置される外壁開口部は防火戸とすることが要求される場合がある	

その他に防露性、開閉力、ねじり強さ、耐衝撃性、防犯性などがある。状況に応じてふさわしい性能を持ち合わせたサッシを選択する

開口部の防水対策

開口部からの雨漏りを防ぐため、サッシと下地の取合い部分の防水処理をしっかりと行う

サッシ廻りの防水

開口部のサッシと外壁の隙間からは、雨水が浸入しやすい。

防水対策としては、まずサッシを取り付ける位置の水平・垂直、前後の傾きを水平器、下げ振りなどを使って確認する。複層ガラスを使用する場合は、単板ガラスの2倍の重さになるため、間柱、窓台、まぐさの厚みを、45㎜以上にする。また、間柱は500㎜以下の間隔にする。

取り付けの際にはサッシ枠にねじれ、ゆがみがないことを確認する。

サッシ枠を取り付けた後、サッシ枠と外壁下地の取合いに防水テープを隙間なく張る。サッシと透湿防水シートの継目にも防水テープを張って隙間をなくし、雨漏りを防ぐ。サッシの周囲やコーナーにも防水テープを斜めに張る。

防水テープには張る順序があるため注意が必要である。防水テープは開口部の下から順に張り、上の防水テープが一番上に重なるようにする。下の防水テープを上に重ねると、下の防水テープが上から流れてくる水を受け止め漏水しやすくなってしまうからである。

サッシ下部の水切は、両端を折り上げて雨水が建物の内部に入らないようにする。

サッシ自体の防水性能

サッシは規定の防水性能を確保するようにつくられているが、台風や高い場所などで、風圧が高い状況になると、雨水が浸入する可能性がある。

特にルーバー窓は、ガラスとガラスの重なる部分の気密性が低いため、風圧力のかかるところには取り付けないようにする。

外部の開口部の雨水対策として、軒をなるべく深く出すことも効果的である。

● まぐさ
門や家屋の出入り口または窓などの開口の上部に渡してある水平材で、両端が柱の側面または頂部に差してあり、上部の壁を支える

サッシの取り付け方（通気工法、サイディング張りの場合）

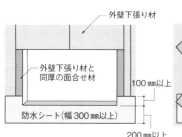

窓台に防水シートを張り、窓台端部に防水処理を施す

- 柱に沿って窓台見込み寸法分を切り込み、窓台に向けて折り込む
- 角部は防水テープでコーナー張りとする

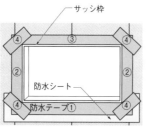

サッシ枠を取り付け、サッシ枠廻り4辺に防水テープ（両面タイプ）を張る

- サッシ枠は左右のクリアランスを均等にとり、枠のねじれ、水平、垂直を確認
- サッシ枠4辺に防水テープ幅75㎜以上を施工する。テープはサッシ枠の釘打ちフィンを覆うように張る
- サッシ枠4隅にも防水テープを施工する
- 重なり部分は剥離紙を剥がして張る

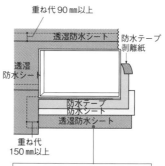

透湿防水シートを施工する

- 防水テープの剥離紙をはがしてその上から透湿防水シートを張る
- シート重ね代は縦90㎜以上、横150㎜以上を目安とする

下枠部（窓下）には、透湿防水シートを防水シートの下に差し込む

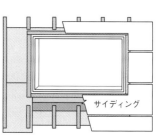

通気胴縁を取付け、外壁材の施工をする（横張りサイディングの例）

- 柱・間柱のピッチで通気胴縁を窓上、窓下の気流を妨げないように施工する
- サッシ枠周囲4方に胴縁を付ける（胴縁は上は横通し、下は縦通し）
- 胴縁で透湿防水シートと防水テープを押さえるように取り付ける
- 外壁材小口の防水処理と開口部周辺のシーリング施工をする

ガラスの選択

ガラスは、環境や設計条件に応じた性能のものを選択する

多様なガラスの種類

窓などの開口部にガラスを使用することで、家の中に光を採り込み、また、外の風景を楽しむことができる。ガラスによって住宅を開放感にあふれた健康的なものにすることができる。

しかし、ガラスは断熱性や遮音性に劣る。耐久性はあるが衝撃に弱く、防犯性、防火性に劣るという欠点もある。

これらの欠点を補うために、近年、普通単板ガラスのほかに複層ガラス、強化ガラス、網入りガラスなどいろいろな種類のガラスが開発されている。これらを、用途、使用部位、予算に合わせて選択する。

複層ガラスとは、2枚または3枚の板ガラスの間に乾燥した空気を封入することで断熱性を高めたガラスである。結露を防ぐ効果があるため、外部に面する窓に使用される。

ガラスの選択

ガラスは面積が大きくなると風圧を受け割れやすくなる。そのため、開口部面積が大きい場合は、厚いガラスを使用する。ただし、ガラス面積が大きくなると、重くなりサッシの開閉も重たくなるため、普通ガラスと比べて薄い強化ガラスを使用することもある。

空き巣の侵入経路の半分以上が窓ガラス破りという統計がある。普通ガラスに特殊な膜を組み合わせた、合わせガラスを使用することで防犯性を高めることができる。合わせガラスはガラスを破る時間が長くかかるため、空き巣が侵入を諦める確率が高くなる。

火災によってガラスが飛散しないように、普通ガラスに金属の網、線を入れた網入りガラスがある。また、すりガラス・型板ガラスは光線は通すが視線を遮るので、浴室やトイレなど目隠しが必要なところに使用する。

● 強化ガラス
板ガラスを軟化点近く（700℃）まで加熱した後、急冷することで強化したガラス。曲げ、衝撃に対して2〜8倍程度の強さになる

● 網入りガラス
ガラスの中に金網を挟み込んだガラス板のこと。防火用ガラスとして使われる

● 合わせガラス
2枚以上のガラスを樹脂膜で接着して一体化したもの。樹脂膜により、割れてもガラスの破片が飛び散らない。中間膜を厚くしたり、特殊中間膜をはさむことで、防犯性能・防音効果などを高めることができる

住宅に使用されるガラスの種類と特徴

フロート板ガラス（単板ガラス） 略式記号：FL ○	もっとも一般的な平板ガラスのこと。平面が平滑で歪みがなく、透視性や採光性に優れている。窓や建具、鏡などに使用される
すり板ガラス 略式記号：SG ○	透明ガラスの片面にケイ砂などで摺り加工をした不透明なガラスのこと。普通透明ガラスに比べて、強度は3分の2程度になる。光線は通すが、視線を遮る。外部から見られたくない便所、洗面所、浴室などに使用する
型板ガラス 略式記号：F ○	ガラスの片面に型模様をつけた不透明のもの。梨地、石目などの模様がある。光線は通すが、視線を遮る。外部から見られたくない便所、洗面所、浴室などに使用する。装飾目的でも使用される
網入板ガラス 略式記号：FW ○（網入り型板）、PW ○（網入り磨き）	破損しても破片が飛び散らないように、金属網を封入したもの。磨きガラスと型板ガラスがある。防火・安全性が高いガラス。法律上、防火地域で指定されている防火戸に使用される
複層ガラス 略式記号：FL ○ +A ○ + FL ○（FL はフロートガラス、型板ガラスならば F、A は空気層の厚さ）	2枚または3枚の板ガラスの間に乾燥した空気を封入することで断熱性を高めたガラス。結露を防ぐ。外部に面する窓に使用される。フロートガラス、型板ガラス、網入りガラスなど、目的に合わせていろいろなガラスと組み合わせて使われることも多い
強化ガラス	衝撃強度、曲げ強度を高めたガラス。熱にも強く、割れると破片は顆粒状になるため安全。板ガラスを高熱処理したもの。浴室などのガラスドアなど割れたら危険と思われる個所にも使用される
合わせガラス 略式記号：FL ○ + FL ○（FL はフロートガラス、型板ガラスならば F と表示する）	2枚以上のガラスの間に、フィルムの中間膜をはさんで加熱・圧着させたガラス。風圧に強く、割れても飛び散ることがほとんどない。突き破るのに時間がかかり防犯性に優れる。面格子のない外部に面する窓に使用される

※略式記号の後の○は、厚みを示す

断熱の仕組み

快適な家にするために、断熱材で隙間なくすっぽりと覆って断熱性を高め、計画換気を行う

昔の日本の住宅は通気性が高く、断熱材もほとんど使われていなかった。そのため、冬にいくら室内を暖めてもその熱はすぐ外に逃げてしまっていた。現在の木造住宅は、建築、省エネについての説明が義務化され、断熱と同時に気密性の向上が求められている。

断熱性と気密性

最近では、冷暖房機を完備した住宅が一般的になった。夏冬の冷暖房エネルギーを効率よく利用するためには、熱の逃げ場をなくすことが重要である。天井・壁・床・窓から逃げる熱を抑える断熱性と、隙間から逃げる熱を抑える気密性を高めることで部屋の上下での温度差がなくなり、少しのエネルギーで建物全体が暖かい状態を保てるようになる。厚い断熱材を壁・床・天井にしっかりと入れ、防湿材で壁・床・天井をすっぽりと覆う。

熱の伝わりやすさの指標は熱伝導率（λ）で表す。数値が小さいほうが、熱が伝わりにく

く断熱性能が高い。熱伝導率が0.06以下のものを断熱材と定義している。空気は熱伝導率が高いため、気泡や繊維で対流が起こらないように空気を小さく閉じ込めて断熱材とする。断熱材の厚さによっても性能は異なる。

断熱材にはさまざまな種類があるが、繊維状のものでは、グラスウールやロックウールがある。ボード状では、ポリスチレンフォーム、ポリエチレンフォーム、フェノールフォームなどがある。そのほか天然素材の断熱材として、ウールやセルロースファイバーも注目されている。また、窓には断熱性、気密性の高いサッシや複層ガラスなどを使用する。

高気密・高断熱にすることで、夏は小さなエアコン1台で、冬は、暖房機1台で家全体を冷暖房できるようになる。このように断熱と気密を行ったうえで計画的な空調を行う。建物を高気密化することにより空気の出入りする隙間が少なくなるため、24時間の計画換気を行う。

● 熱伝導率
材料の熱の伝わりやすさをあらわすもの。厚さ1mの板の両端に1℃の温度差がある時、その板の1㎡を通して、1秒間に流れる熱量をいう

関連事項

●結露を防ぐ
結露とは、空気中に含まれている水蒸気が冷たいものに触れて、水滴が発生する現象である。結露には表面結露と内部結露がある。表面結露は、内装表面に発生する結露のことであり、内部結露は、壁の内部や天井裏、床下など見えない部分に発生する結露のことである。
断熱するときは、内部と外部の温度差による結露対策も合わせて検討する。表面温度が低い部材に水蒸気が触れると結露を起こす。そのため、断熱をして表面温度が低くならないようにする。充填断熱とする場合、壁の中での内部結露を防ぐために、室内側に防湿気密シートを張る。壁の中に入った水蒸気を外部に透過させるようにする。また、結露しにくい木材や土壁など呼吸する仕上材をうまく使うことも結露対策につながる。

表面結露と内部結露

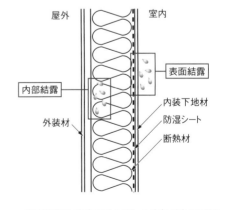

表面結露は、室内の暖かく湿った空気が冷たい壁などに触れたときに起こる現象。内部結露は、壁などの中を通過する水蒸気が低温部分で水滴となる現象

断熱の役割

断熱しない場合

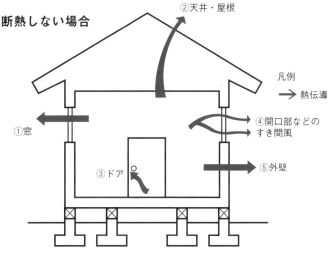

凡例
→ 熱伝導

②天井・屋根
④開口部などのすき間風
①窓
③ドア
⑤外壁

無断熱住宅の場合、図の①～⑤から熱が外部へ逃げていく

断熱した場合

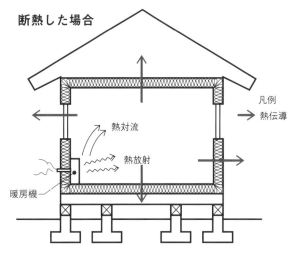

凡例
→ 熱伝導

熱対流
熱放射
暖房機

断熱することで熱移動を抑制することになる

断熱と気密が不十分だとどうなるか

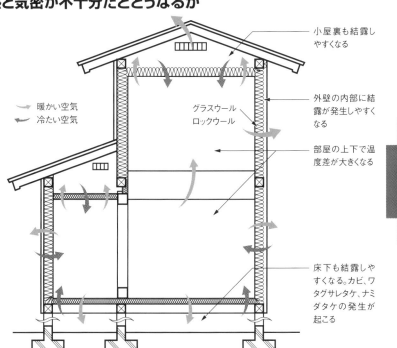

暖かい空気
冷たい空気

グラスウール
ロックウール

小屋裏も結露しやすくなる

外壁の内部に結露が発生しやすくなる

部屋の上下で温度差が大きくなる

床下も結露しやすくなる。カビ、ワタグサレタケ、ナミダタケの発生が起こる

> **高気密・高断熱住宅にする**
>
> 高断熱・高気密住宅にするには、建物を断熱材と防湿材ですっぽりと包むことである。外気に接している天井（または屋根）、壁、床に断熱材を施工する。窓には、断熱性・気密性の高いサッシ、複層ガラスを使用する

気密性が求められる理由

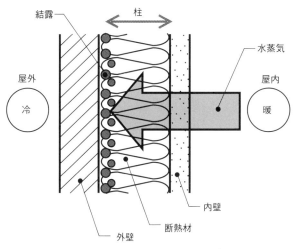

結露
柱
水蒸気
屋外 冷
屋内 暖
内壁
断熱材
外壁

気密性が低いと室内の暖かい空気が屋外に逃げてしまい断熱性能が低下する。また、壁の中に室内の水蒸気が入り込み、壁内結露が発生しやすくなる

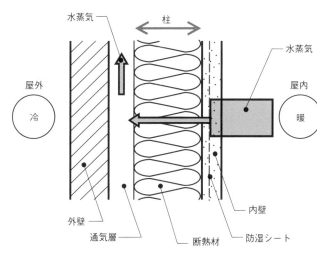

水蒸気
柱
水蒸気
屋外 冷
屋内 暖
内壁
防湿シート
外壁
通気層
断熱材

防湿気密シートなどの施工により住宅の気密性を高めると、断熱性能が向上する。また、室内の水蒸気が壁内に侵入するのを防ぐ。そのため、結露が発生しにくくなる

断熱材の種類と断熱工法

断熱材は、求められる断熱性能に適した材種、厚みを適切に選択する

2種類の断熱方式

　木造住宅の場合、断熱工法として充填断熱工法と外張り断熱工法がある。充填断熱工法は、柱などの構造部材間の空間に断熱材を詰め込む工法で、外張り断熱工法は、柱などの構造部材間の外側に断熱材を張り付ける工法である。これらは性能に差があるわけではなく、施工さえ正しく行えれば、ほぼ同じ性能を実現することができる。

充填断熱と外張り断熱

　現在、日本の木造住宅では、断熱材を外壁の間に入れる充填断熱が最も多く採用されている。充填断熱のメリットは断熱材を入れやすく、外壁が施工しやすいことである。また、コストも安い。デメリットは施工が悪いと断熱材の間に隙間ができやすく、壁内結露が発生するおそれがある点である。

　充填断熱に使う断熱材は、グラスウールが一般的である。その他、ロックウールやウールなども使用する。古新聞を原料とするセルロースファイバーを壁内に吹き込む方法もある。

　一方、外張り断熱では、柱の外側にポリスチレンフォームやポリエチレンフォームなどのボード状に断熱材を取り付けるのが一般的である。

　外張り断熱では、構造の柱や梁より外側で断熱するので、壁体内の結露を防ぐことができ、構造躯体の保護につながる。また、充填断熱とは異なり、断熱材が柱や間柱ごとに切れぎれにならないため、断熱性能を高めやすい。ただし、断熱材を設置するために外壁の下地をつくる必要があり、どうしてもコストがかかる。また、外壁が断熱材分だけ厚くなってしまうため、その厚みを考慮した設計が必要になる。

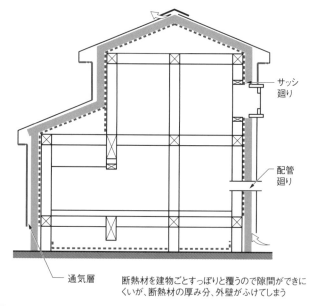

充填断熱工法　----- 防湿気密シート　■ 断熱材　—‐— 防風材

天井点検口
サッシ廻り
配管廻り
通気層
床下点検口

断熱材を柱、土台、桁などの構造材間の隙間に入れるので、断熱材が分断される。そのときできるだけ隙間をなくす

外張り断熱工法

サッシ廻り
配管廻り
通気層

断熱材を建物ごとすっぽりと覆うので隙間ができにくいが、断熱材の厚み分、外壁がふけてしまう

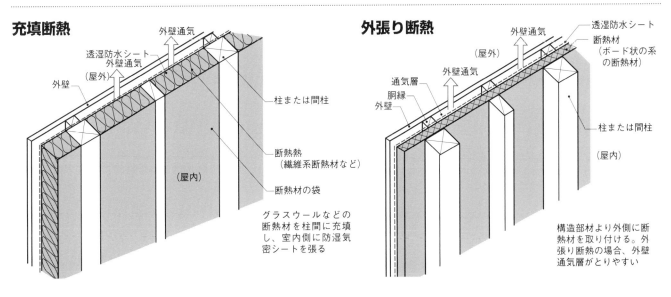

充填断熱

外壁通気
透湿防水シート
外壁通気
（屋外）
外壁
（屋内）
柱または間柱
断熱熱
（繊維系断熱材など）
断熱材の袋

グラスウールなどの断熱材を柱間に充填し、室内側に防湿気密シートを張る

外張り断熱

外壁通気
透湿防水シート
断熱材
（ボード状の系の断熱材）
（屋外）
外壁通気
通気層
胴縁
外壁
柱または間柱
（屋内）

構造部材より外側に断熱材を取り付ける。外張り断熱の場合、外壁通気層がとりやすい

断熱性能の地域区分 （住宅に係るエネルギーの使用の合理化に関する建築主の判断の基準）

地域の区分	都道府県名
Ⅰ	北海道
Ⅱ	青森県　岩手県　秋田県
Ⅲ	宮城県　山形県　福島県　栃木県　新潟県　長野県
Ⅳ	茨城県　群馬県　埼玉県　千葉県　東京都　神奈川県　富山県　石川県　福井県　山梨県　岐阜県　静岡県　愛知県　三重県　滋賀県　京都府　大阪府　兵庫県　奈良県　和歌山県　鳥取県　島根県　岡山県　広島県　山口県　徳島県　香川県　愛媛県　高知県　福岡県　佐賀県　熊本県　大分県
Ⅴ	宮崎県　鹿児島県

地域Ⅱ～Ⅳの断熱材の必要厚さ （充填断熱工法・省エネ等級4）

部位	断熱材の厚さ	必要な熱抵抗値	断熱材の種類・厚さ（単位：mm）						
			A-1	A-2	B	C	D	E	F
屋根または天井	屋根	4.6	240	230	210	185	160	130	105
	天井	4.0	210	200	180	160	140	115	90
壁		2.2	115	110	100	90	75	65	50
床	外気に接する部分	3.3	175	165	150	135	115	95	75
	その他の部分	2.2	115	110	100	90	75	65	50
土間床等の外周部	外気に接する部分	1.7	90	85	80	70	60	50	40
	その他の部分	0.5	30	25	25	20	20	15	15

断熱材の種類と規格

断熱材は、下表に掲げる種類の断熱材または下表の熱伝導率を有する断熱材とする

記号別の断熱材の種類と規格 （λ：熱伝導率 （W/ (m・k)））

記号	断熱材の種類
A-1 λ = 0.052 ～ 0.051	吹込み用グラスウール GW-1 および GW-2 ／吹込み用ロックウール 35K 相当／シージングボード
A-2 λ = 0.050 ～ 0.046	住宅用グラスウール 10K 相当／吹込み用ロックウール 25K 相当／Ａ級インシュレーションボード
B λ = 0.045 ～ 0.041	住宅用グラスウール 16K 相当／Ａ種ビーズ法ポリスチレンフォーム保温板 4 号／Ａ種ポリエチレンフォーム保温板 1 種 1 号、2号／タタミボード
C λ = 0.040 ～ 0.035	住宅用グラスウール 24K 相当、32K 相当／高性能グラスウール 16K 相当、24K 相当／吹込み用グラスウール 30K 相当、35K 相当／住宅用ロックウール断熱材／住宅用ロックウールフェルト／住宅用ロックウール保温板／Ａ種ビーズ法ポリスチレンフォーム保温板 1 号、2 号、3 号／Ａ種押出法ポリスチレンフォーム保温板 1 種／Ａ種ポリエチレンフォーム保温板 2 種／吹込み用セルローズファイバー 25K 相当、45K 相当、55K 相当／Ａ種フェノールフォーム保温板 2 種 1 号、3 種 1 号、3 種 2 号／建築物断熱用吹付け硬質ウレタンフォーム A 種 3
D λ = 0.034 ～ 0.029	Ａ種ビーズ法ポリスチレンフォーム保温板特号／Ａ種押出法ポリスチレンフォーム保温板 2 種／Ａ種フェノールフォーム保温板 2種 2 号／Ａ種硬質ウレタンフォーム保温板 1 種／Ａ種ポリエチレンフォーム保温板 3 種／建築物断熱用吹付け硬質ウレタンフォーム A 種 1、A 種 2
E λ = 0.028 ～ 0.023	Ａ種押出法ポリスチレンフォーム保温板 3 種／Ａ種硬質ウレタンフォーム保温板 2 種 1 号、2 号、3 号、4 号／Ｂ種硬質ウレタンフォーム保温板 1 種 1 号、2 号および 2 種 1 号、2 号／建築物断熱用吹付け硬質ウレタンフォーム B 種 1、B 種 2 ／Ａ種フェノールフォーム保温板 2 種 3 号
F λ = 0.022 以下	Ａ種フェノールフォーム保温板 1 種 1 号、2 号

施工がしやすい充填断熱工法

充填断熱工法は断熱材を柱間に隙間なく入れる

充填断熱の施工方法

充填断熱は木造住宅で最も多く採用されている断熱方式である。外張り断熱と比べてコストがかからないことも大きく影響している。

充填断熱の断熱材は、袋入りのグラスウールが多く使われている。ただし、グラスウールとほぼ同じ性能をもつロックウールを使うこともある。

ウール状の断熱材は、水蒸気を吸い込むと吐きだしにくく、断熱性能も低下する。また、その湿気が木材を腐らせる原因になるため、ウール状の断熱材には湿気を近づけない事が大切である。そのため、袋入りのグラスウールやロックウールは、袋の片側が防湿シートとなっている。防湿シートの面を水蒸気の発生する室内側に向けて取付けることで、湿気の吸収を防ぐ。断熱材を柱間に隙間なく充填し、防湿シートの面を柱・間柱の表面と同じ位置に合わせて取り付ける。壁の中にグラスウールやロックウールなどを取り付ける際に、壁の中の障害物の扱いが問題になる。むりやり詰め込むと隙間ができ、その部分に結露が発生する。

筋かいや配管、スイッチ・コンセントボックス・スリーブ廻りに隙間ができると、そこから結露が発生するので、特に気をつけなければならない。筋かい部分の断熱材は防湿材をはがし、筋かいに合わせてカッターナイフで切り込みを入れて、その後ろにも断熱材を詰める。スイッチやコンセントボックス廻りは、防湿材に切り込みを入れてはがし、断熱材だけを後ろに折り込み、補修テープでふさぐ。

気流止めで空気の流れを止める

冬季には、暖められた空気が上昇して排出されることにより、床下から水蒸気を含んだ冷たい空気が上昇して壁体内に入り込む空気の流れが生じる。これを防ぐため、気流止めとして、間仕切壁の土台上の隙間を断熱材でふさぐ。

● 防湿シート
室内の水分を含んだ空気が壁の中に入り込まないように、室内側に隙間なく張り付ける。素材は、ポリエチレンのものが多い

● スリーブ
コンクリートの梁や壁、床板の型枠建込み時に、設備配管の貫通孔を設ける円筒・角筒状の中空の管又は箱のこと

充填断熱工法の施工ポイント

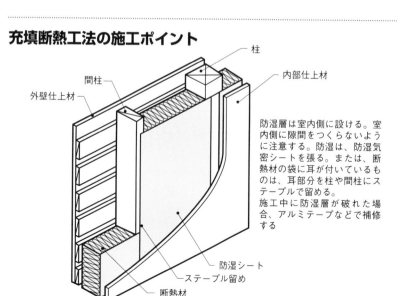

防湿層は室内側に設ける。室内側に隙間をつくらないように注意する。防湿は、防湿気密シートを張る。または、断熱材の袋に耳が付いているものは、耳部分を柱や間柱にステープルで留める。
施工中に防湿層が破れた場合、アルミテープなどで補修する

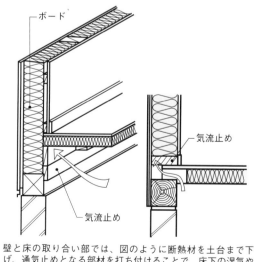

壁と床の取り合い部では、図のように断熱材を土台まで下げ、通気止めとなる部材を打ち付けることで、床下の湿気や冷たい空気が流入するような隙間を遮断することが大事

壁体内結露を防ぐ外張り断熱工法

外張り断熱は壁内結露を防ぎやすい

外張り断熱工法

外張り断熱工法は、柱や梁などの構造躯体よりも外側に断熱材を張り、家全体を断熱材で包む工法である。屋根裏や床下も含め、温熱環境としては、断熱材より内側が室内となる。

外張り断熱工法は、連続的に施工ができるため、充填断熱工法と比べて断熱材の隙間ができにくい。また、硬質ウレタンフォームやポリスチレンフォームなどの発泡プラスチック系を使用するので、湿気を通しにくい。さらに、躯体の外側から施工するのでコンセントや配管などが障害とならず、施工が容易である。しかし、壁が外側に厚くなってしまうため、狭小地などではデメリットとなる。また、充填断熱工法に比べてコストは高くなる。

外張り断熱の施工方法

外張り断熱の施工は、まず柱や梁の外側にボード状の断熱材を取り付け、その外側に10〜20mm厚ほどの通気層を設け、外壁の下地をつくり、さらに仕上げを施す。断熱材の継ぎ目は気密テープでふさぐ。なお、断熱材は専用のビスで留め付ける。

断熱材が一体になったサイディングやガルバリウム鋼板を使えば、外壁で熱を遮断してくれるので、より一層、外張り断熱が効果的になる。充填断熱でも外壁に断熱性のあるALC板を張ると、外張り断熱に近い効果が得られる。また、壁体内の結露も抑えられる。

基礎・屋根の外張り断熱

外張り断熱は基礎部分にも施し、基礎断熱とする手法がある。基礎立上りの外側に断熱材を張ってモルタルで仕上げる。シロアリ対策や外側の断熱材保護の仕上げのコストを抑える目的で、基礎立上りの内側に断熱施工する方法もある。

また、コスト面で、外壁に外張り断熱ができなくても、屋根だけに外張り断熱を行うだけでも夏の日射し対策に効果がある。

外張り断熱工法の断熱材

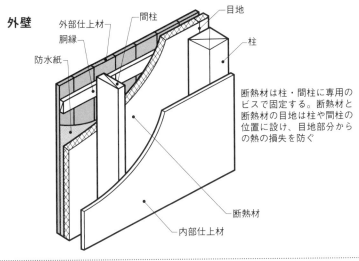

断熱材は柱・間柱に専用のビスで固定する。断熱材と断熱材の目地は柱や間柱の位置に設け、目地部分からの熱の損失を防ぐ

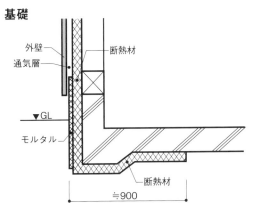

充填断熱の場合は床下断熱とするが、外張り断熱の場合は基礎部分にも断熱する。熱橋がなくなり、断熱性能が高くなる

床と基礎の断熱

基礎断熱では、床下の防湿処理を入念に行う

壁より下の断熱は床か基礎で行う。

床断熱

床断熱は、最下階の床と外気に接する床で行う。床の断熱材としては、グラスウールなどの繊維系断熱材とポリスチレンフォームなどのボード状断熱材がよく使用される。

繊維系断熱材を使う場合は、壁の場合と同様に防湿シートを室内側に向ける。たるみやずれ、断熱材の上に取り付ける床との間に隙間が生じないように受材を入れる。ボード状の断熱材は湿気を吸わず、形も保持できるので取り付けやすい。

床材と断熱材との間、根太との間に隙間ができないよう、根太の間隔、高さに応じて断熱材の大きさを適切に選択する。もし、隙間が生じるようであれば端材を詰める。柱や間柱などが障害になる場合には、断熱材に切り欠きを入れて隙間ができないようにする。隙間があると床下から冷気が入り、断熱性の低下や結露の発生につながるおそれがある。床断熱の効果を上げるために床下地に防湿シートなどを施工するとよい。

外壁や間仕切壁の下部に床下の空気が入る隙間がある場合は、気流止めを入れる。

基礎断熱

基礎断熱は、基礎の外側、内側または両側に断熱材を施工し、温熱環境的に床下空間を居住空間とする工法である。床下換気口を設けずに、床上の室内空間との間に空気の出入口を設ける。こうすることで高湿になりがちな床下も乾燥状態を保つことができ、床組の耐久性が向上する。もちろん、地盤から湿気が入らないようにベタ基礎として底盤の防湿措置を入念にしなければならない。

基礎断熱施工後、断熱材同士の間に隙間が生じていると結露が発生する原因となるため、現場発泡ウレタンなどで補修する。基礎天端には気密パッキンを設置し基礎天端と土台の間に隙間が生じないようにする。基礎の外側に断熱材を取り付ける場合は、断熱材が外気に接しないようモルタルで仕上げを行う。

● 切り欠き
柱や梁などの材料に他の部材を取り付けるために切り欠いた凹み部分

基礎断熱の納まり

基礎外断熱の例

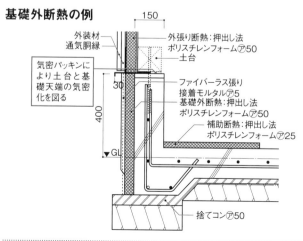

基礎内断熱の例

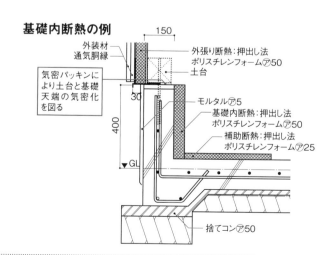

床の断熱施工

無機繊維系断熱材の場合

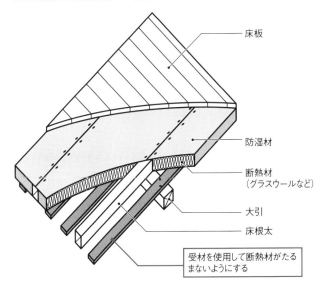

- 床板
- 防湿材
- 断熱材（グラスウールなど）
- 大引
- 床根太
- 受材を使用して断熱材がたるまないようにする

ボード状断熱材の場合

- 断熱材（押出し法ポリスチレンフォームなど）
- 根太と根太の間に隙間をつくらないよう、また、床板（または下地）との間に隙間をつくらないようにする
- 床根太
- 大引
- 束

充填断熱の壁―床部の標準的な納まり

根太を設けない場合の納まり

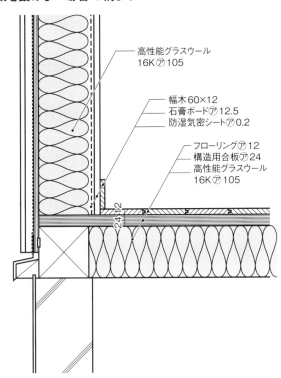

- 高性能グラスウール 16K ㋐105
- 幅木60×12
- 石膏ボード㋐12.5
- 防湿気密シート㋐0.2
- フローリング㋐12
- 構造用合板㋐24
- 高性能グラスウール 16K ㋐105

根太を設ける場合の納まり（土台と根太が平行）

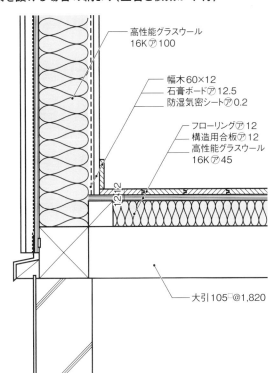

- 高性能グラスウール 16K ㋐100
- 幅木60×12
- 石膏ボード㋐12.5
- 防湿気密シート㋐0.2
- フローリング㋐12
- 構造用合板㋐12
- 高性能グラスウール 16K ㋐45
- 大引105□@1,820

基礎と玄関土間の取合い

I～V地域

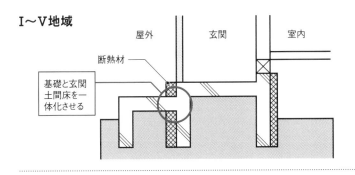

- 屋外
- 玄関
- 室内
- 断熱材
- 基礎と玄関土間床を一体化させる

III～V地域

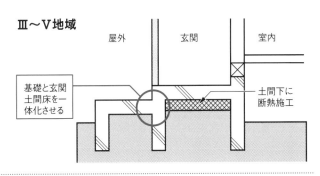

- 屋外
- 玄関
- 室内
- 基礎と玄関土間床を一体化させる
- 土間下に断熱施工

天井断熱と屋根断熱

夏の日射対策には、屋根断熱と大き目の棟換気口が効果的

天井の断熱

天井の断熱は、壁と同様にグラスウール、ロックウールなどの無機繊維系断熱材がよく使用される。断熱材の施工方法としては、野縁と野縁との間、または野縁をまたいで天井全面に敷き込む。また、天井と外壁との取合い部、間仕切壁との交差部、吊木周囲の部分で断熱材や防湿シートに隙間が生じないようにする。外壁や間仕切壁と天井との取合い部で、壁の内部の空間が天井裏と通じている場合は、この部分に通気止めを設ける。

屋根の棟換気口

小屋裏に熱気がこもらないようにするために、屋根のすぐ下に通気層を設け、その下に断熱材を入れて熱気が排出できるようにする。

夏の木造住宅の2階は直射日光を受けるため暑くなりやすい。また、2階の天井の上に断熱材を入れた場合は、天井裏が高温になりやすい。

小屋裏の熱を出すためには、棟換気口が効果的である。小屋裏の熱気対策には、なるべく大き目の換気口を数多く設置する必要がある。空気は暖められることで上昇するので、上への空気の流れが確保できるようなつくりにすることがポイントである。

屋根の断熱

屋根の断熱は、グラスウール、ロックウールなどの繊維系断熱材のほか、ポリスチレンフォームなどのプラスチック系断熱材を使用する。

充填断熱工法で断熱材を屋根の垂木間に取り付ける場合、下地に受材を入れ、たるみ、ずれ、隙間などが生じないようにする。

断熱材を野地板の外側に取り付ける外張り断熱工法の場合は、断熱材の外側に通気垂木を取り付けて通気層を設ける。断熱材同士、壁との取合い部では、隙間が生じないようにする。軒裏には換気口を設け通気層へ空気を入れる。

● 野縁
天井板を張るための下地の骨組となる細長い角材のことをいう。野縁は303mmまたは455mm間隔で並行に組む。これを吊木で梁に固定し、天井材を張る。壁際の野縁を際野縁という

● 棟換気口
（むねかんきこう）
屋根の最も高い位置である棟に設ける換気口。暖められた空気が上昇する性質を生かし、軒先から新鮮な空気を取り入れ、棟で排気する。ただし、雨仕舞に注意が必要である

屋根裏に熱が溜まる

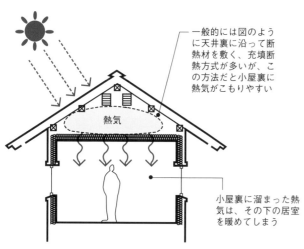

一般的には図のように天井裏に沿って断熱材を敷く、充填断熱方式が多いが、この方法だと小屋裏に熱気がこもりやすい

熱気

小屋裏に溜まった熱気は、その下の居室を暖めてしまう

屋根の断熱と排熱をする方法

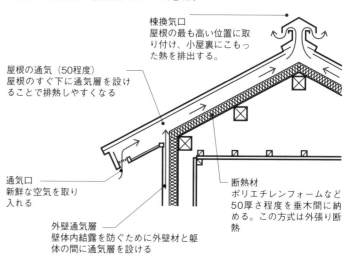

棟換気口
屋根の最も高い位置に取り付け、小屋裏にこもった熱を排出する。

屋根の通気（50程度）
屋根のすぐ下に通気層を設けることで排熱しやすくなる

通気口
新鮮な空気を取り入れる

外壁通気層
壁体内結露を防ぐために外壁材と躯体の間に通気層を設ける

断熱材
ポリエチレンフォームなど50厚さ程度を垂木間に納める。この方式は外張り断熱

天井断熱の場合

正しい施工例

○

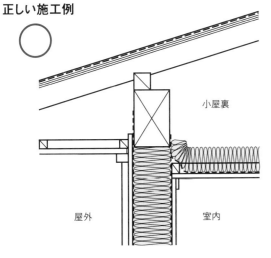

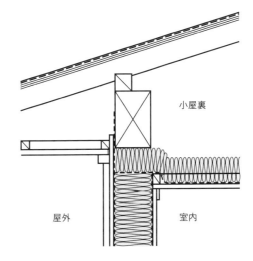

天井と壁の取合いは隙間が生じないように注意する

不適切な施工例

×

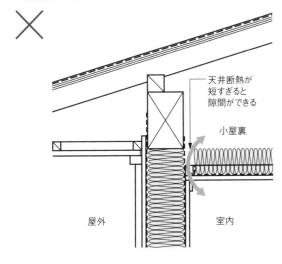

ダウンライトがある場合

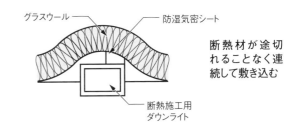

断熱材が途切れることなく連続して敷き込む

天井点検口

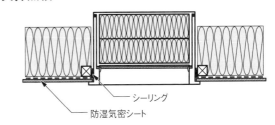

屋根断熱の場合

垂木内部で通気層を確保する場合（充填断熱工法）

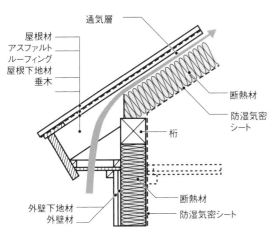

通気垂木を設け通気層を確保する場合（外張り断熱工法）

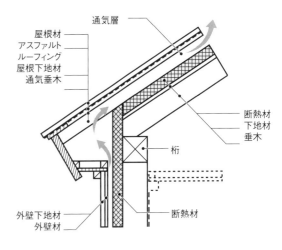

屋根を断熱する場合は通気層をしっかり設ける

Column

品確法とは

　従来から住宅を建てたり、購入したりする際に欠陥住宅、シックハウスなどの問題が度々発生し、住宅取得者にとっては、住宅を安心して取得できないという問題があった。

　また、住宅取得者にとっては住宅の性能に関する共通ルール（表示の方法、評価の方法の基準）がないために、いろいろな住宅会社を比較することが難しいという問題もあった。そのほかにも、住宅の性能に関する評価が信頼できない、紛争が生じた場合、解決するのに多大な労力と時間がかかる、新築住宅では、これまで瑕疵の保証期間が1〜2年間のため、その後に重大な瑕疵が発生した場合に無償修繕が要求できない、という問題点もあった。

　これらの問題を解決するために、「住宅の品質確保促進等に関する法律（品確法）」が平成12年4月に施行された。

　品確法は、「瑕疵担保期間10年間の義務づけ」「住宅性能表示制度の新設」「住宅紛争処理体制の確立」の3つの要素から成り立っている。

■ 瑕疵担保期間10年間の義務づけ

　住宅供給者は、新築住宅の基本構造部分について10年間の瑕疵担保責任を義務づけられた。住宅供給者は、新築住宅の基礎や柱、床といった構造耐力上主要な部分や屋根、外壁などの雨水の浸入を防止する部分について瑕疵があった場合には10年間は無償で補修しなければならない。

■ 住宅性能表示制度

　性能表示制度は、住宅取得者に対し、住宅の性能を分かりやすく示すためのものである。全国共通のものさしとして、新築住宅の構造的な強さや火災時の安全性、高齢者への配慮など、10項目の性能について、登録された機関が評価し、その水準を等級で表示する。

■ 住宅紛争処理体制の確立

　住宅性能表示制度を利用した住宅について瑕疵などのトラブルが発生した場合、指定住宅紛争処理機関に紛争の処理を申請できる。指定住宅紛争処理機関は、紛争に対し、あっせん、調停、仲裁を行う。裁判などによる従来の紛争処理に比べ、安価で迅速な対処ができる。

住宅の性能評価9項目

1 構造の安定
地盤と構造躯体の
安全性の程度など

2 火災時の安全
火災時の避難の容易性、
延焼の受けにくさなど

3 構造躯体の劣化の軽減
住宅の構造躯体の
劣化対策の程度

4 維持管理への配慮
配管の維持管理への
配慮の程度

5 温熱環境
躯体の断熱・気密による
年間冷暖房負荷の少なさ

6 空気環境
内装材のホルムアルデヒ
ド放散量の少なさ、換気の
方法など

7 光・視環境
開口部面積の大きさ、
天空光の取得のしやすさ

8 音環境
開口部の遮音対策の程度

9 高齢者への配慮
身体機能の低下を考慮
した移動行為の安全性

CHAPTER 5

木造住宅の内装と仕上げ

内装設計と工事の流れ

内装材は、視覚的・機能的に快適であるだけでなく、住まい手の健康に十分配慮して選択する

内装材に求められる条件

最近の住まいは気密性が高く、有害化学物質を含んだ新建材の使用によってシックハウス症候群の問題が生じている。内装仕上げは、視覚的・機能的に快適であるだけでなく、健康に十分配慮して選択することが重要である。

内装材に求められる条件として、床については、歩行性がよく、滑りにくく、汚れにくく、磨耗しないもので、耐水性・耐久性・断熱性が高いものが好ましい。これらの条件を満たすものとしてフローリングがよく使われる。

カーペットは歩行感やテクスチュアはよいが汚れやすい。畳は断熱性・調湿性などに優れるが、ダニの心配がある。塩ビシート、石、タイルなどは耐久性・耐水性に優れ、水廻りに適する。

壁・天井については、視覚的に美しく、断熱性が高く、テクスチュアがよく、汚れにくいものがよい。クロスは、安価でデザインが豊富であり、張り替えやすく、最もよく普及している。そのほかに珪藻土、漆喰塗、じゅらく壁などの塗り壁、木板張り、板張り、塗装仕上げ、タイルなどが使われる。

自然素材はコストアップになることと、ムクの木の収縮などがクレームになるという理由であまり多く使われてはいない。しかし、節を気にしなければ、木は安く使える。

ムク材は傷がつくものの、時間の経過により、味わいを増す。そうした味わいをうまくデザインに生かした内装設計をするとよい。

内装工事の流れ

軸組、サッシの取り付けが終わると、床下地、床仕上げ工事を行う。床に続いて壁の工事を行うので、床面は養生をしっかりと行う。

次に壁・天井の下地組を行い、断熱材を充填する。それと並行して、設備の配線・配管工事が始まる。

そして、開口部の枠関係を取り付け、壁・天井の仕上げ工事、設備機器の取り付けとなり、最後に美装して完成となる。

● シックハウス症候群
新築の住居などで、建材や家具に使われた接着剤や塗料などに含まれる有機溶剤から発散される揮発性有機化合物(VOC)が原因となって引き起こす、倦怠感・めまいなどの症状があらわれる体調不良の呼称

● 珪藻土
珪藻類の堆積した白色、淡黄色の軟質泥土

● じゅらく壁
本来は、京都付近で産する土を用いた日本建築の土壁のこと。現在では、粒径の比較的小さい骨材を用いた薄付け仕上材で、きめ細かい砂壁上の仕上げをいう

● 仕上げ工事
表面を作り上げる工事、または完成させる工事のこと

内装工事の流れ

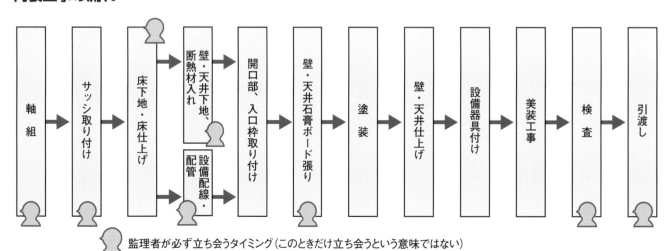

監理者が必ず立ち会うタイミング（このときだけ立ち会うという意味ではない）

住まい手の健康に配慮した内装設計

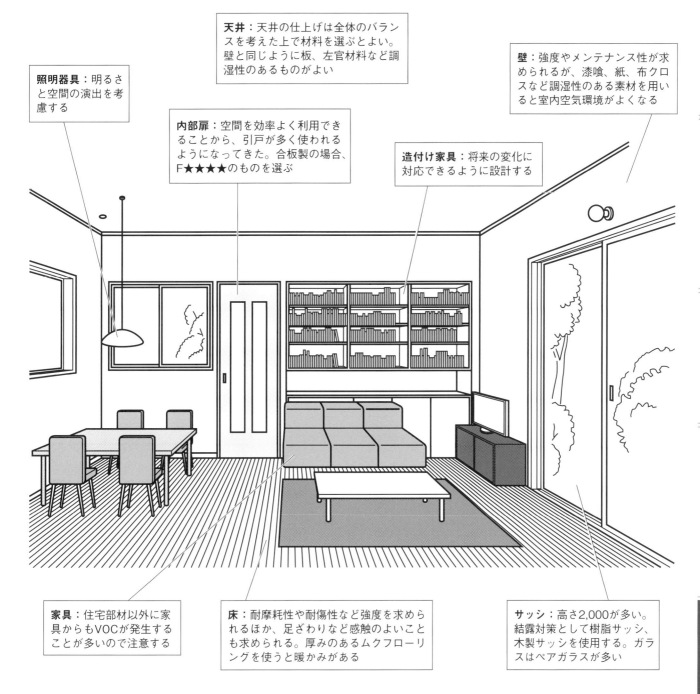

天井：天井の仕上げは全体のバランスを考えた上で材料を選ぶとよい。壁と同じように板、左官材料など調湿性のあるものがよい

壁：強度やメンテナンス性が求められるが、漆喰、紙、布クロスなど調湿性のある素材を用いると室内空気環境がよくなる

照明器具：明るさと空間の演出を考慮する

内部扉：空間を効率よく利用できることから、引戸が多く使われるようになってきた。合板製の場合、F★★★★のものを選ぶ

造付け家具：将来の変化に対応できるように設計する

家具：住宅部材以外に家具からもVOCが発生することが多いので注意する

床：耐摩耗性や耐傷性など強度を求められるほか、足ざわりなど感触のよいことも求められる。厚みのあるムクフローリングを使うと暖かみがある

サッシ：高さ2,000が多い。結露対策として樹脂サッシ、木製サッシを使用する。ガラスはペアガラスが多い

シックハウス症候群対策のためのルール（建築基準法）

1：使用物質の規制（令20条の5）	
①	クロルピリホス（シロアリ駆除剤）の使用禁止（令20条の6）
②	ホルムアルデヒドの放散量による使用禁止（令20条の7）
	・夏季におけるホルムアルデヒド放散量が0.005mg／m²・h以下の場合、F★★★★
	・F★★★★の材料を使う場合には使用制限なし
	・F★★★、F★★の材料を使う場合には面積制限などの使用制限あり
	・自然素材は使用制限なし
2：機械換気設備の設置義務付け（令20条の8第1号、平15国交告274号）	

大壁と真壁で異なる下地のつくり方

壁下地には大壁と真壁の2種類がある

大壁と真壁

壁には、柱を見せない大壁と、柱を見せる真壁がある。大壁は洋間に使われ、真壁は和室に使われる。仕上材はクロスや左官、塗装などで、それぞれの仕上げに対応した下地づくりをする必要がある。

大壁は、柱と間柱の上に石膏ボードを張って、一般的にはクロス仕上げとする。最近では、大壁下地に左官仕上げをすることもある。

石膏ボードは、柱・間柱に直に張る場合と胴縁を介して張る場合の2通りある。最近ではプレカットにより柱の通りが正確なので、柱・間柱に直に張る場合が多い。

和室の壁は真壁でつくられる。貫を水平に入れ、その上に下地の石膏ボードを張る。柱を貫通する通し貫が、構造的にも強度を高める効果を発揮する。

また、真壁でも間柱を下地とする場合もあ

る。現代は和室であっても、大壁にしたり、洋間を真壁にすることもある。

幅木の納まり

床と壁の交わる部分に幅木を入れる。幅木は、壁の痛みを防ぐためと、床が下がったときに隙間が生じないようにするために用いる。

和室は、幅木ではなく、畳寄せを畳の床と同じ高さに入れる。

壁が出っ張っているコーナーを出隅、内側のコーナー部分を入隅という。特に、出隅は傷みやすいので、クロスや左官仕上げの際に、下地に樹脂や木製のコーナービートで補強する。

また、吊戸棚やエアコンを設置するときは、壁下地に構造用合板を張り、補強をすることが大切である。合板の上に左官仕上げをする場合は、アク止めをしっかりするか、構造用合板の上に石膏ボードを張る。

● 貫
（ぬき）
柱を露出する真壁工法を構成する部材の1つ。一般的には、土台と平行に、柱と柱の間を貫くように通す。貫の上に、壁下地の面材を受けるための胴縁を組み、仕上げを行う

大壁下地と真壁下地の違い

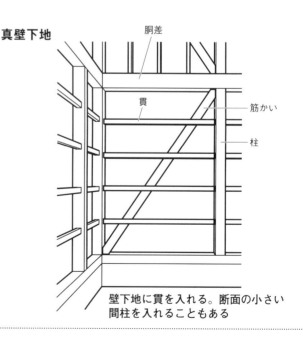

大壁下地
胴差
筋かい
柱
横胴縁
間柱

壁下地に間柱を入れる

真壁下地
胴差
貫
筋かい
柱

壁下地に貫を入れる。断面の小さい間柱を入れることもある

壁下地の納まり

大壁：胴縁を取り付けてボードを張る

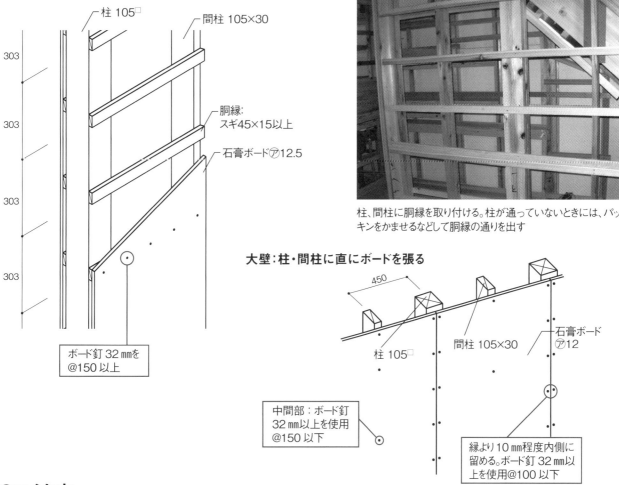

柱 105□

間柱 105×30

303

303

303

303

胴縁：
スギ45×15以上

石膏ボード⑦12.5

ボード釘 32 mmを
@150 以上

柱、間柱に胴縁を取り付ける。柱が通っていないときには、パッキンをかませるなどして胴縁の通りを出す

大壁：柱・間柱に直にボードを張る

450

間柱 105×30

石膏ボード⑦12

柱 105□

中間部：ボード釘
32 mm以上を使用
@150 以下

縁より10 mm程度内側に
留める。ボード釘 32 mm以
上を使用@100 以下

幅木のつくり方

①本幅木

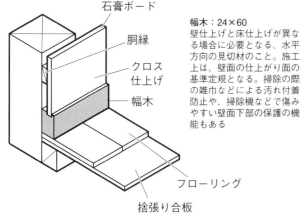

石膏ボード

胴縁

クロス
仕上げ

幅木

フローリング

捨張り合板

幅木：24×60
壁仕上げと床仕上げが異なる場合に必要となる、水平方向の見切材のこと。施工上は、壁面の仕上がり面の基準定規となる。掃除の際の雑巾などによる汚れ付着防止や、掃除機などで傷みやすい壁面下部の保護の機能もある

②付け幅木

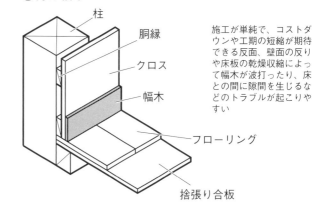

柱

胴縁

クロス

幅木

フローリング

捨張り合板

施工が単純で、コストダウンや工期の短縮が期待できる反面、壁面の反りや床板の乾燥収縮によって幅木が波打ったり、床との間に隙間を生じるなどのトラブルが起こりやすい

③雑巾摺

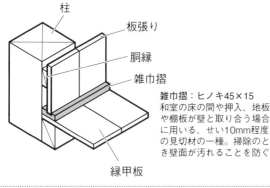

柱

板張り

胴縁

雑巾摺

縁甲板

雑巾摺：ヒノキ45×15
和室の床の間や押入、地板や棚板が壁と取り合う場合に用いる、せい10mm程度の見切材の一種。掃除のとき壁面が汚れることを防ぐ

④畳寄せ

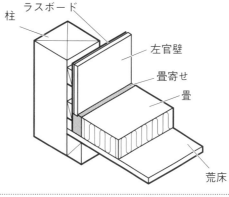

柱

ラスボード

左官壁

畳寄せ

畳

荒床

畳寄せ：ヒノキ55×35
畳と壁と柱との3カ所の部材に取り合っている見切材のこと。和室に畳を敷く場合は化粧面と壁面にチリをとるため、チリ寸法差を埋める部材が必要になる。通常は畳面と畳寄せ天端が揃っている

クロス・板張りの壁

クロスの下地は、不陸や目違いがないように十分に注意する

クロス仕上げ

　現在、新築の住宅では、壁の仕上げのほとんどがビニルクロスである。デザインは、布や左官仕上げなどさまざまなテクスチュアがある。種類も方法で、価格帯も広い。最近では、調湿効果をもつクロスや紙クロスや布クロスも使われるようになっている。非塩ビの無機質壁紙など、建築主の健康への配慮がなされたものもある。

　クロスの下地は、ほとんどが石膏ボードである。耐震性を高める目的で、構造用合板を下地とした場合は、その上にクロスを張ると合板の成分液がクロスの表面に染み出ることがある。液止め処理をするか、合板の上に石膏ボードを張る必要がある。

　石膏ボード下地にクロスを張る場合、石膏ボードの継目に網目状の寒冷紗テープを張り、パテ処理をする。ビス頭もパテ処理をして仕上げ面を平らにする。壁面の出隅・入隅部分にクロスを回し込んで張る場合は、石膏ボードに補強のためのコーナービード（角金物）を取り付けて、コーナービードの上にパテ処理を行う。

板張り仕上げ

　木の表情を内装に生かした仕上げとして木板張り仕上げがある。ムクの木材では、スギ、ヒノキ、ベイマツ、サワラ、タモ、パイン、ウエスタンレッドシダーなどを使う。

　板を横方向に張る場合は、柱や間柱に直接打ち付けるが、縦張りの場合は、横胴縁を柱と間柱に直角に取り付けて下地とし、そのうえに板を張る。

　壁に使う板材は、板と板を隙間なく繋げるために本実加工したものを使う。相決りの場合は、釘が見えてしまうため、化粧釘を使うなどの対応が必要となる。

● パテ処理
下地の表面や下地の継目部分の段差を平滑にするためにパテを埋めること

壁を板張りとするときの木板の張り方

合決り（目地あり）

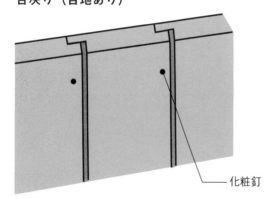

――― 化粧釘

羽目板張りの1つ。板を加工して重ね代をとることで、板が乾燥収縮しても隙間ができない。目かすがい釘を使わない場合、釘が表に見えてしまうので、化粧釘を使う

本実張り（目地なし）

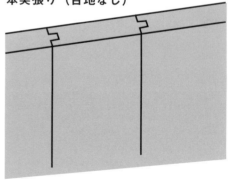

板の長手方向に雄実と雌実を加工してかみ合わせる。張り上げた面がそろい、突き付けのように見える。釘を実部分に隠し打つので表からは見えない

クロス仕上げの壁

クロス仕上げは、内装のボード下地のジョイント部分や釘・ビスの頭にパテ処理をする。また、ボードの継目には補強のため、寒冷紗またはファイバーメッシュを伏せ込む

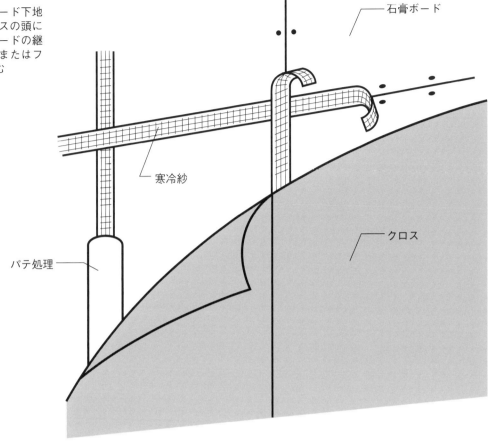

石膏ボード

寒冷紗

クロス

パテ処理

ボードのジョイント処理方法の一例

ジョイントテープ

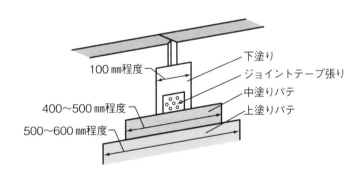

下塗り
ジョイントテープ張り
中塗りパテ
上塗りパテ

100 mm程度
400〜500 mm程度
500〜600 mm程度

出隅

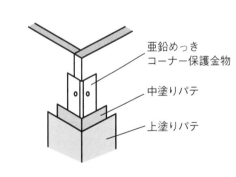

亜鉛めっき
コーナー保護金物

中塗りパテ

上塗りパテ

グラスファイバーメッシュ

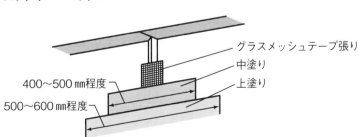

グラスメッシュテープ張り
中塗り
上塗り

400〜500 mm程度
500〜600 mm程度

入隅

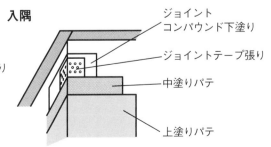

ジョイント
コンパウンド下塗り

ジョイントテープ張り

中塗りパテ

上塗りパテ

左官・塗装仕上げの壁

左官仕上げの場合は、ボード下地の目地処理を入念に行う

見直される左官仕上げ

　最近、調湿効果があり、有害化学物質を出さない漆喰などの左官仕上げが見直されてきている。その質感も理由の1つである。漆喰の多くは石灰石を原料とした国産の材料である。通常は、消石灰に砂とひび止めのための麻の繊維などを入れる。接着力を増すためにツノマタなどの海草も入れ、水を入れて混ぜ合わせる。漆喰は、傷などがなければ、20年以上経ってもメンテナンスフリーである。クロスの張り替えを考えると、長期的にはメンテナンスのコストを抑えることができる。

　珪藻土は、最近注目されている素材である。魚などを焼く七輪の素材にも使われるように、調湿効果に加え、耐火性能が非常に高く、防水性もある。しかし、珪藻土自体に接着性がないため、つなぎに石灰や接着剤を入れる。珪藻土の含有率が低い塗り壁材もあるので、成分を確認した上で使用したほうがよい。

　塗装では、水性塗料が使われる傾向にある。自然素材のものや、石灰クリームという生石灰を塗装感覚で仕上げる材料もある。

塗装の種類

　塗装は目的に応じて塗料を使い分ける。一般的に、木造住宅に使用される塗料は、大きく分けて3種類ある。木部用、壁・天井用、金属用である。それぞれ、素地の処理の仕方、塗装方法、養生方法が異なる。

　木部用塗料には、オイルステンクリヤラッカー塗り、合成樹脂調合ペイント、自然素材の木材保護塗料がある。壁・天井用は、石膏ボードや、石膏プラスターに塗装をするため、エマルションペイント、塩化ビニルエナメルペイントなど耐アルカリ性の合成樹脂塗料などを使用する。金属用は、油性ペイント・合成樹脂調合ペイントなどを使用する。

　塗装の素地面は、汚れ、付着物をきれいに取り除き、塗料の付着性を確保する。

　素地の種類により塗装方法は異なる。木部では、必要であれば目止め処理を行い、研磨紙で十分に研磨し、平坦にする。石膏ボードでは、目地の処理が重要である。これを十分に行わないと、あとで目地部分にひび割れが起きる。不陸、目違いがないかも確認する。

木造住宅によく使われる塗料の種類と特徴

名　称	略式記号	特　徴	適する素地	塗装方法	養生時(20℃)
油性ペイント	OP	●安価であり、刷毛塗りがしやすく、弾力性がある　●乾燥時間が非常に遅く、塗膜の劣化が早い　●モルタル、コンクリート面には適さない	木部、鉄部	刷毛塗り	48時間以上
合成樹脂調合ペイント	SOP	●油性ペイントは乾燥時間が非常に遅く、塗膜の劣化が早いなどの欠陥があるが、合成樹脂調合ペイントはそれを改善したもの　●コンクリート面などアルカリ性下地には直に塗装できない	木部、鉄部	刷毛塗り、吹付け	24時間以上
オイルステイン	OS	●木に染み込ませる塗料　●木部の着色剤として使われる以外に、ワニスやクリヤラッカーの下塗りとして使用する　●安価で、木目が潰れず美しく仕上がる	木部	刷毛塗り、吹付け、拭き取り	24時間以上
クリヤラッカー	CL	●顔料を使用せず、木材の素地をそのまま見せて、透明塗膜を仕上げる　●塗面に艶があり、耐油性、耐摩耗性に優れるが、耐水性に劣る　●壁面、柱、家具、建具などさまざまなところに幅広く用いられる	木部	刷毛塗り、吹付け	24時間以上
酢酸ビニル系エマルションペイント	EP	●水で希釈できるもので、常温で乾燥する　●塗膜は耐アルカリ性があり、かつ通気性がある　●安価であるが、耐水性・耐候性に劣るため、外装には適さない。湿気の少ない屋内壁面に使用される	コンクリート、モルタル、ボード	ローラー塗り、吹付け	3時間以上
アクリル系エマルションペイント	AEP	●アクリル樹脂と少量の酢酸ビニル樹脂を組み合わせたもの　●酢酸ビニル系エマルションと比べて、耐水性・耐候性に優れており、外装にも使用できる	コンクリート、モルタル、ボード	ローラー塗り、吹付け	3時間以上
塩化ビニルエナメルペイント	VPまたはVE	●難燃性で、耐アルカリ性・耐水性・耐候性・耐薬品性に優れている。また、塩素を含んでいるので防カビ性に優れる　●浴室・厨房・地下室の壁面や天井面、外壁のモルタル・コンクリート面の塗装に用いられる　●膜厚が薄く、金属面に対しては付着性にやや劣るため、プライマーなどの下塗り処理が必要である	コンクリート、モルタル、ボード	刷毛塗り、吹付け	3時間以上
ラッカー	L	●乾燥時間が早い。温かみのある質感を出す　●溶剤で容易に溶融できるため、補修が簡単である　●家具や木工製品、床を除く木部全般に用いられる　●塗膜が薄いため耐候性・耐水性・耐熱性・耐溶剤性・耐摩耗性に劣るので、水掛り部分での使用は適さない	木部	ローラー塗り、吹付け	1～2時間

ラスボード下地（左官）

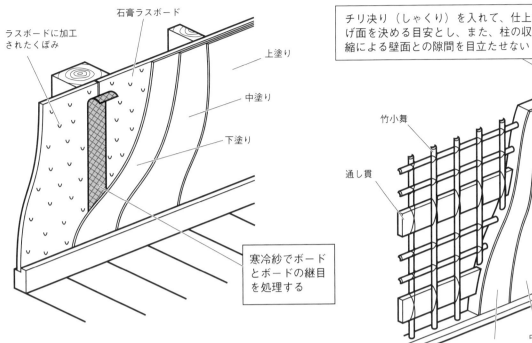

ラスボードに加工
されたくぼみ

石膏ラスボード

上塗り

中塗り

下塗り

寒冷紗でボード
とボードの継目
を処理する

ラスボードとは型押し加工でボードの表面に
くぼみを付けた石膏ボードのこと。石膏プラ
スター塗りの壁下地として用いられる。主に
和室での使用が多い

土壁（左官）

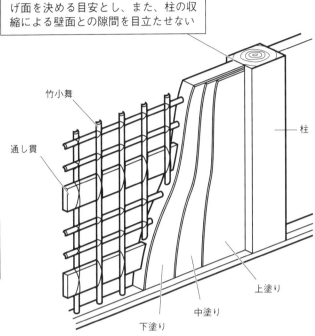

チリ決り（しゃくり）を入れて、仕上
げ面を決める目安とし、また、柱の収
縮による壁面との隙間を目立たせない

竹小舞

通し貫

柱

上塗り

中塗り

下塗り

目透し張り（塗装）

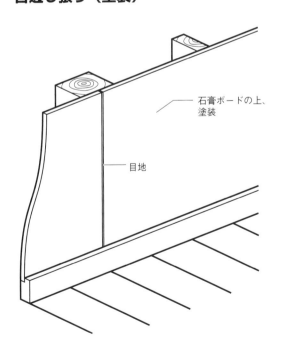

石膏ボードの上、
塗装

目地

塗装や左官仕上げで最もクレームが発生するのがヒビ（ク
ラック）だ。ヒビ割れは下地ボードとボードのジョイント
（継目）に発生しやすい。この下地づくりでは下地ボード
の継目にあらかじめ目地をつくることで、塗装仕上げのヒ
ビ割れが出ないようにする

石膏ボード下地（塗装、左官）

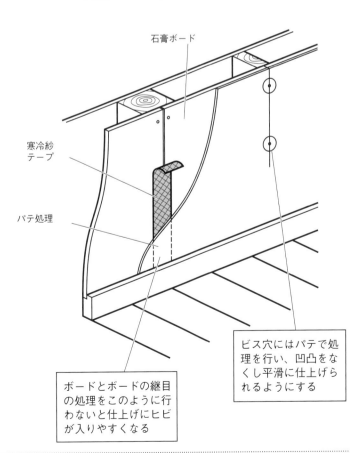

石膏ボード

寒冷紗
テープ

パテ処理

ボードとボードの継目
の処理をこのように行
わないと仕上げにヒビ
が入りやすくなる

ビス穴にはパテで処
理を行い、凹凸をな
くし平滑に仕上げら
れるようにする

床下地

床仕上げの厚みの違いは、下地の高さで調整して、仕上げ面での段差をつくらない

床下地づくり

床下地は、先に床板を張る方向を確定してから下地の方向を決めていく。これは、床板に直角に下地を入れて、さらに、その下の下地を直角に入れて支えていくためである。なお、床板は原則として部屋の長手方向に張る。

仕上げの床板を張る下地として合板を捨て張りする。床の強度が増すことと、仕上げの床板が張りやすくなる。合板の厚みはフローリング仕上げで12mm厚、カーペット、塩ビシート仕上げで15mm厚程度とする。

床鳴りを防ぐために、根太と捨て張り合板との接着面には十分に接着剤を塗布する。

1階の床下地と2階の床下地

1階は床板と直行する方向に幅45mm、高さ45〜55mm程度の角材を根太として入れ、根太の上に合板を捨て張りする。また、最近では大引の上に24mmの合板を張る場合も多い。

根太を支えるのが大引である。90mm角ほどの大引を約910mm間隔で入れる。そして、大引を支えるのが床束である。床束は、1階床の大引を支える床組の垂直部材である。乾燥・収縮による床鳴りを防ぐため、高さ調整が簡単にできる樹脂製のプラ束や鋼製束が多く使われる。床束も約910mm間隔で入れる。

1階は、地盤の湿気の影響を受けやすく腐食しやすい。また、シロアリの被害も起こりやすいため、床下地には防腐と防蟻対策を行う。

2階は、梁の間隔を1間ほどあけて、根太を入れるのが一般的である。その際は、根太の高さを90〜105mmとする。1階と同じように、910mm間隔で梁を入れて1階床と同じサイズの根太にする場合もある。

各々の部屋で異なる仕上材を張る場合は、仕上材の厚みに合わせて下地の高さを変える。下地で高さを調整して、仕上げの高さを揃えるようにする。高さの変え方としては、捨張り合板の厚みか、もしくは、大引、根太の取付け高さで調整する。同じ部屋で仕上げが異なり、仕上材の厚みが変わる場合は、合板の厚みで調整する。

● 長手方向
材料や空間の寸法の長い方向

1階の床下地の組み方

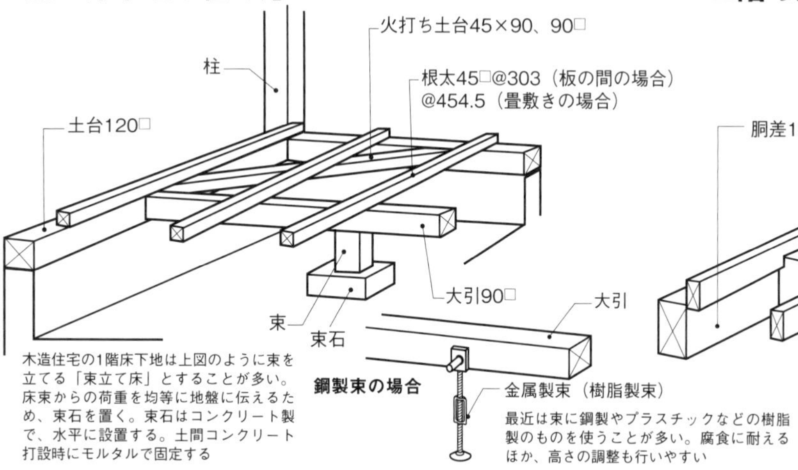

柱
土台120□
火打ち土台45×90、90□
根太45□@303（板の間の場合）@454.5（畳敷きの場合）
束
束石
大引90□
大引

木造住宅の1階床下地は上図のように束を立てる「束立て床」とすることが多い。床束からの荷重を均等に地盤に伝えるため、束石を置く。束石はコンクリート製で、水平に設置する。土間コンクリート打設時にモルタルで固定する

鋼製束の場合
金属製束（樹脂製束）
最近は束に鋼製やプラスチックなどの樹脂製のものを使うことが多い。腐食に耐えるほか、高さの調整も行いやすい

2階の床下地の組み方

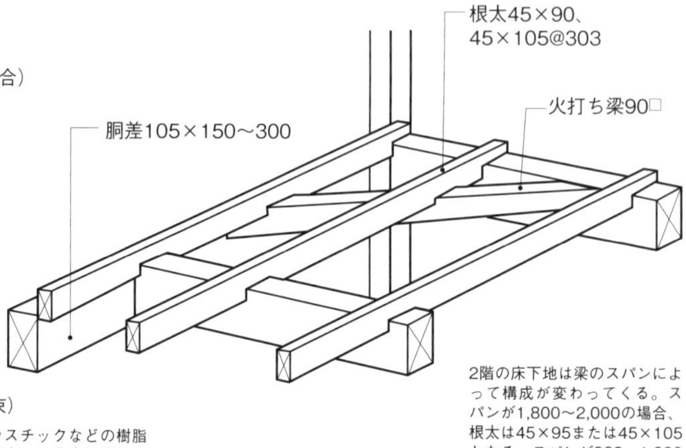

根太45×90、45×105@303
火打ち梁90□
胴差105×150〜300

2階の床下地は梁のスパンによって構成が変わってくる。スパンが1,800〜2,000の場合、根太は45×95または45×105となる。スパンが909〜1,000の場合は根太は45×45となる

床下地のつくり方

フローリング

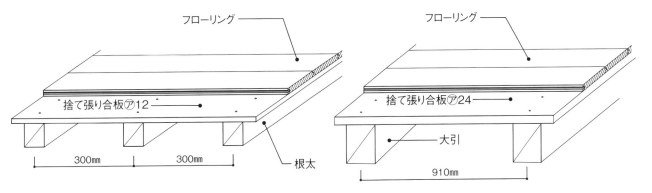

捨て張り合板（厚み12mm）に合板の3倍程度の長さの釘を
150mm間隔で留め付ける

異なる仕上げの床下地（仕上げが部屋によって異なる場合）

畳とフローリング

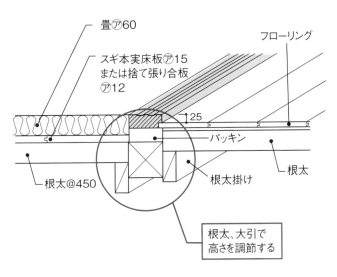

根太、大引きの高さで調整する

ゾロに納めた場合

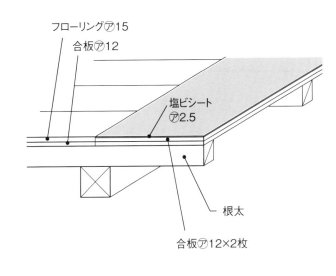

捨て合板の厚みで高さを調整する

重量物床下地

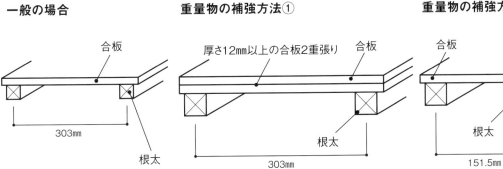

一般の場合　　重量物の補強方法①　　重量物の補強方法②

床仕上げ

床は体が直接触れる部位なので、機能と質感の両方で選ぶ

フローリング

フローリングは、床材のなかで最もよく使われている代表的な材料である。フローリングには、合板を基板とした複合フローリングとムク材のフローリングがあり、複合フローリングが多く使われている。複合フローリングは、合板の表面に0.3㎜程度の薄い木材（突き板）を張り付けたものである。

突き板とは、天然木を薄くスライスした板のことで、合板などの基材に接着させ、複合フローリングやドアなどの建具、家具の表面材として使用される。ムク材のように収縮することが少ないが、傷がつくと下地の合板が見えてしまうことがある。

ムクフローリングは、堅い広葉樹のナラやブナなどでつくられたものが多いが、最近では、ヒノキ、スギ、サワラなども使われるようになってきた。針葉樹は柔らかく、断熱性が高いため、冬に素足で触れても冷たさを感じにくいが、傷がつきやすいデメリットがある。

その他の素材

カーペットは、足ざわりが良く、暖かく、床より下の階に歩く音を伝えにくいというメリットがある。しかし、定期的に張替えが必要なほか、ダニが繁殖しやすいため、注意が必要である。

カーペットの材料は、ウール、絹、木綿、麻などがある。施工方法は、グリッパー工法と全面接着工法がある。グリッパー工法は、床の周囲に釘でグリッパーを固定し、カーペットの端部をグリッパーに引っ掛けて緩みのないよう引っ張り、敷き詰める方法である。

畳は、和室に敷くだけでなく、洋間にも使用できる。ヘリなし畳や琉球畳を敷いて、床座スペースをつくることができる。

水廻りには塩ビ製のクッションフロアがよく使われる。防水性、メンテナンス性に優れ、コストも安い。コルクは、断熱性が高く、足触りがよい。厚さが5㎜程度なので、クッションフロアの代わりに張り替えることもできる。

● グリッパー
カーペットの施工時に用いる金具。部屋の四隅にグリッパーを取り付け、カーペットを工具で引っ張ってグリッパーに引っ掛けて留める

フローリングの種類

フローリングの体系

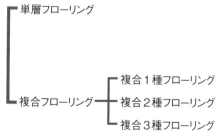

複合フローリング

単層フローリング

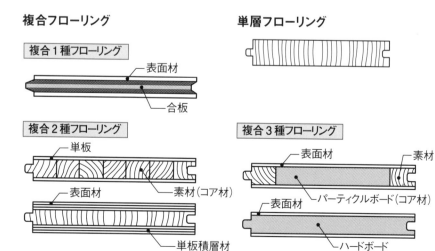

フローリングの施工ポイント

基本的な張り方

釘の打ち込み位置

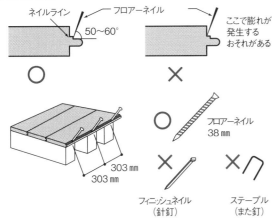

エンドマッチ部の根太専用ボンド塗布

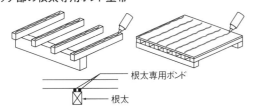

- 釘はフロアーネイルの38mmを使用し、釘打ちの間隔は303mmとする
- 釘の打つ位置は、ネイルライン下部に打ち込む
- 針釘は使用しない。フロアーネイルは、必ず根太に打ち込む
- 専用接着剤と併用する
- 接着剤の塗布量は鉛筆の太さ(5～6mm)程度とする(150g／㎡)

壁と床との取り合い

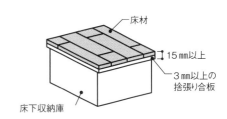

- 床材周囲の壁際およびサッシの下などには、3～5mmの隙間をあけておく
- 単部の床材は、釘を脳天打ちで完全に固定する
- 隙間と釘を隠すため、幅木は後付けとする

床下収納庫の天板

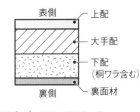

12mm厚の床材を床下収納庫の天板に使用する場合は3mm厚以上の捨張り合板を釘と接着剤で補強する

畳

畳の名称

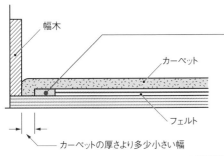

畳縁
材料は絹、麻、木綿、ナイロン製のものがある

畳表
い草を横糸に、麻や綿を縦糸に用いて織ったもの。い草の本数が多いほど上級品となる。い草をそのまま織る備後畳と、茎を半分に割って織る琉球畳がある

畳床
稲わら、ポリスチレンフォームなどが使われる。また、稲わら畳は等級により4種類に分けられる

畳床の種類

稲わら畳床(6層形畳床)

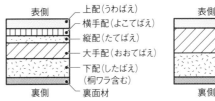

稲わら畳床(4層形畳床)

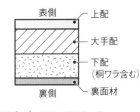

ポリスチレンフォームサンドイッチ稲わら畳床

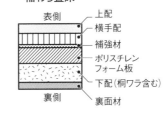

タタミボードサンドイッチ稲わら畳床

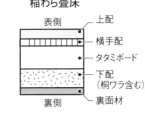

カーペット

カーペットの納め方(グリッパー工法)

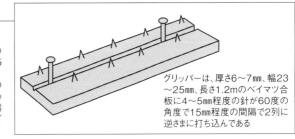

グリッパーは、カーペットの厚さに応じて、壁際から5～8mm程度隙間をあけて、床に釘で留めつける。この隙間にニーキッカーといわれる器具でカーペットの端を溝に巻き込むようにして入れる

グリッパーは、厚さ6～7mm、幅23～25mm、長さ1.2mのベイマツ合板に4～5mm程度の針が60度の角度で15mm程度の間隔で2列に逆さまに打ち込んである

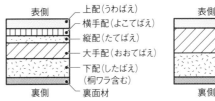

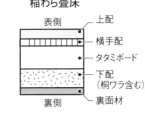

天井の形状

天井の形状や高さは、空間の性質を左右する

天井の形状

天井といえば、平らな天井が一般的であるが、天井の形状は空間の質を大きく左右する。

①平天井

水平に張られた天井をいう。最も一般的な天井である。

②勾配天井

余めに張られた天井のことで、屋根勾配に沿って張られることが多い。

③船底天井

切妻屋根のように中央が高くなる天井を船底天井という。

④化粧屋根裏天井・2階床露し天井

天井を張らずに小屋組を見せる天井を化粧屋根裏天井という。垂木の上に張った野地板がそのまま見えるので、見え方を工夫する。

1階の天井として2階床組を見せる2階床露し天井は「踏み天井」ともいう。この場合は、2階の床板を30㎜厚以上にし、梁を910㎜間隔程度で入れ、根太を省く納まりとすると、2階の床板の裏側を見せる、「床露し」になる。2階の音が1階に響きやすくなるが、天井高を確保しやすい。

和室と洋室で異なる

標準的な住宅の居室の天井高は、2400㎜である。建築基準法では、天井高さの平均が2100㎜以上あることが求められている。和室では、畳に座ったときの目の高さを考えて、洋室よりやや低めに設計する。8畳より広い場合でも、天井高は2400㎜以下にしたほうがよい。

また、居間や食堂などでは、天井の高い部分と低い部分を組み合わせると空間を上手に演出することができる。間接照明を使うと効果的である。

天井の主な形状の種類

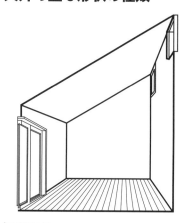

勾配天井
屋根勾配に沿って張られた天井。空間に流動感も生まれる。建築基準法による北側斜線等の制限がかかり、一方の天井を低くせざるを得ない場合でも、勾配天井にすることで、全体的な高さを確保することができる

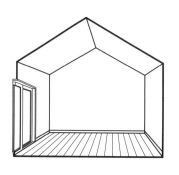

屋形天井・船底天井
船の底を裏返しにした形状の天井で中央部が平坦になっているものを船底天井という。平坦部分をつくらずに山形になっている天井（上図）を屋形天井というが、これも船底天井と呼ぶ。主に数奇屋風の住宅で採用されている

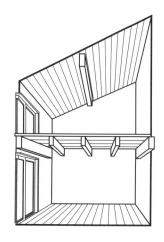

化粧屋根裏天井・踏み天井
化粧屋根裏天井では野地板、梁などの横架材がすべて見えるので、木材の選び方に配慮する

天井下地

天井は完全に水平につくると下がって見えるため、中央部を少し上げてつくる

天井下地の組み方

天井は、下地のつくりが仕上げに大きく影響する。完全に水平につくってしまうと目の錯覚で中央が下って見える。そのため、ほんのわずかだけ、中央部を上げてつくる。

天井下地は野縁で構成し、これに天井の仕上げの天井板やクロスなどを張るための石膏ボードを下地として留める。野縁は約450mm間隔で組むのが一般的であるが、天井を垂れ下がりにくくするため、約300mm間隔とすることもある。野縁は、梁や桁から吊木で吊り下げる。吊木は、吊木受けを梁の間に渡して吊り下げる。勾配天井では、垂木の下に直接か、野縁を直角に取り付けた上に仕上げの天井板を張る場合もある。天井高を確保するために、そのまま見せることもある。

天井に取付ける点検口と照明器具

天井には、設備機器や照明器具、点検口を設置する場合が多い。事前にそれらの位置や配管経路を検討したうえで計画的に設置する。

配管の径、必要なスペース、経路などを確認し、お互い干渉しないように計画する。不用意に下地を切断すると、下地の強度を損なうことになる。

点検口などの開口を設けるために、やむを得ず下地を切断する場合は、添え木を設けるなどの補強を行う。

シャンデリアなどの重たい照明器具を取り付ける場合は、構造梁に受梁を入れて、受梁に直接吊る。

1・2階間の防音対策

1階と2階それぞれで発生する生活音を遮音・防音するには、吸音材を天井板の上に入れたり、ALC板を2階の床下に敷く。

天井の石膏ボード下地を2重に張るのも効果がある。吊木の途中にゴムをはさみ、音振動が伝わりにくくする方法もある。

吊木・野縁の組み方

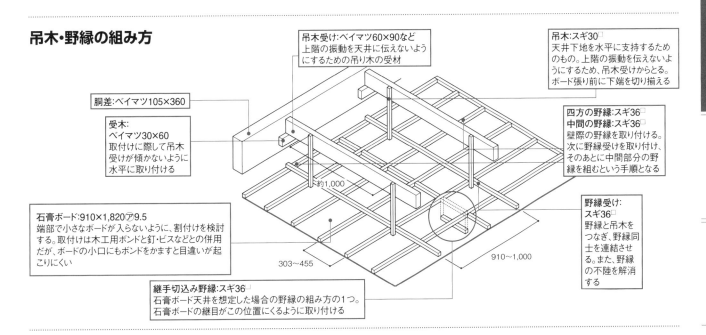

吊木受け：ベイマツ60×90など
上階の振動を天井に伝えないようにするための吊り木の受材

吊木：スギ30□
天井下地を水平に支持するためのもの。上階の振動を伝えないようにするため、吊木受けからとる。ボード張り前に下端を切り揃える

胴差：ベイマツ105×360

受木：
ベイマツ30×60
取付けに際して吊木受けが傾かないように水平に取り付ける

四方の野縁：スギ36□
中間の野縁：スギ36□
壁際の野縁を取り付ける。次に野縁受けを取り付け、そのあとに中間部分の野縁を組むという手順となる

石膏ボード：910×1,820⑦9.5
端部で小さなボードが入らないように、割付けを検討する。取付けは木工用ボンドと釘・ビスなどとの併用だが、ボードの小口にもボンドをかますと目違いが起こりにくい

野縁受け：
スギ36□
野縁と吊木をつなぎ、野縁同士を連結させる。また、野縁の不陸を解消する

約1,000

303～455

910～1,000

継手切込み野縁：スギ36□
石膏ボード天井を想定した場合の野縁の組み方の1つ。石膏ボードの継目がこの位置にくるように取り付ける

天井仕上げ

天井の仕上げは壁の仕上げとのバランスを考慮して決める

天井の仕上素材

天井の仕上げは、石膏ボードの下地にクロス張りとすることが一般的である。その他の仕上げとして、木板張り、塗装、左官仕上げなどもある。

クロスの素材は、塩ビ、布、紙などがあり、現状では、施工のしやすさとコスト面でビニールクロスが多く使われている。ビニールクロスはメンテナンスがしやすいというメリットがあるが、調湿効果の点では布や紙のクロスに劣る。また、非塩ビの無機質素材や調湿効果のあるクロスもある。

木板張り仕上げにする場合では、天井に合板やムクの板を張る際に、板と板の隙間をあける。これを目透かし張りという。こうすることで、板の収縮を目立たなくすることができる。また、板を張ると白い壁に比べ重い印象になるので部屋全体の仕上げ色のバランスを考える。

漆喰を天井に塗ることはまれであるが、漆喰の壁と一体化することができれば廻り縁なしでも納めることができるため、バランスも良く、部屋全体の統一感をかなり高めることができる。

クロス以外では、比較的ローコストな仕上げとして、下地の石膏ボードに水性塗料を塗って仕上げることもある。

壁と天井の取合いを収める廻り縁

廻り縁は、壁と天井が取り合う部分に取り付ける見切り材のことをいう。壁と天井の取り合いでクロスなどの仕上げの納まりをきれいに見せるために取り付ける。

廻り縁は高さ20〜30㎜ほどで、木製や樹脂製の簡単なものが一般的である。高さ12㎜程度の小さいものや4㎜ほどで幅広のものなど、さまざまな寸法のものもある。

● クロス張り
壁や天井の仕上げ方法のひとつで、シート状の仕上材を張ること。一般的には、クロスの中でもっとも多く使われるビニールクロスを張ること

● 廻り縁
壁と天井が取り合う部分に取り付ける見切り材のことをいう。壁と天井の取り合いでクロスなどの仕上げの納まりをきれいに見せるために取り付ける。和室の天井廻り縁を2段にした2重廻り縁などがある

クロス仕上げ

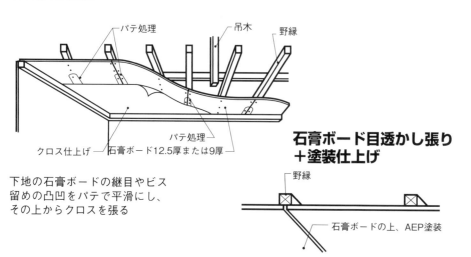

パテ処理　吊木　野縁

クロス仕上げ　石膏ボード12.5厚または9厚
パテ処理

下地の石膏ボードの継目やビス留めの凸凹をパテで平滑にし、その上からクロスを張る

石膏ボード目透かし張り＋塗装仕上げ

野縁

石膏ボードの上、AEP塗装

石膏ボードの上に塗装仕上げをする場合は、石膏ボードのジョイント部に隙間を空けて目透かし張りとする。継目を竿などで隠す場合もある

廻り縁の納まり

一般的な廻り縁

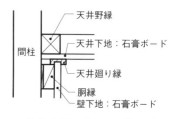

天井野縁

天井下地：石膏ボード

間柱

天井廻り縁

胴縁

壁下地：石膏ボード

一般的な廻り縁は天井下地の施工後、天井ボードを張り、そこに廻り縁を取り付けてから壁下地を施工する

内部建具の納まり

引戸でも開き戸でもバリアフリーの納まりとすることができる

内部建具の形式

建具は、開放と閉鎖の機能をもつもので、形状は、引戸と開き戸が基本である。和室には、障子や襖などの引戸が使われる。

洋室には通常、開き戸を使うが、最近は、引戸を使うことも多くなってきている。引戸は、開いたときに邪魔にならず、開け放すことができ、また通風のために、少しだけ開けておくこともできる。ただし、気密性に劣る。

引戸には、引き違いや片引き、引き込みなど、それぞれ場所に応じたつくり方がある。床のレールをなくして吊戸とすると、床に段差ができずバリアフリーの納まりとすることができる。

引戸の納まり

引き戸ではまず、敷居と鴨居を木工事で取り付ける。敷居に溝を掘って建具をスライドさせるか、建具に戸車を付けてレールを敷居に取り付けて建具を動かす。溝がV型のVレールを敷居や床材に埋め込んでレールが出っ張らないようにすることもできる。Vレールは厚さ3㎜ほどのレールを床に張り付けて納めるタイプもある。

吊戸タイプでは、1本または2本の建具を取り付けることができる。触れ止め金具を床に取り付けて、建具が大きく揺れないようにする。しかし、下に隙間があくため、気密性は低い。

収納などには折れ戸が使われることも多い。折れ戸は、開閉の頻度が高い場所や重い建具の場合は、金物が壊れやすいので注意が必要である。

開き戸の納まり

内部では開き戸を使うことが多い。通常、閉じて使う場合に適しているうえ、密閉性を高めれば遮音効果もある。木工事の段階では、周囲の枠だけを取り付ければよいので、施工がしやすい。敷居部分と床面に段差ができるとバリアフリーの面で問題が生じるため、敷居の段差をなるべく小さくしたり、敷居なしで納めたりすることもある。

● 敷居
枠材の1つで、襖や障子などの建具を立て込むために開口部の下部に取り付ける、溝やレールがついた部材。上部に取り付ける鴨居と対になっている。強度と滑りやすさを必要とするためマツなどが使われる

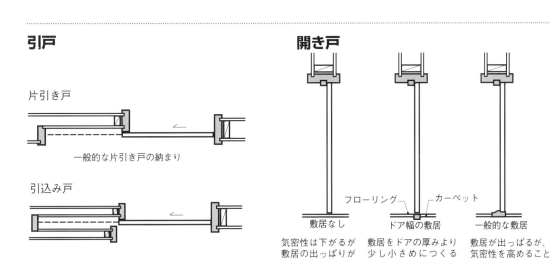

引戸

片引き戸

一般的な片引き戸の納まり

引込み戸

開き戸

フローリング　　カーペット

敷居なし　　　　ドア幅の敷居　　　一般的な敷居

気密性は下がるが敷居の出っぱりがなくなる

敷居をドアの厚みより少し小さめにつくると、ドアを閉めたときに敷居が見えない

敷居が出っぱるが、気密性を高めることができる

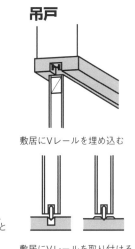

吊戸

敷居にVレールを埋め込む

敷居にVレールを取り付ける

造作材の使い方

開口部の納め方は、建具の形状、壁の厚み、床の仕上げ方によりすべて異なる

製材の方向と造作材

構造材に対して、内装の仕上げに使用する木材を造作材という。造作材は伐採された原木からできる限り欠点が少なく、品質のよい材を選び出して、角材や板材などに加工する。

木材を製材する位置と方向により、年輪がさまざまな文様を描くが、これを木理といい、その文様から柾目と板目に分けられる。柾目は、樹芯を通るように、年輪に対して直角に切断した際に、縦方向に文様が平行に出る木理である。伸縮やねじれが少なく、美観がよいので造作材としては重宝される。ただし、1本の木からは多く取れないので、高価である。

板目は、年輪に対して接線方向に切断した際に現れる木理で、その文様は、たけのこ状の文様になる。伸縮による狂いが大きく、割れが起きやすい。幅の広いものが採れやすく、1本の木から多く取れるので、安価である。

和室の造作

和室の造作にはヒノキ、スギなどの針葉樹が多く使われる。節がないほか、年輪が美しく鑑賞するに値するものは銘木として区別され、主に柱、鴨居、敷居、天井板などに使用される。また、節などの数による等級が定められている。節などの欠点をどう使用するか、色目、年輪など木目をどのようにもってくるのか、慎重に吟味する。

ナラ、シオジ、マガシロ、サクラなどの広葉樹は堅木といわれ、洋風の造作によく使われる。なお、木表と木裏の使い分けにも注意する。最近では、合板の上に木目を印刷したシートを張った新建材も造作工事によく使われている。

> ● 造作工事
> 軸組工事の後に行われる天井や床板、敷居・鴨居類、階段、棚などの仕上げ工事の総称

木取り

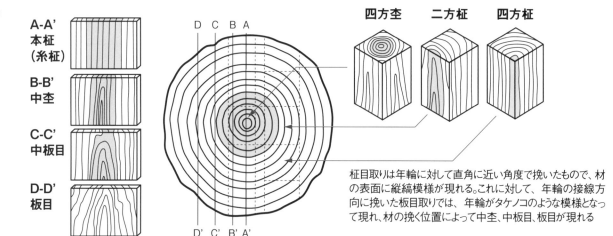

柾目取りは年輪に対して直角に近い角度で挽いたもので、材の表面に縦縞模様が現れる。これに対して、年輪の接線方向に挽いた板目取りでは、年輪がタケノコのような模様となって現れ、材の挽く位置によって中杢、中板目、板目が現れる

● **本柾（糸柾）**：樹心を通った断面に狭い間隔の真っ直ぐな縦縞の文様を描いた柾目。中心から離れるに従って、幅が広くなっていくが、これを「追柾」「流れ柾」という
● **中杢**：丸太を中心から板取りした場合、中心に近い部分から板取りしたとき、中心のみに板目が現れ、その両側が柾目となる文様のこと。非常に美しく、1本の丸太からわずかしか取れないために重宝され、和室の天井板に使用される
● **中板目**：材の中心からさらに離れた板目部分の幅のやや広い文様のこと
● **板目**：中板目のさらに外側部分の文様のこと
● **四方杢**：四方に杢が出ている
● **四方柾、二方柾**：四方に柾目が出ている、二方に柾目が出ている

キッチンの内装制限

火気使用室は内装制限の対象となるため、仕上げを不燃材料としなければならない

火気使用室の内装制限

建築基準法により、一般の戸建住宅では、ガスコンロなど火を使う設備を置く部屋（火気使用室）の内装制限が定められている。火気使用室が、平屋や2階建ての2階など最上階にある場合以外は、壁と天井を不燃材料、または、準不燃材料で仕上げなければならない。

天井を不燃仕上げにするには、石膏ボードを張って、その上に水性塗料を塗る、不燃材料または準不燃材料のクロスを張る、漆喰など左官で仕上げる方法などがある。壁の不燃仕上げも天井と同様に石膏ボードの上に塗装やクロス、漆喰などの左官仕上げを行う。

流し台のガス台廻りの壁は、防火性能が高くて汚れにくい素材で仕上げる。不燃材料の表面を汚れにくい樹脂で仕上げたり、不燃材の上にステンレスやアルミの金属板を張ったキッチンパネルを張り付けたり、タイルを張るのが一般的である。

500mm以上の下り壁

火気使用室と隣接する部屋との境の天井には、天井から500mm以上の高さの不燃材料または準不燃材料の下り壁が必要である。ただし、隣接する部屋の壁と天井が不燃材料または準不燃材料であれば下り壁は不要となる。

下り壁は、台所のガスコンロから出火した火が燃え広がらないようにするためのものである。下り壁の仕上げは、通常、石膏ボードに塗装やクロスを張ったものになるが、透明のガラスを取り付けて、空間の開放感を確保することもできる。

ＩＨクッキングヒーターの場合は、火気ではないとして、内装制限を受けないことがある。

尚、コンロ等の火器からある範囲の内装材を特定不燃材料や不燃材料にすることで下り壁を無くすことができる（平21国交告225号）。

● 火気使用室
かまど・コンロなど、火気を常時使う設備を設けた部屋のことをいい、不燃材料で仕上げなくてはならない。ストーブなど季節によって使用しない設備の場合は内装制限の対象とならない

● 準不燃材料
準不燃材料は、加熱開始後10分間、①燃焼しない、②防火上有害な変形、溶融、き裂その他の損傷を生じない、③避難上有害な煙またはガスを発生しない材料である

● 特定不燃材料
不燃材料のなかでも特に熱に強い材料を指す。平12建告1400号に定められた不燃材料のうち、アルミニウムとガラスを除いたもの

ダイニングキッチンの内装制限

下り壁で区画した場合

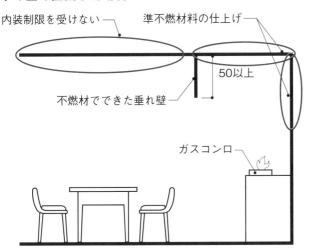

内装制限を受けない　準不燃材料の仕上げ

50以上

不燃材でできた垂れ壁

ガスコンロ

区画なしの場合

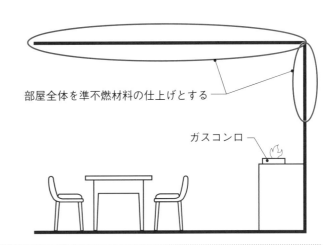

部屋全体を準不燃材料の仕上げとする

ガスコンロ

住宅の防音・遮音性能

外部からの騒音を遮断するのか、室内の音を外に伝えないのかの目的を明確にする

音の強さと高さ

快適な生活をするためには、不快な騒音は防ぐことが大切である。居間など日中に使われる部屋と寝室など夜に使われる部屋では、不快な音のレベルが異なる。

音は、強さ(dB：デシベル)と高さ(Hz：ヘルツ)、音色の違いなどで分けられる。騒音は、人の会話音のレベルである60dB以上が目安となる。音の伝わり方は、航空機や自動車などの空気中を伝わる騒音である「空気音」と上階の足音やスピーカーの振動音、自動車や電車の振動音である「固体音」がある。

目的ごとの遮音対策

木造住宅で遮音対策が必要な部位は、外壁、開口部、内壁、床である。空気音の遮音性能をD値で表し、固定音の遮音性能をL値で表す。壁の遮音性能は一般的にD値で表され、外壁でD-40、内壁でD-30程度である。D値は数値が大きいほど性能が高い。壁の気密性を高

めたり、壁に吸音材を充填することで遮音性能を上げる。外の音のレベルが70dbの場合、室内で聞こえる音のレベルが30dbとすると、界壁の透過損失は40dbとなる。透過損失の値が遮音性能を表すD値であり、この場合D-40となる。

固体音の遮音性能であるL値では、子どもが飛び跳ねたり走り回ったりしたときの衝撃音を重量衝撃音(LH)、物が落ちたり椅子を引きずる音などの衝撃音を軽量衝撃音(LL)として分類する。床の遮音性能は、L-75（LH、LL共）程度である。床に重量のある下地を使うことで、遮音性能を上げることができる。

サッシについては、JISでT-1からT-4までの4段階の遮音性能が定められており、数値が大きいほど性能が高い。木造住宅用のサッシは、ルーバー窓を除いてT-1の遮音性能を備えている。遮音性能を上げるにはT-2の性能をもつアルミと樹脂の複合サッシや2重サッシを使用する。それ以上の遮音性能が必要な場合は、ビル用のサッシで対応する。

● L値
床の防音性能を評価する数値である。下の階で聞こえる値を表す数値がL値であり、L値が低くなるほど遮音性能が高くなる。床や壁を媒体にして伝わってくる音には「重量床衝撃音＝LH」と「軽量床衝撃音＝LL」がある

吊り天井の納まり

柱105□
防振ゴム（吊木の代わりに使用）
根太105×45@455
天井懐350以上（小さいほど好ましい）
外壁
壁材と天井材の間はゴム板で絶縁し、野縁は吊り木の代わりに防振ゴムで吊るす
ロックウール80kg／m³⑦50
石膏ボード⑦12.5×2、クロス張り仕上げ
ゴム板⑦10（絶縁）
ロックウール80kg／m³⑦50
石膏ボード⑦12.5×2、クロス張り仕上げ

軸組と縁を切った床組の納まり

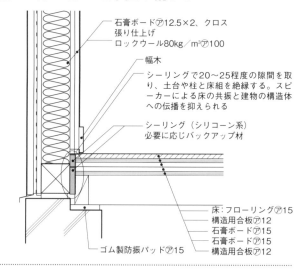

石膏ボード⑦12.5×2、クロス張り仕上げ
ロックウール80kg／m³⑦100
幅木
シーリングで20～25程度の隙間を取り、土台や柱と床組を絶縁する。スピーカーによる床の共振と建物の構造体への伝播を抑えられる
シーリング（シリコーン系）必要に応じバックアップ材
床：フローリング⑦15
構造用合板⑦12
石膏ボード⑦15
石膏ボード⑦15
構造用合板⑦12
ゴム製防振パッド⑦15

和室の基本

和室の造作は、材料の選択と納め方が重要で、深い知識と経験が必要

和室の表現

木材の柱は、四角い柱が「真」、丸太の丸い面角に残す面皮や角を落して大きめの面を取るのが「行」、丸太を使うのが「草」となる。

文字で言えば楷書、行書、草書があるように、和室のつくり方にも、書院造などの本格的で硬い「真」、中間の「行」、数寄屋造の茶室などのやわらかくくだけた「草」があり、それに合わせて材料を選択する。

硬い表現にするのか、やわらかい表現にするのか、材料から納まりまでさまざまな配慮が必要になる。

和室の基本寸法

和室は、床に座った目線の高さを基準とし、重心を低くして設計する。天井の高さは、8畳までの広さでは8尺(2400㎜)以上にはしない。建具の内法高さは6尺(1800㎜)程度とする。窓も、座っても外が見える程度の高さにする。当然、棚の高さも低めになる。

畳の割付け方は地域により種類がある。3尺(909㎜)を基本とする江戸間と、3尺1寸5分(954.5㎜)×6尺3寸(1909㎜)畳の大きさを並べてから間取りを決める京間がある。江戸間に比べて京間の方が大きい。東海地方や中国地方、九州地方などにも独自の寸法が存在する。

材料の選択と納め方

和室に使用する材料として、柱、鴨居、長押しには、ヒノキ、スギなどがよく使われる。天井板にはスギが多い。木理によりさまざまな表情の違いがあり、そのなかでも中杢、笹杢、筍杢などは希少価値が高い。棚板には、マツ、ケヤキなどの材料がよく使われる。

和室の化粧柱には、ヒノキの無節が使用されるが、最近はムクで良質のものが少なく高価なので、ほとんどが集成材に単板を張ったものを使用している。

● 面皮
（めんかわ）
四隅に皮を残して仕上げた柱のこと。茶室や数寄屋風書院などで用いる。無節の磨き丸太の四面をはつり、皮の部分を5、6分残すことで美しい中杢が現われる。樹齢の経った丸太から柱が取れる

和室の平面寸法

京間

畳と柱のサイズで平面が決まる

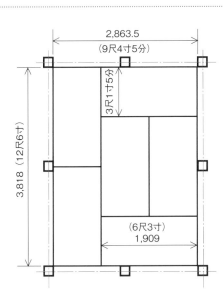

江戸間

柱芯で平面を決める

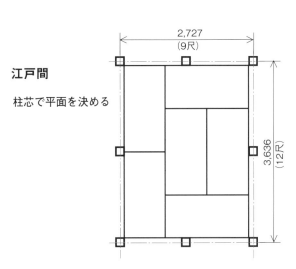

畳・床の間

畳の縁が床の間の方向へ向いた床差しとならないように敷く

畳の種類

畳は、藁床の上に畳表を取り付けたもので、厚さは約60㎜である。最近では、藁床の代わりに押出し法ポリスチレンフォームやインシュレーションボードを使うものも多い。

最近では、縁なし畳や、琉球畳を使うことも多くなってきた。琉球畳は目が大きいのが特徴である。畳の加工費は、1畳でも半畳でも価格はあまり変わらない。

畳の機能として調湿効果を求める場合は、藁床の畳がよい。畳表と藁床の間に防虫マットを挟み込むこともあるが、アレルギーをもつ建て主の住宅に使用する場合は注意が必要である。

畳の下地としては、厚さ12㎜の合板を敷き、その上に畳を敷く。スギ板を使うこともある。

下地を施工した後、壁と畳の隙間に畳寄せを取り付け、採寸をした上で畳をつくる。敷き方は、床の間に向かって縁の方向を向ける「床差し」とならないように注意する。ただし、茶室の場合は、床差しになる場合もある。

床の間の種類

本格的な床の間の床は「本床」と畳表に縁を付けた薄縁畳を敷く。良質のイ草を陰干して飴色にし、荒めに編んだ「りゅうびん」という畳を使う。床柱は、銘木を使用するか、スギの磨き丸太や面皮を使う。

部屋の大きさにもよるが、床の高さは高くし過ぎず、落とし掛けも上に上げ過ぎないようにする。本格的な床の間としなくても、飾り棚や壁に幕板を取り付けただけの平床とすることもある。

和室の部位名称

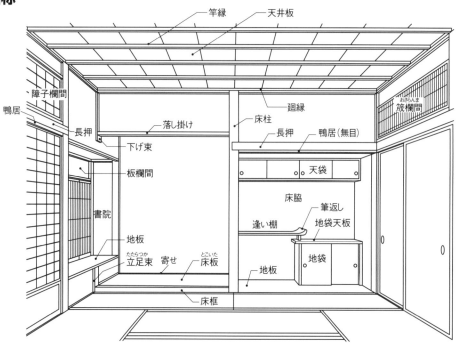

竿縁天井・縁側・造作

和室の造作枠は見付幅が洋室に比べると大きく、角の納まりを留めにしない

天井の造作

　和室の天井の多くは、合板の目透し張りである。板目には柾目と板目があるが、木目が落ち着いているのは、板の中心付近に木目のある中杢である。床と同じように、目地の方向を床差しにしないように気をつける。

　本格的な和室では、竿を入れて竿縁天井とする。通常、20mm程度の竿を360〜450mmピッチで入れていく。20×30mmほどの部材を横にして取り付ける平竿という仕上げ方もある。

　竿の方向は床差しにしないよう、床の間と平行に入れるのが基本である。

　和室の造作枠は、真壁が基本で、見付幅を30〜35mm程度にする。洋室に比べると大きくなる。また、基本的に角の納まりを「留め」にしない。部材の角に大き目の面をとり、全体のデザインを柔らかくすることもある。

下屋形式をつくる広縁

　和室の前に広縁をつくることで、内と外との中間的な領域を演出する。本格的な和室には、広縁を設置する。

　広縁の大きさは、原則的に幅が3尺(909mm)から6尺(1818mm)である。3尺5寸(160mm)程度が一般的な幅である。

　構造的にも、下屋形式にするのが本格的なつくりである。下屋とは、主屋の屋根から差し架けた片流れの屋根のことである。

　天井高さを低くして、軒裏から化粧の天井とすることもある。

　室外に設置する濡れ縁は、庇より内側につくり、幅600mm程度とする。

　板の張り方は、横方向か縦方向に張るが、いずれにしても、外の方向に水勾配をとり、雨水が溜まらないようにすることが大切である。

● 見付幅
正面から見える部分やその幅のこと

● 広縁
（ひろえん）
幅の広い縁側。現在は室内空間にする場合が多い。室外空間の場合は床板を水平にせず、外側の方を入側より3分から5分低くして水切りを良くする

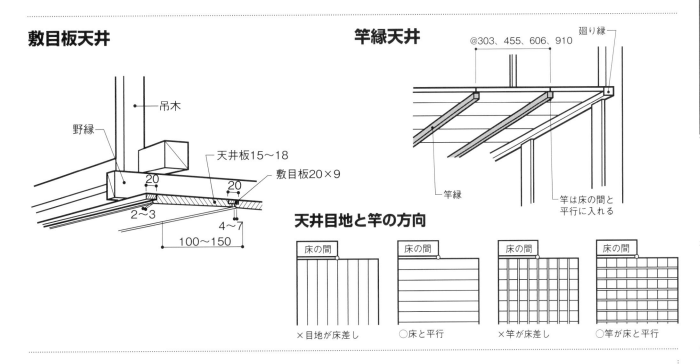

敷目板天井

吊木
野縁
天井板15〜18
敷目板20×9
20
20
2〜3
4〜7
100〜150

竿縁天井

@303、455、606、910
廻り縁
竿縁
竿は床の間と平行に入れる

天井目地と竿の方向

床の間　×目地が床差し
床の間　○床と平行
床の間　×竿が床差し
床の間　○竿が床平行

木造住宅のプランと調査｜木造住宅を支える地盤と基礎｜木造住宅の構造設計｜木造住宅を守る屋根と外壁｜**木造住宅の内装と仕上げ**｜木造住宅の設備｜木造住宅の外構

障子・襖

障子の見込みは30㎜、襖の見込みは21㎜程度を標準とする

障子の寸法とデザイン

和室の建具には、主に障子、襖が使われる。障子と襖はさまざまなつくり方と素材の使い方があるので、基本をおさえておきたい。

障子を使うと、障子紙を通した光が柔らかく部屋に差し込み、空間を演出することができる。そのため、洋室でも障子を使うことがある。

障子の見込み(厚さ)は、30㎜（1寸)である。以前は、桟の割付けは障子紙の幅で決まっていたが、最近では幅広の障子紙があるため、桟の割付けを自由にすることができる。組子をやや大きめの割付けにすると、洋室にも合うデザインになる。

障子の素材は、スギやスプルスなどを使う。スギ材は、秋田スギなどの高級なものや、一般に使われている地スギがある。

障子の形状はさまざまにあるが、障子の桟の下半分がスライドして上がる雪見障子は、開口部の演出として有効である。

襖の寸法とデザイン

襖のつくりは、木材で格子状の枠をつくり、和紙を下張りして、その上に仕上げの襖紙を張る。そして、周囲に枠を取り付ける。

襖の見込み(厚さ)は7分(21㎜)が標準である。通常の板戸の溝の寸法とは異なるので注意が必要である。

襖枠は、黒や茶色に塗装する。漆か、漆に似た色調をもつ塗料であるカシューを塗る。艶消しと艶ありがあるが、艶消しのほうが高級感がある。自然な感じを出すには、白木枠や枠なしの太鼓張りの襖とするとよい。太鼓張りとは、襖などの建具のつくり方の1つで、襖など格子状の骨組みの表と裏に紙や板を張り、中を空洞にしたものである。中に空気層があることから断熱性があり、主に寒冷地で使われてきた。

引手は、さまざまな形状があるが、一般の住宅では、丸や四角などシンプルな形で柔材のものがよい。

障子のつくりと主な種類

水腰障子 / 雪見障子(猫間障子)

襖のつくりと主な種類

襖の構成(縁付き襖)

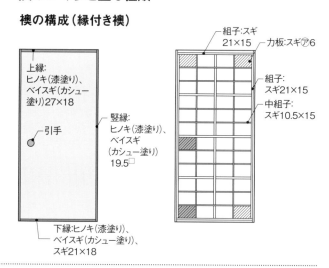

玄関

欧米の玄関ドアは防犯上の理由から内開きだが、日本では防水上の理由から外開きがほとんどである

玄関のつくり

　住宅の顔として、人を迎え入れるのが玄関である。

　欧米では、外から押されても、押し返して支えることができるため、玄関のドアは内開きとする。防犯の観点では内開きのほうがよく、人を迎え入れるという点においても内開きが適している。

　ただし、防水上の納まりとしては外開きが適しているため、日本の住宅の玄関ドアはほとんどが外開きである。

　既製品のサッシのドアは、価格面で多くの選択肢がある。中途半端なデザインのドアではなく、あえて、シンプルなアパート用のドアなどを活用するのも1つの方法である。

　玄関の土間は、タイル張り、洗い出し仕上げ、シンプルにモルタル仕上げ、モルタルに小石を埋め込む仕上げなどとすることが多い。

　土間から床に上がる部分を上がり框という。上がり框は土間から1階の床に上がる段差の角に取り付ける。通常、250㎜ほどの段差にする。靴を履いたり脱いだりするには、250㎜程度の段差が適しており、それより低くなると膝を曲げないと動作ができないため使いにくくなる。

　バリアフリーのために段差をなくす場合は、椅子を置くなどして靴を履いたり脱いだりする動作をカバーする必要がある。

　上り框の材質は、床材とのバランスを考え、通常、ナラやヒノキなどを使う。

玄関の収納

　下足入れは必ず必要で、靴以外にも傘、雨具などの収納をつくる必要がある。玄関に連続したシューズクロークは、外で使うものや泥のついた野菜などを収納することができて便利である。

● 洗い出し
左官仕上げの1つである。種石を練り合わせたモルタルを上塗りし、少し固まってきたら水をかけて、ブラシなどで表面を洗い出して、モルタルに種石が自然な風合いで見えるようにする仕上げで、玄関の土間やアプローチなどに使われる

木造住宅のプランと調査　木造住宅を支える地盤と基礎　木造住宅の構造設計　木造住宅を守る屋根と外壁　木造住宅の内装と仕上げ　木造住宅の設備　木造住宅の外構

玄関ドア（片開き戸）の納まり

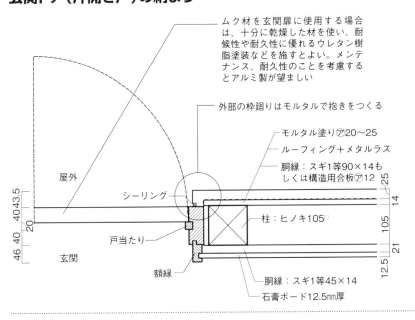

ムク材を玄関扉に使用する場合は、十分に乾燥した材を使い、耐候性や耐久性に優れるウレタン樹脂塗装などを施すとよい。メンテナンス、耐久性のことを考慮するとアルミ製が望ましい

外部の枠廻りはモルタルで抱きをつくる

モルタル塗り⑦20〜25
ルーフィング＋メタルラス
胴縁：スギ1等90×14もしくは構造用合板⑦12

屋外
シーリング
戸当たり
玄関
額縁

柱：ヒノキ105□

胴縁：スギ1等45×14
石膏ボード12.5㎜厚

46　40　40　43.5　20
25　14　105　21　12.5

上り框の納まり

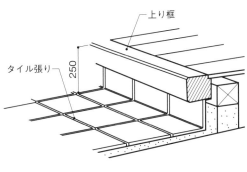

上り框
タイル張り
250

浴室・トイレ

浴室を従来工法でつくる場合は、基礎天端を通常より600㎜ほど高くして土台や柱を腐りにくくする

　浴室とトイレは、設備を取り付けるため、納まりが複雑になる。

浴室

　最近は、防水性や施工時間、コスト面で有利なユニットバスを使うことが多いが、その他に、在来工法として、下地をつくり、浴槽を据えて、タイルなどで仕上げるつくり方がある。在来工法では、基礎を通常の基礎天端より600㎜ほど高く立ち上げることで、土台や柱を腐りにくくする。更に、耐水合板で下地をつくり、防水層を施工して防水性を高める。

　浴室の床面の高さは、バリアフリーを考慮して、一般の床面との段差をなくす。その場合は、排水のために入口にグレーチング付きの排水溝を設ける。入口の扉は引戸とし、車椅子が移動できる幅を確保するために3枚引戸にすることもある。

　床には床用のタイルなどを張るのが一般的

である。足裏がひんやりしない断熱タイルもある。足裏がひんやりするのを避ける方法として、床に500㎜角ほどのヒノキ製のスノコを床と平らに埋め込み、その下に排水させることもある。木製スノコの床は取り外して干せるようにしておく。

　壁は、タイルや専用のパネルを張るのが一般的である。床から1m程度の腰部分をタイルにし、その上を、ヒノキやサワラなどの水に強い板を張ることもある。天井は、樹脂製の浴室用パネルを張るか、板張りにする。

トイレ

　トイレの扉は、中にいる人が倒れたときのことを考え、外開きか引戸にする。壁仕上げは通常の室内と同じように考えればよいが、腰壁を板にして汚れにくくするとよい。バリアフリーを考慮して、床の段差をなくし、手摺を設置する、または将来手摺を取り付けられるように下地を入れておく

● 耐水合板
合板は接着強度を保証するため、JASによって、耐水性の高いものから「特類」・「1類」・「2類」・「3類」の四段階に分類されている。一般に、耐水合板は特類または1類のもののことをいう

● 腰壁
腰の高さに相当する90㎝程度の高さに張られた壁のこと

浴室の構成

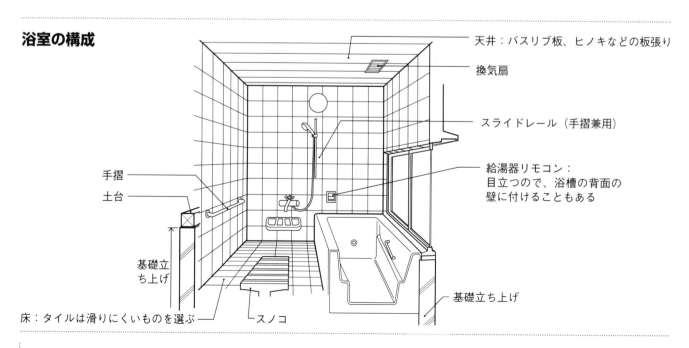

天井：バスリブ板、ヒノキなどの板張り
換気扇
スライドレール（手摺兼用）
給湯器リモコン：
目立つので、浴槽の背面の壁に付けることもある
手摺
土台
基礎立ち上げ
床：タイルは滑りにくいものを選ぶ
スノコ
基礎立ち上げ

台所

造付けキッチンは、下をオープンなつくりとしたほうが使いやすくコストも下がる

台所

　台所は、設備が集中するうえ、大量の収納が必要である。また、建築主のライフスタイルによってさまざまなつくり方が考えられる。キッチンは既製品を入れる場合と造付けにする場合がある。

　既製品は、システムキッチンと呼ばれるものから、流し台・コンロ台などを別々に並べるタイプのもの、業務用などの選択肢がある。

　システムキッチンは、価格の幅が大きく、流し台の天板もステンレスや人工大理石など多くの種類がある。引き出し式の収納や食器洗い機などの組み込みなどバリエーションもさまざまである。引き出しや収納などをオーダーでつくる場合は、天板だけを取り付け、下をオープンにしたほうがコストもかからず、結果的に使いやすくなる。

　個別に並べるタイプは、安価だが、天板に継ぎ目ができてしまうため、最近はあまり使われていない。

　業務用は、中古品や安価な汎用品もあり、実用的でもあるため、建築主によっては上手に活用できる。

収納

　台所の収納は、かなりの量が必要となる。収納とともに、炊飯器やポットなどの家電器具を置くスペースや作業台スペースが必要になる。流し台や収納の下をオープンにしておけば、ゴミ箱などを置くスペースとして活用できる。

　小さくても食品庫をつくると便利である。その際、幅100㎜程度の薄い棚をつくると食品を収納しやすい。

　床下収納は、床暖房を設置する場合は使えず、また、必ずしも十分活用していないことも多い。必要かどうかを十分に検討する。

● システムキッチン
流し台や調理台、加熱調理器、収納スペースなどを組み合わせ、その上に天板を載せて全てをセットにしたキッチンのことである。昭和40年代の高度経済成長期にドイツから輸入され、日本の住宅に合うようにアレンジされてきた

● 天板
机やカウンターなどの上面の板こと

キッチンの構成

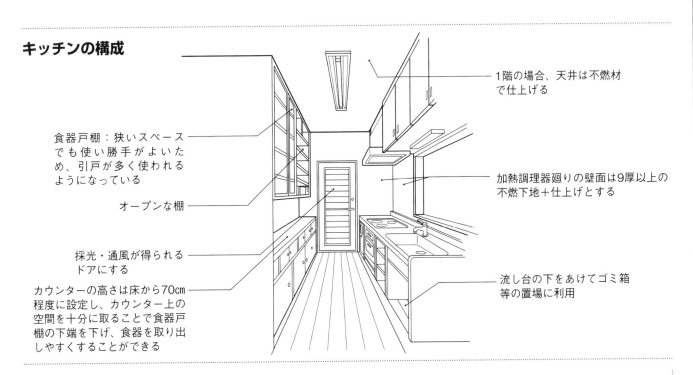

食器戸棚：狭いスペースでも使い勝手がよいため、引戸が多く使われるようになっている

オープンな棚

採光・通風が得られるドアにする

カウンターの高さは床から70㎝程度に設定し、カウンター上の空間を十分に取ることで食器戸棚の下端を下げ、食器を取り出しやすくすることができる

1階の場合、天井は不燃材で仕上げる

加熱調理器廻りの壁面は9厚以上の不燃下地＋仕上げとする

流し台の下をあけてゴミ箱等の置場に利用

階段

階段の有効幅や蹴上げ・踏面の最小寸法は建築基準法で決められている

階段の基本寸法

階段は安全かつ上りやすくつくる必要がある。住宅全体の平面や断面計画のなかで決まってくるが、直線に上り下りする直階段から、折り返す折れ階段、らせん階段などとバリエーションが多い。面積の関係もあるが、安全性を考えると踊場をつくることが望ましい。また、折れ階段の回転部分は、3段以下にする。

階段の基本寸法として、まず、階段の角度を45度以下にするのが目安である。安全で使いやすい階段にするためには、階段の勾配および踏面と蹴上げをできれば勾配6／7以下の緩やかなものとする。階段幅を750mm以上確保するために、壁芯で900mmできれば1000mmはとっておきたい。

階段1段分の高さは蹴上げといい、階高を等分してその寸法を決める。木造住宅の階段の蹴上げは建築基準法で230mm以下、踏面は150mm以上と定められている。上りやすさを考えると200mm以下の蹴上げ、平面的には900mmの4等分である225mmほどの踏面を確保したい。蹴込みは、出すぎていたら足先がつまずくので30mm以内の出にする。段鼻は出さないほうがよい。

階段のつくり方

階段の段板を両脇の側板で支えるのが一般的なつくり方である。側板を段形につくったものをささら桁といい、その上の段板をのせる階段もある。

また、踏面を滑りにくくするために、段板の先のほうに溝をつくったり、滑り止めを取り付けることがある。

安全性を確保するために手摺の設置が義務付けられている。手摺は途中で途切れると危険なので連続して取り付け、階段の勾配が45度を越える場合は両側に取り付ける。下階に向かって利用者の利き腕側に設置する。設置高さは踏み面の先端から、高さ700〜900mmの位置とする。手摺は太さ30mm程度が一般的だが、やや細めのほうが握りやすい。片側に付けた場合は、将来のことを考慮し、両側に付けられるように壁面に手摺取り付け用の下地を入れておくとよい。

● 断面計画
建物の部屋の配置や高さなど、垂直方向の計画を検討すること

● 蹴込み
階段の段の立ち上がり部分で引っ込んでいるところ

● 側板
家具や階段を構成するための側面に取り付けられる板材のこと。階段の側板は踏み板を挟み込むように取り付けられる

● ささら桁
階段の段板を段板の下側から支えるもので、上端が階段の形にぎざぎざに欠き込まれている

階段の標準寸法

建築基準法による階段寸法

踏面150以上
蹴上げ230以下

側桁階段

手摺φ30
側桁45厚
蹴込み板⑦15
踏み込み
側桁階段

有効幅を750以上としなければならないが、手摺の出が壁面から100以下の場合は有効幅に不算入とすることが可能

階段幅の算定

10cm
算定幅
突出部が10cmを超える場合

収納と造作家具

収納は単に多くつくればよいものではない

現代の住宅にはかなり大量に物が溢れている。必要なものを整理したうえで収納の量を考える必要がある。

納戸と押入れ

面積に余裕があれば、収納専用の独立した部屋として納戸を設ける。中には収納家具を置いたり、棚や洋服をかけるパイプを取り付けたりして使い勝手をよくする。

階段の下を収納にする場合、床を張らずに、床下も活用して食品の貯蔵庫などにすると、かなりの収納量を確保できる。また、冷暗所であるため貯蔵に適した温度と湿度を確保できる点もメリットである。玄関に連続して倉庫を設けると、靴や外で使うものなどを収納するのに便利である。

和室には布団を収納するための押入れをつくる。敷布団を折り畳んだサイズは、900×650mmほどになるため、押入れの幅は、できれば芯々で1000mmとる。

本棚の棚の寸法は320mmの高さで奥行き230mm程度とし、Ａ４サイズのファイルが余裕をもって入る寸法を基本とする。外張り断熱としたときは壁の厚さを活用して本棚をつくることもできる。

造作家具

造作家具とは造り付けの家具のことである。家具と室内の素材を合わせることができ、固定されるので地震で倒れにくいこともメリットである。

その反面、生活の変化に対応しにくいことや、組み込んだ設備機器を取り換えるときに納まらなくなるといった心配もある。

造作家具を製作するには、図面を描いて使いやすさを詳細に検討をする必要がある。収納するものの寸法を測り、将来の使い方もできる限り予想して、納まりを決める。

洋服の幅は、最低500mmが必要で、本は奥行き250mmあればほとんどのものが収まる。造作家具の扉は室内のドアと同じ素材とし、ドアよりもグレードを上げる場合もある。家

● 芯々
柱や壁など、ふたつの部材の厚みの中心から中心までの距離のこと

造作家具の例

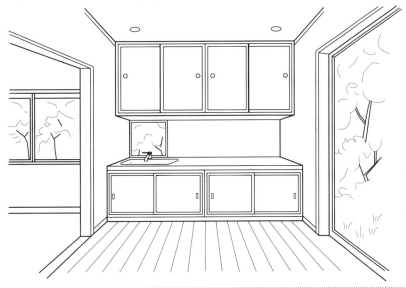

造作家具は建築との一体感をつくりやすい。家具工事でも木工事＋建具工事でも施工できるが、家具工事のほうが精巧なつくりを実現できるだろう。木工事やコストダウンにつながるが、素朴なつくりになりやすい

具に扉をつける場合は、開戸か引戸とする。

Column

シックハウス対策

　2003年の建築基準法の改正により、シックハウス法が施行された。クロルピリホスおよびホルムアルデヒドが有害化学物質として規制対象となり、クロルピリホスは使用禁止となった。ホルムアルデヒドについては、居室の種類および換気回数に応じて、ホルムアルデヒドを含む建材の使用に面積制限が行われ、24時間の換気設備の設置が義務付けられた。天井裏から居室へのホルムアルデヒドの流入を防ぐための措置も必要である。

　ホルムアルデヒドを含む建材として、面積制限の規制対象となるのは、木質建材（合板、木質フローリング、パーティクルボード、MDFなど）、壁紙、ホルムアルデヒドを含む断熱材、接着材、塗料、仕上げ塗材である。これらは、JIS、JAS、国土交通大臣認定により等級付けが行われる。

木造住宅における対応方法の例

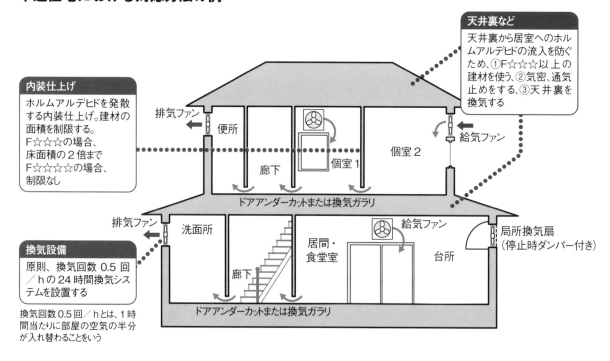

内装仕上げ
ホルムアルデヒドを発散する内装仕上げ。建材の面積を制限する。
F☆☆☆の場合、床面積の2倍まで
F☆☆☆☆の場合、制限なし

天井裏など
天井裏から居室へのホルムアルデヒドの流入を防ぐため、①F☆☆☆以上の建材を使う、②気密、通気止めをする、③天井裏を換気する

換気設備
原則、換気回数0.5回／hの24時間換気システムを設置する

換気回数0.5回／hとは、1時間当たりに部屋の空気の半分が入れ替わることをいう

ホルムアルデヒド発散量による使用制限 （令20条の7）

ホルムアルデヒドの発散速度（μg／㎡h）	JAS規格 JIS規格	建築材料の区分	内装仕上げの制限
5以下	F☆☆☆☆	建築基準法の規制対象外	使用面積制限なし
5超20以下	F☆☆☆	第3種ホルムアルデヒド発散建築材料	使用面積制限あり
20超120以下	F☆☆	第2種ホルムアルデヒド発散建築材料	使用面積制限あり
120超	F☆	第1種ホルムアルデヒド発散建築材料	使用禁止

注　測定条件：28℃、相対湿度50%、ホルムアルデヒド濃度0.1mg／m³（化学物質の室内濃度の指針値（厚生労働省））
　　建築物の部分に使用して5年経過したものについては制限なし

CHAPTER **6**

木造住宅の設備

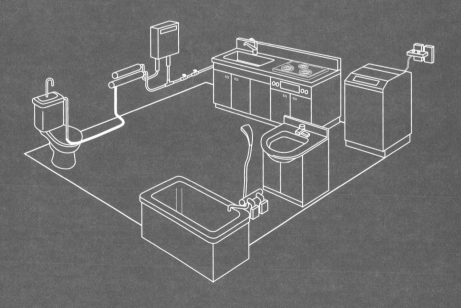

木造住宅の設備計画

設備の寿命は建築よりも短いことを考慮する

住宅の神経・血管となる設備の計画

住宅の設備は、必要不可欠なものであると同時に、設備により生活のグレードアップを図ることもできる。人間でいえば血管であり、神経でもある。

住宅の配置、平面、断面計画によって日照と風通しに配慮し、設備機器に頼りきらない住宅とすることも重要である。

(1)省エネルギー

電気や燃料などのエネルギーを効率よく使える設備機器選びや、配管設計を心がける。水廻りを平面的になるべく1カ所に集め、上下階でも配管を短くすることも重要である。

また、エアコンや暖房の設定温度や照明をLEDにするなど、使う側の工夫も重要である。

(2)将来の可変

建物本体と比べて、設備機器の寿命は短い。配管はある程度長持ちするが、設備機器の寿命は15年程度である。従って、設備機器のメンテナンスや更新、新たな設備が加わることなどを想定して設計することが重要である。

建築と一律で考える設備のデザイン性

設備は、建築空間のデザインとは別個のものと考えるのではなく、建築と一体で考えることが大切である。

配管やウエザーカバーなども、色や形状が空間全体とバランスが取れるように心がける。また、設備機器や配管がうまく隠れるように設計することもポイントである。

木造住宅の電力契約

木造住宅の場合は、一定以上の電流が流れるとスイッチが切れるアンペア(A)ブレーカー契約が一般的である。コンセントや照明器具の数をもとに、ブレーカーのアンペア数を決める。最近は家電の数が多くなり、少なくとも40アンペア、多ければ50～60アンペアとする。

● LED
電流を流すと発光する半導体素子の一種で、白熱電球・蛍光灯と比べて消費電力が非常に少ないという点から照明用途として主流になっている

● ウエザーカバー
換気扇の外部(屋外)に取り付け、風の影響を少なくし、雨の侵入を防ぐカバーのこと。防火ダンパー付きのものもある

● ブレーカー
規定値を超える電流が家庭に流れた時に、安全のために電気の供給を自動的に止める装置のこと

オール電化住宅のイメージ

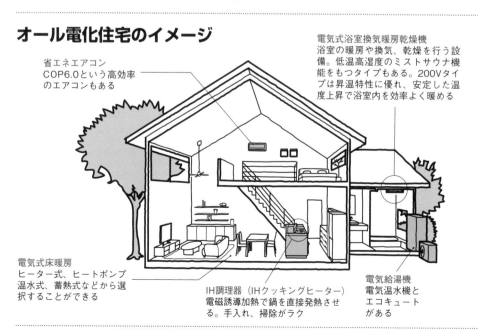

省エネエアコン
COP6.0という高効率のエアコンもある

電気式浴室換気暖房乾燥機
浴室の暖房や換気、乾燥を行う設備。低温高湿度のミストサウナ機能をもつタイプもある。200Vタイプは昇温特性に優れ、安定した温度上昇で浴室内を効率よく暖める

電気式床暖房
ヒーター式、ヒートポンプ温水式、蓄熱式などから選択することができる

IH調理器(IHクッキングヒーター)
電磁誘導加熱で鍋を直接発熱させる。手入れ、掃除がラク

電気給湯機
電気温水機とエコキュートがある

オール電化住宅のメリット

・電力会社によってオール電化住宅用の電力契約や電力量料金の割引がある
・IHクッキングヒーターや電気式床暖房機器類では燃焼がないため、水蒸気の排出が少なく、結露しにくくなる。また、燃焼ガスの発生がないので室内の空気環境をクリーンに保つことができる
・住宅内で燃焼がないので安心
・電気は災害時の復旧がガスや水道と比べて早い

オール電化導入時の注意点

・電気給湯機の貯湯タンクやヒートポンプユニットを設置するスペースを確保できるか
・ガス併用の住宅と比較すると大きな電力量を必要とする。また、IH調理器、ヒートポンプなどを使用するには200V専用の配線が必要

戸建住宅の設備計画

2階平面図

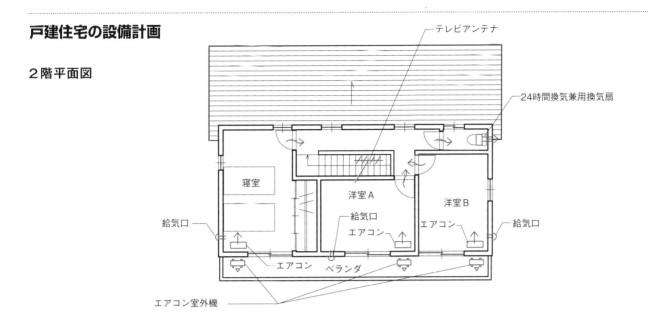

- テレビアンテナ
- 24時間換気兼用換気扇
- 寝室
- 洋室A
- 洋室B
- 給気口
- 給気口
- エアコン
- エアコン
- 給気口
- エアコン
- ベランダ
- エアコン室外機

1階平面図

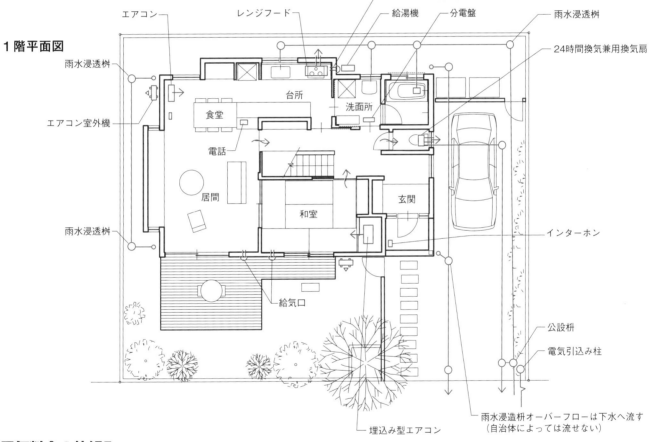

- ガスレンジ用給気口
- エアコン
- レンジフード
- 給湯機
- 分電盤
- 雨水浸透桝
- 雨水浸透桝
- 24時間換気兼用換気扇
- エアコン室外機
- 台所
- 洗面所
- 食堂
- 電話
- 居間
- 和室
- 玄関
- 雨水浸透桝
- インターホン
- 公設桝
- 電気引込み柱
- 給気口
- 埋込み型エアコン
- 雨水浸造桝オーバーフローは下水へ流す（自治体によっては流せない）

電気料金の仕組み

電気料金（標準的な従量電灯の場合） ＝ 基本料金 ＋ 電力量料金 ＋ 燃料費調整

燃料価格の変動に合わせて3カ月ごとに料金を調整する

三段階料金制度：電力量料金は電気の使用量により3段階の料金単価を設定している。使えば使うほど高くなるといえる

- 第一段階料金
- 第二段階料金
- 第三段階料金

第一段階料金：国が保障すべき最低生活水準の考え方を導入した比較的低い料金
第二段階料金：標準的な使用量をふまえた平均的な料金
第三段階料金：やや割高な料金

その他、生活スタイルや使用目的に合わせた契約がある

例）・深夜料金が低額になる契約
　　・オール電化住宅用の電気料金

電気設備・配線計画

コンセントボックスの取り付けは、絶対に構造材を欠いてはいけない

電線の引込みとメーター

道路から電線を引き込む場合、通常は建物の高い位置で取り込むが、一旦、敷地内にポールを建てて電線を引き込み、そこから地中に埋設して引き込む方法もある。

引き込んだところにはメーターを設置する。メーターで電気量の検針をするため、検診しやすい位置とする。ポールを建てた場合は、ポールに設置することもできる。

住宅内部の配線

電気器具やコンセントの数、回路数によりブレーカーの容量が決まる。以前は30〜40アンペア（A）だったが、現在では、50〜60アンペアが一般的である。エアコンや電子レンジなど電気消費量が大きい器具を使用する場合は、専用コンセントを設ける。また、漏電を感知する漏電ブレーカーも併設する。

木造住宅では通常、本格的な電気設備図ではなく、照明やコンセント、スイッチなどの位置図を描いて、位置を指示する。配線ルートは、ある程度想定しておくことが必要であ

る。コンセントの高さは通常、床上300mm程度だが、デザイン的に、幅木のすぐ上にプレートが来るように取り付けることもある。逆に、高齢者や障がい者など、しゃがむことが難しい人のために、コンセントを高い位置に付けることもある。

電気配線のチェック

電気配線は一般的にFケーブルを使用して行うが、CD管（配線管）を使用する場合もある。天井裏や壁内の配線をステープルで固定し、コンセントボックスやスイッチボックスに接続する。配線の接続部にはジョイントボックスを設置する。

これらのボックスはしっかりと木ネジで柱、梁や間柱に留めて露出させないようにする。柱や筋かいが当たる場合でも、これらを絶対に欠いてはいけない。配線を外壁に貫通させる場合は、雨仕舞、シーリング打設状況などを十分にチェックする。

重量が大きい照明器具や分電盤を取り付ける場合には、石膏ボードを張る前に補強方法を確認する。

電線の引込みの基本

敷地内に引込み柱を立てて電線を引き込む

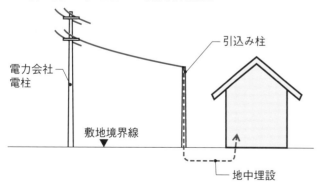

直接住宅に電線を引き込む

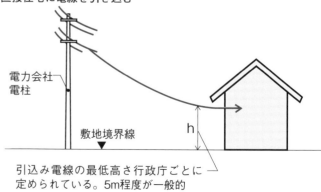

配線計画の例

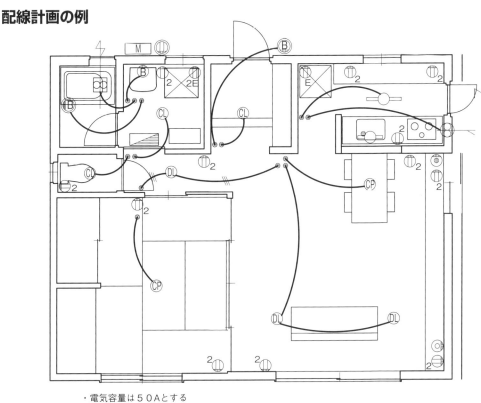

凡例	
記号	名称
M	メーター
	電灯分電盤
	照明器具（蛍光灯）
CL	同上（シーリングライト）
CP	同上（コードペンダント）
DL	同上（ダウンライト）
B	同上（白熱灯ブラケット）
B	同上（防水ブラケット）
⊖₂	埋込コンセント（数字は口数）
⊖E	同上（アース付）
⊖	同上（防水コンセント）
⊙	タンブラスイッチ
	電話受口
	テレビ端子
ⓣ	インターホン親機
ⓓ	ドアホン子機
⊗	給排気ファン（常用スイッチなし）
⊗	局所換気扇（逆流防止シャッター付）

・電気容量は50Aとする
・エアコン用スリーブは別途
・コンセントプレートは新金属とする
・換気扇屋外用ベンドキャップ（ステンレス製）はすべて防火ダンパー付

配線工事の監理ポイント

配線の接続部にジョイントボックスが付けられているかをチェック

配線はステープルできちんと固定されているかをチェック

コンセントボックスの位置や取り付け状態のチェック

照明の通電が適切に行われるかテスターなどによりチェック

外壁配線

外壁と配線の取合い

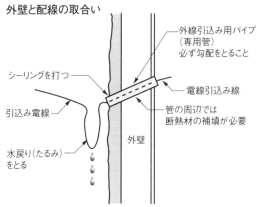

- シーリングを打つ
- 引込み電線
- 水戻り（たるみ）をとる
- 外線引込み用パイプ（専用管）必ず勾配をとること
- 電線引込み線
- 管の周辺では断熱材の補填が必要
- 外壁

電線を引き込むための専用管は取出口が水下になるようにし、専用管と外壁の間にはシーリングを施す。電線は曲げて外壁に雨水が伝わらないようにする

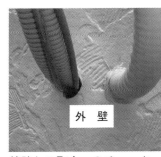

外壁

外壁との取合いのチェック。写真はシーリングが施されていない

配線材料

Fケーブル

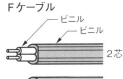

- ビニル
- ビニル
- 2芯

- 3芯

Fケーブルは、フラットケーブルの略。平らな長円形のもの

CD管

CD管で配線をまとめると、配線を保護できるうえ、配線の交換がしやすくなる

給排水設備

大雨時に排水が逆流しないように工夫が必要

　排水は、トイレからの汚水、雑排水、雨水の3種類がある。敷地からの排水の接続先により、敷地内の排水方法が異なる。

排水設備

　下水道は、汚水、雑排水を合わせて汚水管で処理し、雨水を分けて処理する分流式と、雨水も汚水も合わせて処理する合流式があるので、それに接続する。

　下水道がない場合は、浄化槽を設置する。排水管は、塩ビ製で内径100㎜のものを使う。

　建物の内部では、配管が長くならないように、水廻りを1つにまとめる。配管は1/50〜1/100の勾配をとり、排水管の臭いを外に出さないように、排水トラップを設置する。2階の排水を1階まで下げるために、パイプスペース（PS）を取ったり、目立たないところであれば、外部に出すこともある。また、排水を流れやすくするために空気を取り入れるための通気管を設ける。

給水設備

　道路からの上水道の引き込みは、給水メーターが設置してあれば、敷地内の配管だけを行えばよいが、13㎜のメーターでは管径が細いため、20㎜以上の管に取り替える。その場合、道路の本管から引き込み、バルブを設け、給水メーターを設置する。

　建物内の給水は、排水と同様、水廻りをなるべくまとめて、給水管の長さを短くすることが大切である。

　水圧の不足には特に注意が必要で、水が勢いよく出なかったり、給湯器がうまく作動しなくなったりすることもある。水圧が不足した場合、加圧ポンプを設置するなどの対策をとる必要がある。

　住宅内の給水配管は、それぞれの水栓まで分岐して配管できるさや管ヘッダー方式を採用すると、メンテナンスや配管の取り替えが楽にできる。敷地内は、地中に埋設して配管する。管の材質は、塩ビ製がほとんどだが、耐久性と非塩ビ製ということで、多少コストアップになるとしても、ステンレス管を使うこともある。寒冷地の外部では、冬場、立上がりなどで凍結のおそれがあるため、断熱材を巻いたり、電熱線のヒーターを巻き付ける。

● さや管ヘッダー方式
洗面所などの水廻り部に設置されたヘッダーから管をタコ足状に分配し、各水栓などの器具に単独接続するもので、ガイドとなる樹脂製のさや管内に同じく樹脂製の内管を挿入する。配管の更新時に内管だけを簡単に交換することができる

大雨でも排水を逆流させない工夫

自然勾配による処理で地下室に排水が逆流してしまった例

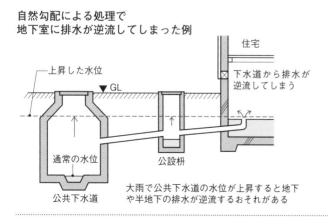

大雨で公共下水道の水位が上昇すると地下や半地下の排水が逆流するおそれがある

ポンプアップによる処理で逆流を防止

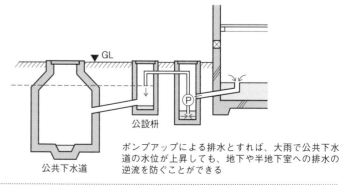

ポンプアップによる排水とすれば、大雨で公共下水道の水位が上昇しても、地下や半地下室への排水の逆流を防ぐことができる

通気管の取り付け

隣地境界線

夏季に臭気があるため高さなど隣接家屋の状況判断が大切

通気管
φ60～40

空気圧が大きくなる

竪管

汚水桝（合流式）

GL▽

排水が流れやすいように空気を取り入れる

臭気対策が必要

基礎に配管を埋め込むとメンテナンスできない

通気管を配水管に接続すると、空気を取り入れて圧力が高くなるため、水が流れやすくなる。ただし、通気管の出口の高さや向きには、周辺の家屋の状況を判断することが重要

トラップで排水管からの臭気を止める

封水

Pトラップ
壁からの排水

封水

Sトラップ
床からの排水

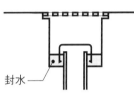

封水

わんトラップ
床からの排水

トラップは排水管から臭いや虫などの侵入を防止する目的で設けられるもの。図のようにP形やS形の排水管に水を張り、臭いや虫の浸入を防ぐ

住宅内の配管

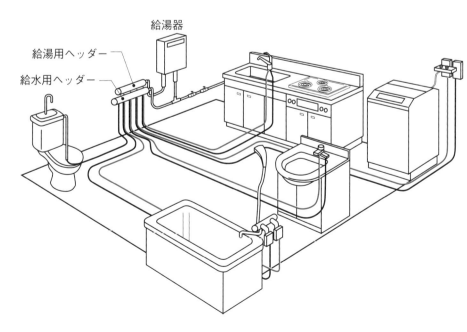

給湯器

給湯用ヘッダー

給水用ヘッダー

ヘッダー部から分岐し、それぞれの水栓まで配管するため、接続部がヘッダー部と水栓部のみで点検・管理が容易で配管の更新もしやすい

配管の材質の種類

鋼管
以前は多く使われていたが、錆びるため、現在はほとんど使われていない

塩ビ管
硬質塩化ビニルを使用。給水管によく使われる。コストが低く、最も多く使われている

塩ビライニング鋼管
鋼管の内側を塩ビでコーティングしたもの。鋼管の強度を保ちつつ錆びを防ぐことができる

架橋ポリエチレン管
継目が少なく配管できるため施工に優れている

銅管
継目を少なくでき、耐久性も高い

ステンレス管
施工にやや手間がかかるが、メンテナンスはほとんど不要

冷暖房・空調設備

24時間換気では、2時間で部屋の空気が入れ替わるようにする

最近は、冷暖房を完備することが普通になっている。また、気密性能が向上し、換気の重要性が増している。

冷暖房機器の種類

冷房は、ほとんどがヒートポンプ式エアコンである。エアコンを壁に取り付ける個所には、下地に合板を張っておくなどの下地の補強を行う。また、冷房時に結露水を排出するドレインパイプを貫通させるスリーブを適切な場所に設ける必要がある。

暖房の熱源は、ガス、灯油、電気となり、主に、ヒーターとエアコンの2種類がある。

床暖房を設置するケースも多くなっている。床暖房は、電気式や温水式がある。ヒーターによる電気式は、イニシャルコストは安いが、広い面積で床暖房する際、ランニングコストがかなりかかる。温水式は、イニシャルコストがかかる反面、ランニングコストはヒーターによる電気式に比べて安い。温水式の熱源は、主に灯油やガスのボイラーだがランニングコストの安いヒートポンプが多くなっている。

換気設備の種類

換気システムには、第1種換気方式、第2種換気方式、第3種換気方式の3種類がある。第3種換気方式は、各居室に自然給気口を設置し、排気は各ドアの隙間を通って廊下を経由してトイレ、洗面所などの局所換気扇から排出する。片開き戸の場合は、ドアの隙間にガラリを付けたり、下部に1cm程度のアンダーカットをして、必要な通気量を確保する。引戸、折れ戸に関しては、周囲に十分な隙間があるので、特別換気への対応は必要ない。

設置のポイント

居室の給気口、排気口は室内全体の空気がスムーズに流れるように、ドアから最も遠い場所に設置する。ドアのすぐ近くに設置すると、換気が局所的になり、あまり意味がない。室内に新鮮な空気を保つために、換気扇は常時運転とし、簡単に停止できないようにする。

- ● ヒートポンプ
  冷却器を本来の目的の冷却のためだけでなく加熱にも使う機構

- ● ガラリ
  平行な板を斜めに取り付けたもので、通気や換気、日照調整、目隠しを目的として窓や戸、換気口に用いられる

- ● 給気口
  室内に空気を送る開口部。開口部の位置により壁吹き出し、天井吹き出し、床吹き出しがある

パッシブ換気

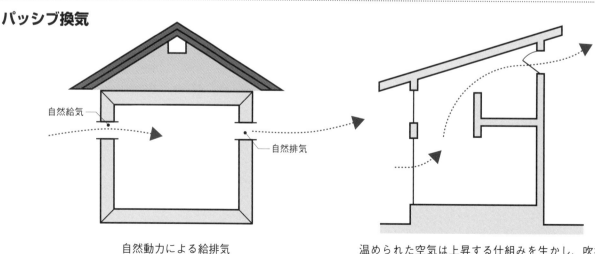

自然給気
自然排気
自然動力による給排気

温められた空気は上昇する仕組みを生かし、吹抜けを通して上方の窓へ排気する。ただし、建築基準法で機械換気が義務付けられているので、両方を組み合わせることになる

機械換気方式の種類

第1種換気方式

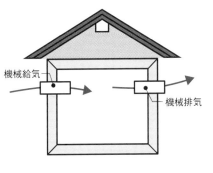

機械動力による強制給排気

第2種換気方式

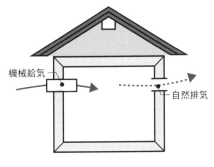

機械動力による給気と自然排気

第3種換気方式

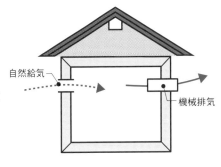

機械動力による排気と自然給気

換気システムの種類

ダクトを用いない第3種換気設備

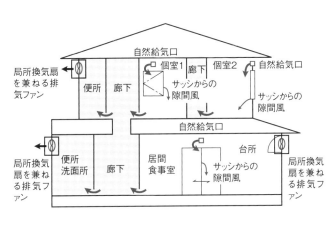

減圧効果が現れるように □□□□ の部分の外壁などの隙間を極力少なくする

ダクトを用いる第1種換気設備

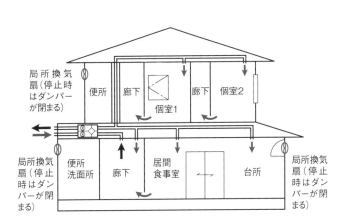

換気回数の意味

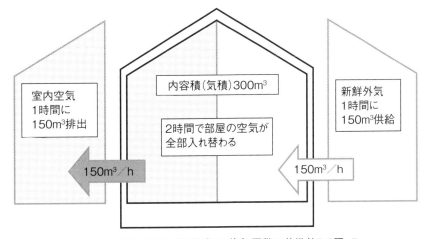

室内の容積が300m³の住宅で、換気回数の基準値0.5回／hの意味するものは、室内の空気が150m³排出され、同量の新鮮外気が供給されることである

給湯設備

建て主の生活スタイルに合わせて、ランニングコストの検討を忘れないようにする

給湯の熱源には、ガスの給湯器がもっとも多く使われ、次いで灯油の給湯器が使われている。最近では、電気のヒーターやヒートポンプで温水をつくるエコキュートも使われている。

ガスや灯油による給湯器

給湯器は床置きか、壁掛けタイプで、外部に電源が必要になる。冬場、長期間使用しない場合でも、凍結防止のためコンセントを抜かないようにする。

給湯温度はリモコンで設定し、リモコンは浴室や台所、洗面所に設置する。

通常、給湯温度は40度ほどで、やけどをしない程度にする。以前は、高温のお湯と水を混ぜて使っていたため、水栓をサーモスタット式にしていたが、現在では温度設定ができるため、サーモスタットは必ずしも必要ではなくなった。

電気給湯器

（１）夜間の電気使用による節約

料金の安い深夜に電力を使って、夜間に電気のヒーターで温水をつくり、貯湯タンクに溜めておけば、日中に使うことができる。タンクの容量によりお湯の量が決まるため、大量にお湯を使うとお湯が足りなくなることもある。

（２）エコキュート

ヒートポンプでお湯をつくり、タンクに貯めて使うのがエコキュートである。深夜に電力を使い、お湯をつくるシステムが通常である。イニシャルコストはかかるが、ランニングコストは、格段に安くなる。ただし、貯湯タンクを設置するスペースが必要になる。また、大人数が住む住宅で、何回も入浴する場合に湯切れを起こさないようにタンクの容量については十分検討する必要がある。

● サーモスタット
熱・温度を一定にするための自動温度調節装置である。給湯器では、お湯が高温になったときに自動的に切れる役割をもつ。サーモスタットの語源は、「温度とか熱を表すThemo」と「一定にすると言う意味のStat」との合成語

ヒートポンプ給湯機

メカニズム

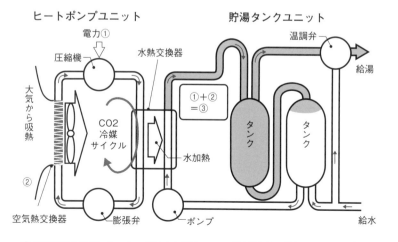

①（電気エネルギー） ＋ ②（大気熱） ＝ ③（得られる給湯エネルギー）

エコキュート

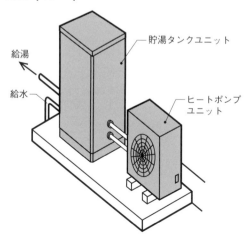

エコキュートのタンク容量は、家族3から5人の場合：300～370ℓ、家族5～6人の場合：460ℓを目安とする

床暖房設備

床暖房には、電気式と温水式がある

電気式と温水式の床暖房設備

エアコンの暖房では室内温度の上昇が早く部屋は素早く暖まるが、床面温度がなかなか高くならない。床暖房のみでは、床面温度は徐々に足元からの温もりは得られるが、室内温度の上昇が遅いため、部屋全体の暖かさを感じるまでに時間がかかる。床暖房とエアコンを併用すれば、床暖房の暖房感が得られるまでエアコンで素早く部屋を暖め、その後、床暖房のみで快適で暖かい空間を維持することができる。

床暖房には、電気式と温水式がある。電気式は電気をその熱源とし、発熱体または蓄熱体を床材の直下に組み込み、これに通電して加温する。立ち上がりが早いなどの特徴がある。

温水式は、外部の熱源で温水をつくり、この温水を配管により床材直下に導いて床材を加温する。温度分布が均一であるなどの特徴がある。熱源はガス、灯油、ヒートポンプである。

床暖房設備の施工方法

床暖房設備の施工方法は、方式・メーカーによってそれぞれ異なるので各メーカーの仕様書に従って適切に行う。床暖房パネルや温水マットの上に仕上げをする場合、仕上材の種類によっても工法が違うので注意が必要である。

一般的にフローリングの場合は、必ず床暖房対応のものを選び、専用の接着剤や釘を使用する。カーペットの場合は、グリッパー工法が適している。畳にする場合は、一般の畳は熱伝導がよくないので床暖房専用畳を使用する。タイルも、床暖房専用を使用する。クッションフロアは、専用接着剤にて全面接着をする。なお、電気ヒーターを用いる床暖房は、頻繁に水が接する場所には使用できない。

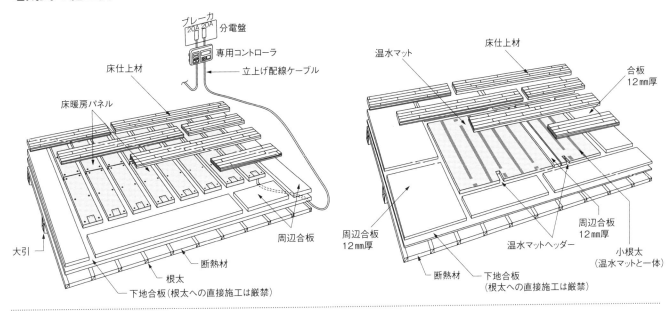

電気式の施工例

ブレーカ
20A 20A　分電盤
専用コントローラ
立上げ配線ケーブル
床仕上材
床暖房パネル
周辺合板
大引
断熱材
根太
下地合板（根太への直接施工は厳禁）

温水式の施工例

温水マット
床仕上材
合板 12mm厚
周辺合板 12mm厚
温水マットヘッダー
小根太（温水マットと一体）
周辺合板 12mm厚
断熱材
下地合板（根太への直接施工は厳禁）

浴室の設備

在来工法にするか、ユニットバスにするかで建物のつくりが異なる

　浴室の設備は、給排水管、浴槽、水栓となる。木造住宅では、防水性の高さや工期短縮につながるためユニットバスが多く採用されている。

ユニットバスと在来工法

　ユニットバスを設置するときは、事前に、床下に配水管の配管スペースを設けなくてはならない。また、天井には換気扇のメンテナンス用の点検口を設ける。手摺を設置する場合は、下地を補強しておく必要がある。

　在来工法の場合は、アスファルト防水などで防水層をしっかりとつくることが重要である。そして浴槽を決め、床壁、天井の材料を決めていく。

　浴槽の材質は、ホーロー、人工大理石、ポリエチレン、木などである。木製とする場合は、ヒノキやサワラ材を使う。浴槽は、高齢者がまたぎやすい高さを考慮して、床より300 ～

400㎜ほど高くする。水が脱衣所に流れてこないように、浴室の床を脱衣所より100㎜ほど下げたり、入口のサッシの敷居の高さだけ、30㎜ほど下げる。

浴室のバリアフリー

　バリアフリーとする場合は、浴室の床レベルと脱衣所の床を平らに納める。その場合は、浴室から脱衣所の床へ水が流れ込まないように、浴室の出入り口付近に排水溝を設けグレーチングの蓋を取り付ける。グレーチングとは、格子状に組んだ溝蓋である。また、床と出入口の段差をつけるが、その高さで、床にヒノキなどのスノコを敷く方法もある。

給湯

　給湯器に追い焚き機能を付けると、自動湯はり、汲み置きの水を沸かす、冷めたお湯の加熱などを行うことができる。

ユニットバスの種類

ハーフユニット

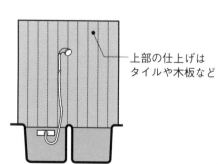

上部の仕上げはタイルや木板など

浴槽を含め下半分のみユニットとなっている。上部は在来工法と同様の仕上げを施すことができる

戸建1階用

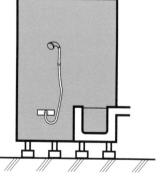

天井はマンション用のものより高くできる。バリエーションが多い

戸建階上用

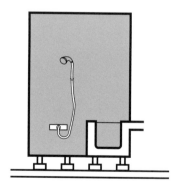

2階以上の階に設置するタイプ。下地の補強が必要

在来工法の浴室（下地）

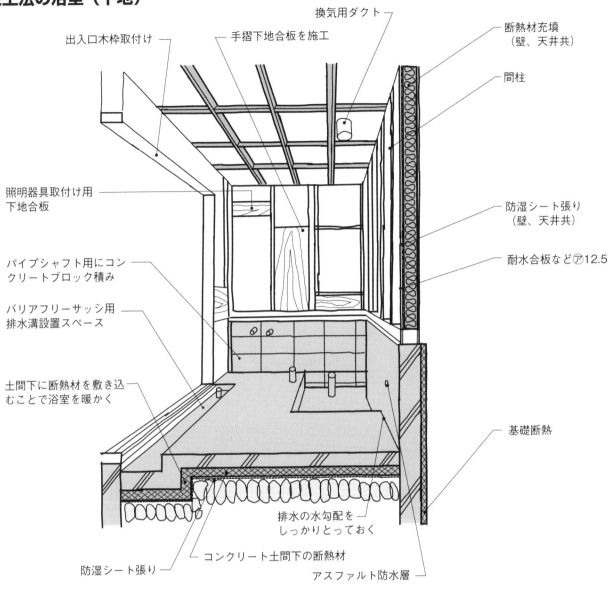

出入口木枠取付け

手摺下地合板を施工

換気用ダクト

断熱材充填
（壁、天井共）

間柱

照明器具取付け用
下地合板

防湿シート張り
（壁、天井共）

パイプシャフト用にコン
クリートブロック積み

耐水合板など⑦12.5

バリアフリーサッシ用
排水溝設置スペース

土間下に断熱材を敷き込
むことで浴室を暖かく

基礎断熱

排水の水勾配を
しっかりとっておく

防湿シート張り

コンクリート土間下の断熱材

アスファルト防水層

浴槽の給湯方式

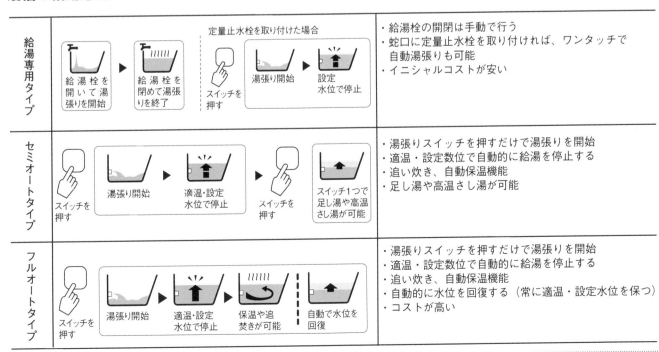

給湯専用タイプ	給湯栓を開いて湯張りを開始 ▶ 給湯栓を閉めて湯張りを終了 ／ 定量止水栓を取り付けた場合 スイッチを押す 湯張り開始 ▶ 設定水位で停止	・給湯栓の開閉は手動で行う ・蛇口に定量止水栓を取り付ければ、ワンタッチで自動湯張りも可能 ・イニシャルコストが安い
セミオートタイプ	スイッチを押す 湯張り開始 ▶ 適温・設定水位で停止 ▶ スイッチを押す スイッチ1つで足し湯や高温さし湯が可能	・湯張りスイッチを押すだけで湯張りを開始 ・適温・設定数位で自動的に給湯を停止する ・追い炊き、自動保温機能 ・足し湯や高温さし湯が可能
フルオートタイプ	スイッチを押す 湯張り開始 ▶ 適温・設定水位で停止 ▶ 保温や追焚きが可能 ／ 自動で水位を回復	・湯張りスイッチを押すだけで湯張りを開始 ・適温・設定数位で自動的に給湯を停止する ・追い炊き、自動保温機能 ・自動的に水位を回復する（常に適温・設定水位を保つ） ・コストが高い

トイレの設備

便器は、節水型やタンクレスなど常に進化している

トイレに必要な設備

最近の便所の設備には、さまざまな機能があり、掃除や快適性に配慮した工夫がなされている。

(1)大便器

大便器の種類はかなり多く、サイホンゼット式がもっともよいとされている。次いでサイホン、洗い落し式の順となる。

また、使用水量を抑えた節水型の便器もある。掃除のしやすいタイプなど新たな製品もたくさん出ている。ウォシュレットなど洗浄機能付きのものを設置することが多くなっている。

(2)小便器

小便器は、床置きのスツールタイプと壁付けのタイプがある。子どもでも使えるのは床置きタイプだが、床と小便器の接する部分が汚れやすい。最近では、汚れにくくするために、床からわずかに上がっているタイプの小便器もある。

(3)手洗い

手洗いを便器とは別に設置することも多くなってきた。カウンターをつくって洗面器を設置したり、単独の手洗器を設置する。特にタンクレスの便器では、必ず設置しなくてはならない。狭い便所では、壁に埋め込むタイプもある。

(4)手摺

高齢者や障がいのある人のために、L型の手摺を設置する。利用者の状況に合わせた対応が必要で、すぐに設置しなくても、将来、手摺が付けられるような下地を入れておくことが必要である。

ドアを引戸にして、床の段差をなくすこともバリアフリーの面で有効である。

(5)収納

トイレには、トイレットペーパーや掃除用具を入れる収納が必要である。ドア枠の上に幅120mm程度の棚があればよい。

壁に埋め込むかたちで箱状の棚を設置することもできる。

● サイホンゼット式
便器の洗浄方式の1つ。排水路に設けられたゼット穴から噴き出す水が強いサイホン作用を起こし、汚物を吸い込むように排出する。水溜まり面が広いため、汚物が水中に沈みやすく臭気の発散が抑えられる

大便器の種類

洗落し式

水の落差による流水作用で汚物を押し流す方式。水溜り面が狭いため水はねが起こりやすい

サイホンゼット式

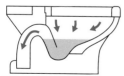

排水路に設けられたゼット穴から噴き出す水が強いサイホン作用を起こし汚物を吸い込むように排出する。水溜り面が広く、臭気や汚物の付着があまりない

サイホン式

サイホン作用で汚物を吸い込むように排出する方式。水溜り面が比較的狭く、乾燥面に汚物が付着する場合がある

サイホンボルテックス式

便器とタンクが一体になったワンピースタイプ。サイホン作用と渦巻き作用を併用した排出方式

トイレのレイアウト

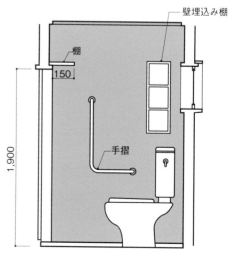

壁埋込み棚
棚
150
1,900
手摺

キッチン設備

使いやすいキッチンとするために、複雑な機能の設備をなるべく入れないようにする

システムキッチンなど、台所の器具の仕様と価格は、かなり幅がある。工事の早い段階で、排水と給水の位置を確定する必要があるため、設備配管に関係する器具の選定は早めに行なう。

キッチンの設備の種類

流し台は、さまざまな仕様がある。既製品の流し台の天板は、ステンレスか人工大理石が多い。シンクはシングルかダブルかを選ぶが、最近ではほとんどが大きめのシングルシンクである。

コンロは、埋込み式のガス台が主流で、汚れが落しやすいガラストップのコンロ台が人気である。電磁波を活用したIHクッキングヒーターも使われるようになってきた。IHクッキングヒーターには、専用コンセントが必要である。電子レンジにも、アース付きの専用コンセントが必要である。

水栓は、シングルレバーが多く使われ、シャワーヘッドの水栓が延びるものもある。

天板だけをオーダーし、下をオープンにして、下にゴミ箱やワゴンなどを納めることもできる。

ガス台やIHクッキングヒーターの上には、換気扇を設置する。ガスコンロの場合は、給気口を必ず設置しなければならない。

キッチンの内装制限

コンロなど火を使う設備を置く部屋は、火気使用室となり、壁と天井を準不燃材料以上で仕上げなくてはならない。また、他のスペースへの延焼を防ぐために、天井から500mm以上の下り壁を設ける。ガス台から一定の範囲を垂れ壁で囲い、その部分のみを準不燃材料以上の仕上げにすることでも対応できる。

キッチンの設備

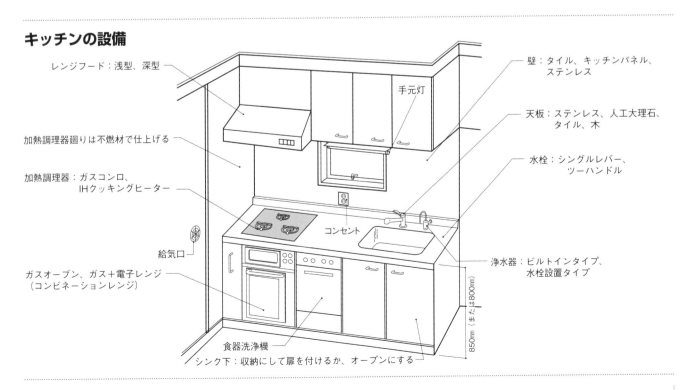

レンジフード：浅型、深型

加熱調理器廻りは不燃材で仕上げる

加熱調理器：ガスコンロ、IHクッキングヒーター

給気口

ガスオーブン、ガス＋電子レンジ（コンビネーションレンジ）

食器洗浄機

シンク下：収納にして扉を付けるか、オープンにする

手元灯

コンセント

壁：タイル、キッチンパネル、ステンレス

天板：ステンレス、人工大理石、タイル、木

水栓：シングルレバー、ツーハンドル

浄水器：ビルトインタイプ、水栓設置タイプ

850mm（または800mm）

省エネ設備

省エネに対する意識の高い建て主には、イニシャルコストをきちんと説明する

採り入れたい省エネ設備

省エネのためには、夏の通風と冬の日当たりを確保し、冷暖房機器にできるだけ頼らないようにするのが基本である。

現在では、これに加えて、省エネ性の高い設備が使われるようになってきた。エアコンや家庭電化製品自体の省エネ対策はかなり進んでいる。省エネに対して意識の高い建築主も多い。

（1）太陽光発電

太陽電池のパネルを屋根の上に設置し、発電するのが太陽光発電である。パネルの枚数により、発電量が異なるが、日中、日差しが強いときは、電力会社に電気を売ることもできる。太陽光発電のイニシャルコストを考えると、ペイするまでに10年以上もかかるが、環境に対する影響を考えると、意味のある設備である。

（2）太陽熱温水器

太陽熱温水器は、直接水を温めるタイプと、不凍液を循環させ、熱交換してタンクに溜めるタイプがある。直接水を温めるタイプでも、屋根上の集熱部分とタンクが一体になったシンプルなものと、下に置いたタンクとの間をポンプで循環させるものがある。

お湯の温度が上がらないときには、給湯器で加温できるような仕組みにする場合もある。

（3）地中熱利用

外気と地中の温度差を利用して冷暖房を行う仕組みである。

地中の温度は夏は低く冬は高いため、自然エネルギーを有効に活用することができる。

（4）雨水利用

屋根に降った雨を貯留して、利用することができる。専用の雨水タンクを設置し、樋からの水を溜めておく。ごみやほこりが入りにくいようにしたり、降り始めの雨水を入れないようにするなど、調整が必要な場合もある。そのほか、単に池をつくり、雨水を溜めるのもよい。これからは、雨水の利用も考えていきたい。

● 不凍液
低温でも凍らない液体のこと

太陽光発電

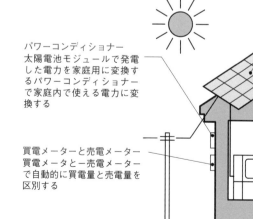

パワーコンディショナー
太陽電池モジュールで発電した電力を家庭用に変換するパワーコンディショナーで家庭内で使える電力に変換する

買電メーターと売電メーター
買電メータと一売電メーターで自動的に買電量と売電量を区別する

太陽電池モジュール
住宅屋根などに数十枚の太陽電池［※4］を直列に結線し、光を集め電力をつくる

分電盤
分電盤を通して家庭内の各電気機器に電力を送る

太陽電池のパネルを屋根の上に設置し、発電する。パネルの枚数により発電量が異なる

太陽熱温水器

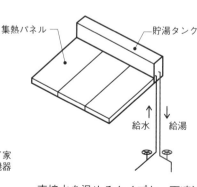

集熱パネル　　　貯湯タンク

給水　　給湯

直接水を温めるタイプと、不凍液を循環させて熱交換してタンクに溜めるタイプがある

照明と弱電設備

光源をなるべく見せない照明にすると、落ちつきのある空間となる

LED電球の種類

省エネのため、現在ではほとんどの照明がLEDとなっている。

（1）電球色

日本の明かりは蛍光灯が多く、白くて明るすぎるといわれてきた。くつろぐためには、ろうそくの明かりに近い電球色を用いるとよい。

（2）白色

事務作業などを行う場所や台所の手元灯や長時間使う部屋には、白色の電球が向いている。色も白だけでなく、電球色などに調光する機能をもつものもあり、上手に使うことでよりよい空間を演出できる。

照明器具の種類

部屋全体を1つの灯りで照らす場合は、部屋の中央に天井付けのシーリングライトやコードペンダントを設置する。光源をなるべく見せないダウンライトも空間の演出に役立つ。ダウンライトは、天井内部に埋込んで設置するため天井面がフラットになる。

間接照明も空間演出に役立つ。配線は、レールをうまく使うと、スポットライトやコードペンダントの取り付けや取り外しが自由にできるため便利である。陶器製のレセップは、工事用の器具であるが、非常に安価で、ブラケットなどをうまく使うと、雰囲気のある空間を演出することができる。

住宅内の弱電設備

最近の住宅では、パソコンに関連する設備の配線や配管が必要になっている。将来、配線を取り替えることができるように、機器を設置する部屋の間にCD管を通しておく。

その他、住宅に必要な弱電設備は、電話、テレビ、インターホン、オーディオ、セキュリティ設備などさまざまなものがある。設計の初期段階で、必要と思われる設備を確認して、電気配線工事で対応しておかなくてはならない。それぞれの設備機器に必要な電源を確保し、配線などが露出しないように配慮する。また、弱電も分電盤をつくるとケーブルがすっきりと納まる。

● シーリングライト
直に天井に直に取り付ける照明のこと

● コードペンダント
天井からコードで吊り下げる照明器具のこと

● ダウンライト
照明器具の1つ。筒状の形状になっており、天井内部に埋込んで設置するため天井面がフラットになる。過熱による火災を防ぐため、ダウンライト内部のまわりには空間を確保する必要がある

● レセップ
陶器製または、プラスチック製の台座に裸電球をねじ込んで使う照明器具のこと

● ブラケット
壁付きの照明器具

効果的な照明の例

間接照明の例

天井埋込み

ルーバー

ブラケット
コードペンダント
階段室の照明をコードペンダントやブラケットにすると電球の交換がしやすい

住宅内のLAN配線の例

情報（弱電）分電盤があるとよい

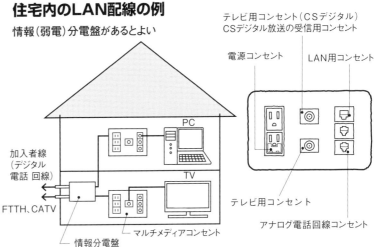

テレビ用コンセント（CSデジタル）CSデジタル放送の受信用コンセント
電源コンセント　LAN用コンセント
PC
加入者線（デジタル電話 回線）
TV
FTTH、CATV
テレビ用コンセント
アナログ電話回線コンセント
マルチメディアコンセント
情報分電盤

Column

バリアフリー住宅

　日本は世界一の長寿国であり、厚生省の試算では２０２５年には４人に１人が高齢者になると予測されている。高齢化や障害などにより身体機能の低下が生じた場合にも安全で安心、快適に暮らすためにバリアフリー住宅にすることが多くなっている。

　品確法、住宅金融支援機構では、高齢者配慮対策等級によってバリアフリー化の基準を定め、高齢化社会への対応を図っている。また、厚生労働省によってバリアフリー化のための住宅改修補助金制度も準備され、給付を受けるための基準が定められている。

　品確法などの基準は、部屋の配置、手摺の取付け、床の段差を解消すること、寝室、浴室および便所の介助に必要なスペースを確保すること、車椅子でも通行できる廊下幅員・出入口幅を確保することなどである。

バリアフリー化に関する設計・監理の要点

1.部屋の配置	日常生活で使用する玄関、廊下、居間・食堂、便所、洗面脱衣室、浴室などはできる限り同一階とする。最低限、寝室と便所は同一階にする
2.手摺の取付け	玄関、廊下、階段、浴室、便所などに転倒予防、移乗動作を助けることを目的として設置する。取り付ける手摺の形状は、2段式、縦付け・横付けのものを適切な位置にする。手摺には、壁下地補強をする
3.段差の解消	居室、廊下、便所、浴室、玄関などの出入口敷居部分の段差をフラットにする。特に玄関ポーチの段差は180mm以下とする
4.寝室・便所および浴室	浴室は、介助入浴が可能なスペースをあらかじめ確保しておく。短辺方向の内法寸法を1,300mm以上とし、有効面積を2.0㎡以上とする。便所は、介助できるスペースを確保し、洋式便器を設置する。寝室の面積は内法で9㎡以上とする 注　出入口の寸法Wは、居室の出入口と同様750mm以上とする 便所の介助スペースの例
5.建具に関して	建具は、引戸、折れ戸、アコーディオンカーテンなどの安全で開閉しやすいものにする。建具金物は、把手、引手は使いやすい形状で適切な位置につける
6.廊下、出入り口の幅員の確保	廊下においては、手摺の設置、車椅子介護者の通行が円滑に行えるように有効780mm以上の幅員を確保する。出入口においては、建具を開放したときに居室では、有効750mm以上、浴室では600mm以上の幅員を確保する
7.その他	部屋間の温度差が少ない全室暖房とする。水栓金具、スイッチ、コンセントは、適切で使いやすい位置に設置する。照明は適切な照度を確保し、安全な個所に設置し、足元が暗がりにならないようにする。ガス設備は、安全で操作しやすいものとする。住戸内は、床・壁材の滑りにくく、転倒しない仕上材とする

木造住宅の外構

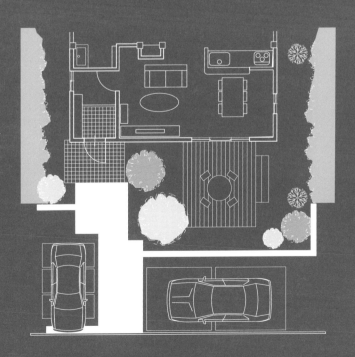

外構

外構のゾーニングは住宅の配置計画時から検討しておく

外構とは、門、アプローチ、テラス、カーポート、擁壁、塀などである。

外構の配置計画時に検討する

建物以外の外部、すなわち、建物がない空きの空間の活用方法を当初から考えておく必要がある。

（1）外部空間のゾーニング

まずそれぞれの空間の性格に合わせたゾーニングをする。玄関へのアプローチ、車庫、庭、サービスヤードなどに必要な大きさと配置を決める。

（2）雨水や日照などの条件の検討

敷地に降った雨水が十分処理できるか、隣地や道路から雨水が流れ込んでこないかなど敷地条件を確認する。雨の日に敷地を見るのも参考になる。

また、隣地の建物や擁壁、樹木などによって通風や日照の条件も違ってくる。それらの環境に合わせた植栽や外構を検討する。

なお、雨水が地面に浸透しやすいように土のままにしたり、植物を植えることも重要である。

（3）塀とフェンス

欧米と違い、日本では、敷地の周囲を塀やフェンスで囲う。

ブロックなどの高い塀は、控え壁をつくるなど、十分な強度を持たせないと危険である。また、風通しを考えると、低い部分はブロックでも、高い部分はフェンスのほうがよい。

隠れられないため、防犯の意味でもフェンスのほうが効果的だ。生垣は、住まい手だけでなく、街並に潤いを与える。また、地震時に倒れて怪我をすることもない。メンテナンス方法や樹種の選定も十分検討してうまく使いたい。

（4）地面の処理

地面は、土のままにする場合でも、部分的にコンクリートや石、ブロックなどで舗装するか、砂利を敷くなど何らかの処理をする。

● サービスヤード
屋外における家事用スペースのこと。キッチンや勝手口の付近に設けられ、洗濯や物干し場、物置き場、ゴミ置き場として使われることが多い。地面にコンクリートなどを打って水はけをよくしたり、外流しなどを設けると、使い勝手が向上する

外溝工事の注意点

モルタルが浮いていると数年後に剥落する

外構工事のチェックポイント

☐ 土間コンクリート下は十分な転圧、養生をしたか
☐ 構造図どおりの施工ができているか
☐ モルタル下地に浮きはないか
☐ タイルの接着状況はよいか
☐ 笠木の壁からの出は適正か
☐ コンクリート、モルタルの配合、品質、施工方法に問題はないか
☐ 塀などは、境界線から出ていないか
☐ 塀などの基礎底盤の天端は、植栽が育つような十分な土かぶりがあるか

住宅の外構計画

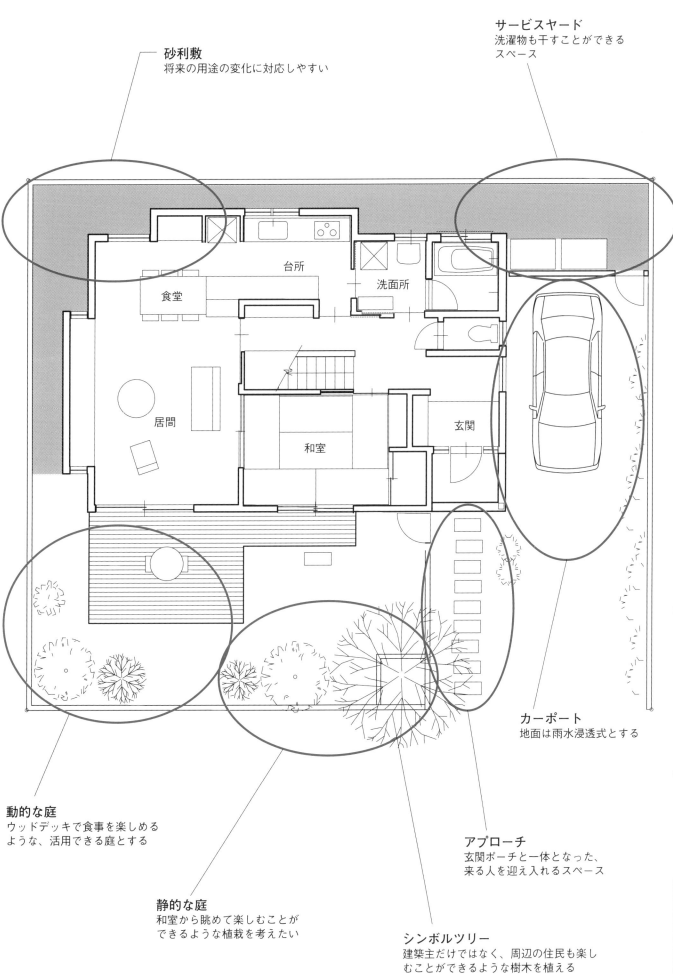

砂利敷
将来の用途の変化に対応しやすい

サービスヤード
洗濯物も干すことができる
スペース

カーポート
地面は雨水浸透式とする

動的な庭
ウッドデッキで食事を楽しめる
ような、活用できる庭とする

静的な庭
和室から眺めて楽しむことが
できるような植栽を考えたい

アプローチ
玄関ポーチと一体となった、
来る人を迎え入れるスペース

シンボルツリー
建築主だけではなく、周辺の住民も楽し
むことができるような樹木を植える

台所　食堂　洗面所　居間　和室　玄関

コンクリートブロック塀

ブロック塀は、1.2 m以上の高さになると 3.4 m以内ごとに控え壁が必要になる

コンクリートブロック塀

塀のなかではコンクリートブロック塀が最も多い。しかし、施行が容易だからといって安易な気持ちで施工を行うと、地震時に倒壊し大きな事故につながる。

ブロック塀は、建築基準法62条、平12建告1355号により最低限の基準が定められている。

コンクリートブロック塀の基礎は、地盤にあった形状、根入れ深さが必要である。軟弱地盤につくる場合は大きくしっかりとした基礎をつくる。

基礎は地盤の強さにより異なるが鉄筋コンクリート造とし、根入れ深さ35㎝以上とする。

また、基礎は地面より5㎝以上、上げる。地盤によっては鋼管杭打ち基礎とする場合がある。

施工上の注意点

コンクリートブロックは塀の鉄筋は、ＳＤ295A、コンクリートは、18N／㎟以上のものを使用する。高さは地盤面より2.2m以下とし、厚みは高さにより決める。

配筋のうち、縦筋は、基礎から壁の上まで1本の鉄筋で立ち上げ、途中でつないではいけない。横筋は、控え壁があるときは塀本体と控え壁をつなぎ、一体とする。

笠木は、塀の中へ雨水が入り込むことを防ぐもので、ブロックや鉄筋を保護し、モルタルなどでしっかりと固定させる。

控え壁は、塀の高さが1.2m以上になるとき、塀の長さ3.4m以内ごとに控え壁を設け、鉄筋を入れて本体と一体化させる。ブロックの空洞部分や目地には、鉄筋が錆びないよう十分にモルタルを詰める。

● コンクリートブロック塀
コンクリートをブロック状に成形させた製品でつくった塀

● 笠木
（かさぎ）
塀や手摺りなどの上端部のこと

コンクリートブロック塀の基本構成

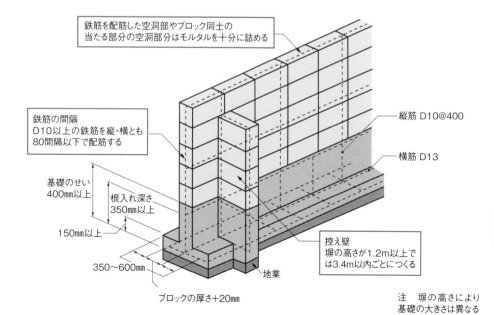

鉄筋を配筋した空洞部やブロック同士の当たる部分の空洞部分はモルタルを十分に詰める

鉄筋の間隔
D10以上の鉄筋を縦・横とも80間隔以下で配筋する

縦筋 D10@400

横筋 D13

基礎のせい
400mm以上

根入れ深さ
350mm以上

150mm以上

350～600mm

ブロックの厚さ＋20mm

地業

控え壁
塀の高さが1.2m以上では3.4m以内ごとにつくる

注　塀の高さにより
基礎の大きさは異なる

ブロックの厚さと塀の高さ

塀の高さ／ブロックの厚さ	10cm 以上	12cm 以上	15cm 以上
2.0m 以下	○	◎	◎
2.0m を超え 2.2m 以下	×	×	◎

説明記号：◎推奨　○最低基準　×不可

ポーチ・カーポート・デッキ

ポーチのデザインは玄関と一体に考える

玄関前のポーチは、訪れる人を最初に迎える場所で、住宅の顔でもある。カーポートも玄関からのアプローチと一体的に考える。

ポーチ

ポーチは、建物本体とのバランスを考え、玄関と一体的にデザインする。

床材はタイルや洗い出しなどの滑りにくい仕上げを施す。また、傘をたたんでも濡れない程度の屋根か庇が必要である。ポーチの手前には、階段を1〜2段設けるが、バリアフリー対策としてスロープを設置する場合もある。夜間にポーチを照らすために、照明用のスイッチか人感センサー付きの照明器具を取り付けるのがよい。

カーポート

建築基準法では、建物の一部をカーポートとして使う場合は、床面積の1／3までは容積率に算入しなくてよいことになっている。ただし、カーポートに屋根がつく場合、建築面積には算入されるので注意が必要である。

床は、車が載っても大丈夫なコンクリートや石、インターロッキングなどを敷く。コンクリートの間に幅100㎜ほどのスリットをつくり、その隙間に植物を植えるのも良い。コンクリートを打設し、水が引いた時点で、ホースの水で骨材の砂利を洗い出すコンクリート洗い出し仕上げも自然な雰囲気になる。

その他、土を入れて芝を植えることができるコンクリートや、レンガの素材でできたブロック、90㎝角ほどの間伐材の角材を並べるウッドデッキも、カーポートとして使うことができる。

ウッドデッキ

ウッドデッキは室内空間の延長として、魅力的な空間である。デッキ材は、風雨にさらされるため、水に強い木材を使うが、いずれ取り替えることを考え、上からビス止めにする。仕上げは、あえて塗装しないか、安全性の高い自然系の木材保護塗料を塗る。

● カーポート
屋根だけで壁に囲まれていないのない簡易駐車スペースのこと

カーポートと一体のアプローチ、ポーチ

食堂
居間
玄関

植栽

建物と調和したデザインとし、給水等のメンテナンス設備を忘れないようにする

植栽計画

植栽の選定では、建築と調和した植栽にすることが大切である。

（1）トータルなイメージ

和風なのか、洋風なのか、雑木の庭なのかなど、空間のイメージにもとづき、外構と一体となった植栽を決めていく。

（2）シンボルツリー

庭やエントランスの庭に、メインとなる1本の木、シンボルツリーを植える。家のシンボルとなる樹木は、樹姿の美しいものを選ぶ。シンボルツリーに合わせてその他の植栽を決める。

（3）生垣と花壇

塀の代わりに、生垣をつくることがある。生垣に使う植物は、ツゲ、ベニカナメモチ、ドウダンなどである。駐車場やアプローチ壁沿いに幅10cmほどの花壇をつくると、コンクリートの雰囲気を和らげるこができる。

庭の役割

（1）アプローチの庭

玄関までのアプローチの庭は、家に来る人や家族を迎え入れる演出を大切にする。

（2）動的な庭

外に出て歩いたり、活動するための動的な庭では、歩きやすくするため地面に石やレンガを敷いたり、ウッドデッキをつくる。

（3）静的な庭

植物を植えたり、池を設置したりするなど、眺めるための静的な庭もある。中庭や坪庭を設けると、家の中に通風をもたらしたり、潤いをもたらすための効果的な演出ができる。

（4）実用的な庭

物干し場や物置を置くなど、実用的なサービスヤードとして活用する。

（5）借景

遠方の山や川などの自然景観や、近隣の樹木などは、庭の借景として生かせる。

● 借景
庭園外の山や林などの自然物を庭園内の風景に背景として取り込む手法をいう。前景の庭園と背景となる借景とを一体化させてダイナミックな景観を形成する。修学院離宮や円通寺の枯山水庭園の借景が有名

樹木の基礎知識

樹木寸法

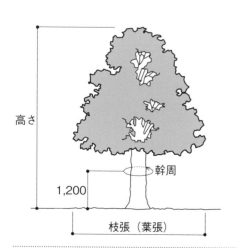

樹幹の種類

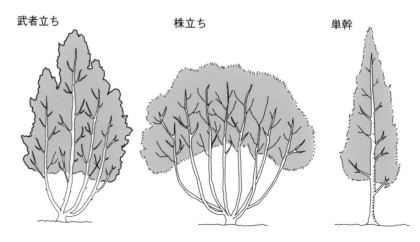

武者立ち　　株立ち　　単幹

防犯

防犯対策の基本は人目につかない場所をつくらないこと

狙われにくい住宅にする

近年、住宅における防犯対策が重要になっている。建て主の防犯対策への関心も高い。特に住宅地では、昼間、家に人がいないことが多く、人通りも少ないため、防犯対策を十分考える必要がある。

たとえば、ポストの郵便物や照明などで、留守であることがわからないようにすることも対策につながる。

道路や周辺から見えやすい場所では、ドアや窓をこじ開けたりする作業がしにくい。高い塀にせずに、外から中の様子が見えるフェンスなどにしたほうがよい。

夜間、明るくしておくのも効果的である。人が近づくと点灯する人感センサー付きのライトを付ける。

開口部の防犯対策は5分間が勝負

泥棒は、開口部を5分間でこじ開けられな

ければ、その家への侵入をあきらめるという調査結果がある。

玄関に鍵を2つ付け、防犯性能の高い、ディンプル鍵などを設置したり、小さめの窓には格子を設置する。外部のデザインを考慮し、室内側の窓枠に横のバーを取り付ける方法もある。

シャッターや雨戸を設置することも防犯上効果的である。閉めたときに通風を確保できるように、ガラリ付きの雨戸や、通風用の細かい穴の開いたシャッターもある。

外部からの侵入者は、7割近くがガラスを割って入ってくるという統計データがある。網入ガラスを防犯上効果的なものと考えている建て主が多いが、網入ガラスは、火災時にガラスが割れても飛散しないことを目的にしたもので、防犯上の効果はあまり期待できない。中間膜として樹脂フィルムを挟み込んだ、合わせガラスが防犯ガラスとされているのでこちらを検討したい。

開口部の防犯対策

引違いサッシの例

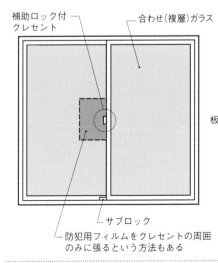

補助ロック付
クレセント

合わせ（複層）ガラス

サブロック

防犯用フィルムをクレセントの周囲
のみに張るという方法もある

防犯合わせガラス

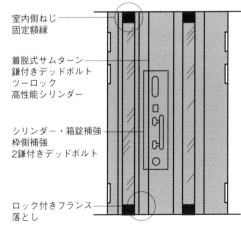

中間膜

板ガラス

中間膜が厚くなると防犯性能が高くなる

玄関ドアの例

室内側ねじ
固定額縁

着脱式サムターン
鎌付きデッドボルト
ツーロック
高性能シリンダー

シリンダー・箱錠補強
枠側補強
2鎌付きデッドボルト

ロック付きフランス
落とし

Column

耐震診断と耐震改修工事

　1995年1月17日午前5時46分に阪神・淡路大震災が発生し6434人もの尊い命が奪われた。その中で住宅の倒壊による圧死と言われる人達は、83.3%、焼死等では12.8%にも及び、甚大な被害をもたらした。

　そして、2011年には東日本大震災、2016年には熊本においても大地震が発生して、同様に多くの建物が倒壊し、地震に対する建物の安全性が大きく問われている。現在の耐震基準は、「新耐震設計基準」と呼ばれているもので、1978年の宮城県沖地震後、耐震設計法が抜本的に見直され、1981年（昭和56年）に大改正されたものである。大きな被害を受けた建物のほとんどは、昭和56年5月以前に建築された旧耐震基準による木造住宅であったと指摘されている。

　今後、30年の間にさらに大きな地震が高い確率で発生するものと予測される。しかしながら、昭和56年以前の旧耐震の木造住宅で耐震化されていなものは、まだ数多く存在し、地震から命を守るために、耐震化が急務とされている。

■ 耐震診断とは

　「耐震診断」とは既存の建築物において旧耐震基準で設計された建物を、新耐震基準で耐震性の有無を確認することである。また、新耐震基準で建てられた建物においても耐震性が懸念される場合は耐震診断を行う。

　耐震診断には、「誰でもできるわが家の耐震診断」と「一般診断」及び「精密診断」がある。「誰でもできるわが家の耐震診断」は、一般の人々が自ら住まいの耐震性をチェックする場合の診断方法である。「一般診断」は、一般的な建築士・建築関係者により行われるもので、この方法が一般的である。「精密診断」は、「一般診断」よりもさらに細かい部分まで調査し、実際に補強設計を行う際に用いる。

■ 耐震改修工事

　耐震診断により、耐震性が確保されていない場合は、耐震補強が必要となる。耐震補強の方法としては、主に、①屋根の軽量化、②劣化部分の改善、③耐力壁の増設、④接合部の補強、⑤基礎の補強、⑥耐震シェルターを設けるなどがある。

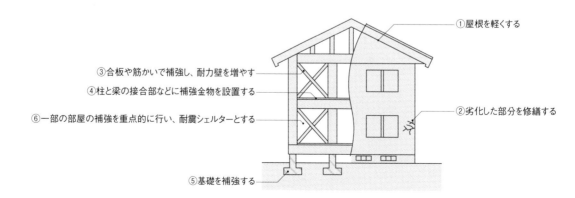

①屋根を軽くする
③合板や筋かいで補強し、耐力壁を増やす
④柱と梁の接合部などに補強金物を設置する
⑥一部の部屋の補強を重点的に行い、耐震シェルターとする
②劣化した部分を修繕する
⑤基礎を補強する

索 引

〈著者略歴〉

関谷真一 [せきや　しんいち]

1957年生まれ。工学院大学大学院建築学専攻修士課程修了。一級建築士。現在、結設計室主宰。東京建築カレッジ講師。ローコストな自然素材の家づくりに取り組んでいる。

安水正 [やすみず　ただし]

1959年生まれ。一級建築士。1984年大阪工業大学工学部建築学科卒業。同年株式会社あめりか屋に入社。住宅建築の基礎を学ぶ。2003年安水建築事務所を設立、日本工科専門学校非常勤講師。2006年株式会社アーキアシストを設立。2009年より大手前大学非常勤講師。兵庫県建築士会神戸支部理事、神戸市すまいの耐震診断員。現在、主に木造住宅の設計・監理、欠陥住宅調査・鑑定、建物調査・診断、建物に関するコンサルティングを行っている。

世界で一番くわしい木造住宅　最新版

・・

2022年1月26日　初版第1刷発行

著　者	関谷真一、安水正
発行者	澤井聖一
発行所	株式会社エクスナレッジ
	〒106-0032　東京都港区六本木 7-2-26
	https://www.xknowledge.co.jp/
問合せ先	編集　Fax：03-3403-1345／info@xknowledge.co.jp
	販売　Fax：03-3403-1829

・・